Exercícios de arte para grupos

Dados Internacionais de Catalogação na Publicação (CIP)
(Câmara Brasileira do Livro, SP, Brasil)

Liebmann, Marian, 1942-
Exercícios de arte para grupos: um manual de temas, jogos
e exercícios / Marian Liebmann [tradução: Rogério Migliorini].
São Paulo: Summus, 2000.

Título original: Art therapy for groups.
Bibliografia
ISBN 978-85-323-0577-0

1. Psicoterapia de grupo 2. Terapia artística I. Título.

00-0670   CDD-615.85156

Índice para catálogo sistemático:

1. Arteterapia para grupos 615.85156

Compre em lugar de fotocopiar.
Cada real que você dá por um livro recompensa seus autores
e os convida a produzir mais sobre o tema;
incentiva seus editores a encomendar, traduzir e publicar
outras obras sobre o assunto;
e paga aos livreiros por estocar e levar até você livros
para a sua informação e o seu entretenimento.
Cada real que você dá pela fotocópia não autorizada de um livro
financia o crime
e ajuda a matar a produção intelectual em todo o mundo.

Exercícios de arte para grupos

Um manual de temas, jogos e exercícios

Marian Liebmann

summus editorial

Do original em língua inglesa
ART THERAPY FOR GROUPS
Copyright © 1994 by Marian Liebmann
Direitos desta tradução adquiridos por Summus Editorial

Tradução: **Rogério Migliorini**
Capa: **Tomaz Borger**
Supervisão técnica: **Selma Ciornai**
Copidesque e revisão: **Sonia Augusto**
Editoração eletrônica e fotolitos: **JOIN Bureau de Editoração**
Impressão: **Sumago Gráfica Editorial Ltda.**

Summus Editorial

Departamento editorial:
Rua Itapicuru, 613 – 7º andar
05006-000 – São Paulo – SP
Fone: (11) 3872-3322
Fax: (11) 3872-7476
http://www.summus.com.br
e-mail: summus@summus.com.br

Atendimento ao consumidor:
Summus Editorial
Fone: (11) 3865-9890

Vendas por atacado:
Fone: (11) 3873-8638
Fax: (11) 3873-7085
e-mail: vendas@summus.com.br

Impresso no Brasil

Sumário

Relação de fotografias	9
Apresentação à edição brasileira	11
Agradecimentos	13
Prefácio	15

Introdução	17
A quem se destina este livro	17
A abordagem arteterapêutica	18
A arteterapia e as outras áreas	18
Grupos e indivíduos	19
Modos de usar este livro	19
Limitações deste livro	20

PARTE UM: GRUPOS DE ARTETERAPIA

1. Trabalho em grupo, arteterapia e jogos	23
Por que trabalho em grupo?	23
Por que arte?	26
Qual o melhor tamanho para o grupo?	27
O que é um grupo de arte com trabalho *estruturado*?	27
Por que grupos de arte com trabalho estruturado?	29
A arte e o brincar	30
Jogos de arte	32
Conclusão	34

2. Conduzindo grupos	36
1. Organizando o grupo	37
2. Fatores externos que afetam o grupo	39
3. Intenções e metas	41
4. Limites grupais e regras básicas	42

5. Grupos abertos e fechados 42
6. Papéis de liderança 43
7. Padrão usual de uma sessão 45
8. Apresentações e "aquecimento" 45
9. Escolhendo uma atividade ou tema 47
10. A atividade... 52
11. Discussão... 54
12. Interpretação 57
13. Finalizando a sessão 60
14. Documentação e avaliação 60
15. Padrões alternativos de sessões........................ 63
16. O processo do grupo ao longo do tempo 65

3. O que pode dar errado?................................... 67

Fatores externos.. 67
Problemas com o coordenador assistente 68
Membros perturbadores................................... 68
Sentimentos intensos evocados no grupo 69
Inexperiência do coordenador/terapeuta 70

4. Um exemplo detalhado: o "Grupo de Sexta-Feira" 73

Lembranças da primeira infância 75
Grupos familiares em argila 76
Os integrantes do grupo.................................. 77
Linhas de vida 79
Pintura grupal.. 88
O espelho que funde 90
Mural grupal 92
Conclusão.. 94

5. Exemplos de grupos..................................... 96

A. Pacientes psiquiátricos internados 97

1. Centro de triagem de um grande hospital de saúde mental urbano . 97
2. Pequeno centro terapêutico no interior................... 99

B. Pacientes psiquiátricos de hospital-dia.................... 101

3. Conflitos de "relacionamento" em um grupo de hospital-dia.. 101
4. Grupo "empacado" de um hospital-dia 103
5. Grupo de apoio comunitário de longa duração 105

C. Centros de convivência e hospitais-dia especializados 107

6. Hospital-dia para idosos 107
7. Unidade de alcoolistas 109
8. Centro de convivência para ex-delinqüentes 111
9. Centro de apoio ao paciente oncológico 112
10. Crianças com dificuldades de aprendizado 114

D. Grupos de profissionais 116
11. Monitores que trabalham com crianças em creches 116
12. Funcionárias de um hospital-dia para idosos 117
13. Professores de Educação para a Paz 119

E. Situações da comunidade 121
14. *Workshop* de um dia sobre "A arte como comunicação" 121
15. Grupo de mulheres 125
16. Grupos mistos de crianças e adultos 130

Agradecimentos 131

6. Trabalhando com diferentes grupos de clientes 132
A. Grupos em instituições 133
B. Grupos que recebem atendimento diurno 136

PARTE DOIS: TEMAS, JOGOS E EXERCÍCIOS 143

Introdução 145

Classificação dos temas, jogos e exercícios 146

A. Relação de jogos, temas e exercícios 147

B. Atividades de aquecimento 154

C. Exploração de materiais 161

D. Concentração, destreza e memória 175

E. Temas gerais 180

F. Autopercepções 184

G. Relações familiares 207

H. Trabalhando em duplas 215

I. Desenhos grupais 221

J. Jogos grupais 232

K. Imaginação, sonhos e meditações dirigidas 243

L. Vínculos com outras artes expressivas 255

M. Índice remissivo dos materais............................ 264

N. Observações sobre os materiais........................... 266

O. Relação de colaboradores 272

P. Bibliografia e leitura adicional............................ 273

Fotografias

Todas as fotografias foram impressas por David Newton. Na listagem abaixo, os nomes dos fotógrafos estão entre parênteses. As fotografias não estão todas na mesma escala.

1. O "Grupo de sexta-feira" trabalhando (Bristol Art and Psychology Group) (Marian Liebmann)
2. Linha de vida: Pippa (David Newton)
3. Linha de vida: Mary (David Newton)
4. Linha de vida: Lesley (David Newton)
5. Linha de vida: Audrey (David Newton)
6. Linha de vida: Ruth (David Newton)
7. Linha de vida: Jenny (David Newton)
8. Linha de vida: Marian (David Newton)
9. Pintura grupal feita por quatro membros do "Grupo de sexta-feira" (David Newton)
10. O "Grupo de sexta-feira" trabalhando em um mural (Heather Buddery)
11. Mural grupal do "Grupo de sexta-feira" (David Newton)
12. Conversa em lápis — *workshop* de um dia: "A arte como comunicação" (David Newton)
13. Retratos Metafóricos — *workshop* de um dia: "A arte como comunicação" (David Newton)
14. "Continue o desenho" — grupo de mulheres (David Newton)
15. Desenho grupal — grupo de mulheres (David Newton)
16. Colagem sobre meios de transporte — grupo misto de adultos e crianças (Heather Buddery)
17. Auto-retrato em caixas, usando sucata — grupo de alcoólicos (Paul Curtis)
18. Desenho grupal em processo — grupo de funcionários de um hospital psiquiátrico (John Ford)

Apresentação à edição brasileira

EXERCÍCIOS DE ARTE PARA GRUPOS: Um manual de temas, jogos e exercícios é uma coletânea de sugestões de exercícios, atividades, jogos e técnicas utilizadas em arteterapia. Esta coletânea, compilada por Marian Leibmann, arteterapeuta inglesa, foi, em sua primeira versão, dirigida exclusivamente a arteterapeutas. No entanto, como o livro suscitou o interesse de outros profissionais das áreas de saúde, educação e trabalho social, como psicoterapeutas, terapeutas ocupacionais, assistentes sociais e aqueles que trabalham em relações de ajuda interessados em inserir o uso de recursos artírticos em sua prática profissional, a autora publicou a versão atual, direcionando-a um público mais amplo.

Esta é uma obra essencialmente **prática**. Justamente por causa disso é importante dar atenção ao que diz a autora logo no início: "Este livro pressupõe experiência e conhecimento no trabalho com grupos". De fato, àqueles com sólida experiência em sua área de trabalho e na condução de processos grupais ele pode ser um nanual útil, interessante e inspirador de idéias e sugestões, algumas das quais certamente já conhecidas, uma vez que a autora se propôs a compilar técnicas e exercícios utilizados por arteterapeutas tomando como fonte de referência tanto livros publicados sobre o tema quanto sua própria experiência e a dos demais arteterapeutas ingleses que entrevistou.

Aos iniciantes, seja no uso de recursos expressivos, seja na prática terapêutica propriamente dita, a profusão de temas e exercícios sugeridos pode dar a falsa impressão de que para realizar um trabalho de arteterapia com um grupo basta seguir instruções, aparentemente de fácil aplicação. É preciso que o profissional menos experiente tenha cuidado para evitar resultados pouco benéficos e mesmo desastrosos. Um exercício pode, por exemplo, induzir a mobilização de conteúdos emocionais com os quais ele não está instrumentalizado para lidar. Ou é possível que não saiba explorar o resultado dos experimentos que sugere, nem estar preparado para lidar com as dinâmicas interpessoais que estes elicitam. Tais observações são, inclusive, citadas na interessante síntese de idéias e cuidados necessários à condução de trabalho grupal dos capítulos iniciais. Considero fundamental que o profissional faça uso de material complementar — literatura ou supervisão — que o habilite a discriminar os exercícios e técnicas apropriados a seu tipo específico de trabalho (educação, terapia etc.). O **terapeuta** iniciante, por sua vez, certamente necessitará de uma sólida base anterior naquilo que constitui o cerne do trabalho em qualquer relação de ajuda, i.e., a especificidade da escuta, da postura e do olhar terapêutico, e a fundamentação clínica e filosófica que deve embasar as intervenções, leituras e desdobramentos dos processos individuais e grupais nesse tipo de trabalho. Além disso, o uso desses exercícios pressupõe certo conhecimento e familiaridade com a linguagem da arte. Assim, sugiro que o terapeuta iniciante, ou o profissional que não tem familiaridade com o trabalho com grupos ou com a linguagem da arte, ao utilizar as sugestões do livro não prescinda de uma supervisão que lhe dê apoio e o complemente e instrumentalize nesses aspectos.

O livro compõe-se de duas partes. A primeira apresenta de maneira sucinta e interessante fundamentos teóricos do trabalho terapêutico em grupos, abordando as funções dos coordenadores, as regras e as normas necessárias ao trabalho grupal, fases do processo etc. A partir dessa perspectiva, a autora situa o trabalho de arteterapia em grupos, exemplificando diferentes possibilidades de trabalho: grupos com propostas sempre, eventualmente ou raramente estruturadas; tipos de grupo (fechado, aberto, de psicoterapia, de apoio etc.); grupos de arteterapia em contextos (instituição psiquiátrica, psicoterapia, grupos com idosos, em prisões, com pacientes com câncer, com alcoolistas, equipes de trabalho multidisciplinar etc.).

A segunda parte do livro apresenta uma coletânea de sugestões de exercícios, atividades, jogos e técnicas (que, segundo a autora, podem ser usadas por terapeutas, professores e assistentes sociais, entre outros), que ela classifica de acordo com os objetivos terapêuticos, tais como: aquecimento, exploração de materiais, ativação de concentração e memória, autopercepção, relações familiares, trabalho em dupla, jogos grupais etc.

Com a devida atenção às advertências mencionadas, é um livro interessante, que pode ser valioso ao inspirar e dar sugestões criativas àqueles que procuram inserir o uso de recursos expressivos em seu trabalho.

E vem somar-se à bibliografia de livros de arteterapia que começa a emergir de forma fértil e confirmar o crescente interesse que esse campo vem despertando em todas as "pessoas que trabalham com pessoas" nos mais variados contextos, sejam estes terapêuticos, profiláticos, empresariais, educacionais ou comunitários.

Selma Ciornai
Psicóloga clínica e Gestalt-terapeuta; fundadora e coordenadora
do curso de especialização em arteterapia do
Instituto Sedes Sapientiae; membro profissional credenciado da
American Art Therapy Association, AATA.

Agradecimentos

Este livro foi realizado a partir das experiências de muitas pessoas. Em primeiro lugar, gostaria de agradecer a meu orientador, Michael Edwards, que me ajudou a formular as perguntas certas na minha dissertação de mestrado, que precedeu a redação desse livro. Agradeço, também, a todos os arteterapeutas e àqueles que me confiaram suas idéias; seus nomes encontram-se no final do livro.

Os integrantes do Bristol Art Therapy Group me auxiliaram imensamente, encorajando-me a realizar a coletânea original, falando comigo sobre os trabalhos que estavam fazendo e criticando construtivamente o original da atual versão do livro. Agradecimentos especiais à Sheena Anderson, Heather Buddery, Paul Curtis, Michael Donnelly, Karen Lee Drucker, John Ford, Linnea Lowes e Roy Thorton.

Os membros do "Grupo de Sexta-Feira" (Bristol Art and Psychology Group) mostraram grande interesse nos estágios iniciais do desenvolvimento deste livro. Patricia Brownenn e Beryl Tyzack leram todo o original, e outros fizeram comentários sobre pequenos trechos dele.

Especialistas de outras áreas me ajudaram com listas de livros: Allan Brown, trabalho de grupo; Sue Jennings, dramaterapia; Alison Levinge, musicoterapia. Sue Jennings também fez sugestões sobre o manuscrito, assim como minha amiga June Tillman, que também é escritora.

Finalmente, agradeço a meu marido, Mike Coldham, que colaborou verificando a coerência e a clareza do texto, e também me proporcionou muito auxílio prático; e a minha filha, Ana, por sua grande paciência.

Marian Liebmann

Prefácio

O ponto de partida deste livro foi minha própria experiência como membro de diversos grupos e coordenadora de outros. Sempre tive interesse por arte, e fui ficando cada vez mais interessada em seu potencial para a comunicação de questões pessoais. Tornei-me funcionária de um centro de convivência experimental de adultos ex-delinqüentes, onde coordenei grupos; também coordenei eventos de um dia para grupos de igrejas e para grupos do centro comunitário local. Ao mesmo tempo, freqüentei todos os grupos de arte que pude, para obter mais experiência. Comecei a compilar jogos, atividades estruturadas, temas (pouco importa como são chamados) que outros coordenadores de grupo usavam, somando-os aos que eu ou meus grupos criamos. Também fiquei muito intrigada em relação aos grupos e às atividades estruturadas que usavam, e em como estas influenciavam o que acontecia nos grupos.

Decidi levar adiante este interesse, e em 1979 fiz matrícula no curso de mestrado em arteterapia na Birmingham Polytechnic. Para minha dissertação resolvi explorar meu interesse em grupos de arteterapia estruturados, e criei um questionário usado como base na entrevista com quarenta arteterapeutas que trabalhavam em contextos diversos (nem todos eram oficialmente denominados "arteterapeutas", mas todos usavam a arte como meio de expressão pessoal). Essa foi uma experiência de aprendizagem fascinante para mim e algumas das minhas conclusões encontram-se no Capítulo 1.

Uma das minhas intenções era formar uma coletânea de todos os *temas* usados por arteterapeutas, professores e coordenadores de grupo. Como havia muito material a ser incluído nessa coletânea, houve necessidade de que fosse feita após a dissertação para que se evitassem conflitos entre as duas atividades. Com a ajuda de outros arteterapeutas em Bristol, a coletânea foi montada em 1982 como um manual a ser distribuído entre os arteterapeutas participantes em meu estudo e aos demais interessados.

Esse manual destinava-se a arteterapeutas, com experiência prévia na direção de grupos, de forma que não continha nenhum material voltado para esse aspecto. Entretanto, desde a sua publicação, terapeutas ocupacionais, assistentes sociais, professores, orientadores infantis, líderes de grupos locais, pacifistas e outros têm demonstrado interesse nele. Esse grande interesse indica a necessidade de uma versão atualizada, que inclua orientações sobre condução de grupos e sobre as formas pelas quais temas possam ser usados em grupos diversos. Esses tópicos formam a primeira metade do livro, a coletânea atualizada de *temas*, a segunda.

Introdução

A quem se destina este livro

Este livro é dirigido a uma ampla gama de profissionais das áreas de saúde, educação e serviço social, como arteterapeutas, professores, assistentes sociais, pessoas que trabalham com jovens e coordenadores de grupos comunitários. Presume-se que esses profissionais possuam conhecimento e experiência de trabalho com grupos, assim, esse livro focaliza o modo de usar a arte com grupos.

Entretanto, se você não tem muita experiência na condução de grupos, há uma relação de livros sobre o tema na Bibliografia. Mas não há substituto para a experiência, e a melhor maneira de obtê-la é integrar vários grupos como cliente. Isso lhe dará a oportunidade de vivenciar a posição do cliente e de observar estilos diferentes de condução de grupos.

Antes de conduzir seu próprio grupo, é aconselhável atuar como coordenador assistente com um terapeuta mais experiente. Essa vivência lhe dará a oportunidade de aprender com alguém mais experiente e também lhe permitirá testar suas idéias e habilidades, e discutir os resultados obtidos.

Isso também vale para a experiência de usar arte com grupos. Essa pode ser uma experiência intensa e é essencial vivenciá-la. Algumas vezes, é difícil começar ou fazer algo da forma como você imaginou e, se não vivenciou essa experiência por si mesmo, não será capaz de ajudar aos outros quando estiverem bloqueados.

Se em sua região não houver nenhum grupo de expressão pela arte nem de arteterapia escreva para a British Association of Art Therapists (o endereço está no final do livro). Eles podem colocá-lo em contato com um representante local para mais informações.

É aconselhável sempre testar em si mesmo e em seus colegas o que você estiver pretendendo usar com seus clientes. Essa experiência pode apontar possíveis dificuldades, aparar arestas organizacionais e demonstrar os benefícios que podem ser obtidos.

A abordagem arteterapêutica

A arteterapia usa a arte como meio de expressão pessoal para comunicar sentimentos, em vez de ter como objetivo produtos finais esteticamente agradáveis a serem julgados segundo padrões externos. Esse meio de expressão é acessível a todos, não apenas aos que têm talento artístico. Essa afirmação bastante sucinta não transmite toda a história da arteterapia (ver Bibliografia de livros em arteterapia), mas define o cenário para o tipo de atividade subjetiva da qual trata esse livro.

Essa abordagem é chamada de "arteterapia" principalmente porque se desenvolveu mais no campo da saúde mental e, sobretudo, em hospitais para doentes mentais. Essa evolução da arteterapia tem sido muito benéfica para os doentes mentais, mas tem tido o indesejável efeito de fazer com que a arteterapia seja ignorada por alguns terapeutas que não se consideram, nem a seus clientes, "doentes".

Entretanto, como será visto nos exemplos dados no Capítulo 5, essa forma de usar a arte pode ser importante para muitas pessoas, estejam elas mergulhadas em problemas sérios ou apenas desejando explorar a si mesmas e a seus sentimentos, usando a arte como meio.

Nas palavras de um arteterapeuta que conduz um grupo aberto ao público: "Não é necessária nenhuma habilidade ou inabilidade específica".

A arteterapia e as outras áreas

Atualmente existem muitos profissionais (como mencionado anteriormente) interessados no uso da arte de modo pessoal com seus grupos, ainda que este caminho tenha sido construído pelos arteterapeutas. Algumas vezes há um problema de linguagem, uma vez que disciplinas diferentes desenvolvem modos diferentes de descrever as pessoas e seus problemas. Por exemplo, a área médica fala de "doença" e de "terapia", enquanto a área de serviço social fala de "problemas sociais" e de "apoio", e a área educacional, de "ignorância" e "educação". Os profissionais dessas diversas áreas podem estar desenvolvendo a mesma atividade — como um grupo de expressão pessoal em arte — e chamá-la de nomes diferentes, tais como "arteterapia", "habilidades sociais" ou "educação emocional". As pessoas também podem ser denominadas diferentemente — pacientes, clientes ou alunos. A pessoa que dirige o grupo pode ser chamada de terapeuta, facilitador, líder, professor, assistente social, monitor de grupo etc.

Todos esses cenários diferentes sugerem modos diferentes de ver as pessoas, e objetivos diferentes, que influenciarão a natureza das atividades propostas. Mas todos podem desejar envolver-se nesse tipo de atividade grupal com arte.

Em virtude da minha formação anterior, vou me referir à pessoa que conduz um grupo como "coordenador" ou (arte) terapeuta (uma vez que muitos dos meus exemplos vêm da arteterapia) e chamarei os participantes do grupo de "membros" ou "pessoas" (exceto nos exemplos que citam pacientes de hospitais ou clientes de um centro de convivência). O conteúdo deste livro abrange implicitamente todas as outras áreas, é claro.

Grupos e indivíduos

Embora essa coletânea tenha sido feita pensando principalmente em grupos, pode ser usada individualmente, excetuando-se aqueles exercícios que exigem pares ou grupos. É importante fazer algumas adaptações para que os indivíduos possam compartilhar seu trabalho com alguém e discutir qualquer sentimento proveniente dele.

Modos de usar este livro

Se não estiver familiarizado com esse tipo de trabalho, vale a pena ler toda a primeira metade do livro. Então, imaginando que você tenha alguma experiência com grupos, pense no grupo com o qual está trabalhando e nas necessidades individuais de seus integrantes. Escolha um exercício relevante e o experimente consigo mesmo e com seus colegas. Feito isso, aplique-o (talvez com modificações) em seu grupo. Os resultados obtidos determinarão o que virá depois (para mais detalhes de como escolher temas, ver Capítulo 2).

Se você já estiver familiarizado com a condução desse tipo de grupo, uma boa maneira de usar este livro é folheá-lo e deixar que ele "provoque" a sua imaginação. Então, você pode escolher um exercício e modificá-lo para que se adapte a sua situação específica, ou pode criar um inteiramente novo.

Limitações deste livro

Alguns desses pontos já foram mencionados, mas vale a pena enfatizá-los:

1. Esse livro não transforma principiantes em terapeutas ou em coordenadores de grupo. A experiência tanto como cliente quanto como co-terapeuta é muito importante.
2. A experiência com o que está envolvido na pintura ou na produção artística também é muito importante.
3. Nem todos os temas servem para todos. Nunca use um exercício ou tema se você se sentir insatisfeito ao experimentá-lo.
4. Esse livro abrange grupos que se encontraram para partilhar de uma mesma atividade ou tema. Não abrange grupos em que cada participante escolhe uma atividade diferente.
5. Um grupo de expressão artística pessoal não modificará a vida de seus membros — muitos fatores estão envolvidos no processo.
6. Esse livro não traz nenhuma diretriz sobre o trabalho terapêutico de longo prazo. Caso você pretenda trabalhar nessa área, certifique-se de que tem o apoio necessário, e recorra à supervisão de um terapeuta experiente.
7. Há muito pouca informação nesse livro sobre as características de grupos com um perfil específico de clientes.
8. Esse livro é uma tentativa de fornecer um quadro de referência organizado para um processo que é essencialmente intuitivo. Usando uma metáfora, um livro sobre navegação à vela pode descrever em linhas gerais o tipo de equipamento necessário antes de se iniciar a prática desse esporte; fornecer uma carta náutica das correntes perigosas e relatar algumas viagens reais. A partir disso, cabe a você içar velas e ver como é velejar realmente.

PARTE UM

GRUPOS DE ARTETERAPIA

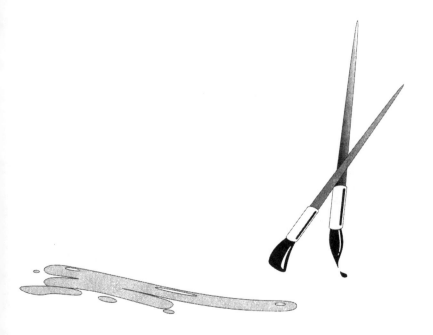

Trabalho em grupo, arteterapia e jogos

Este capítulo fornece alguma fundamentação teórica para grupos de expressão pela arte e a grupos de arteterapia. Contém algumas das descobertas do meu estudo com quarenta arteterapeutas e coordenadores de grupo que atuam em diversos contextos. Também fornece algumas razões para o uso de grupos e para uma forma de trabalho estruturada, mencionando as possíveis desvantagens dessa abordagem. Finalmente, tece algumas observações sobre o lugar que brincadeiras e jogos ocupam nos grupos de arte.

Por que trabalho em grupo?

Para alguns coordenadores e terapeutas há uma escolha entre trabalho individual e grupal, por isso vale a pena verificarmos as razões gerais que levam à escolha do trabalho grupal. Outros, como professores, quase sempre trabalham com grupos, e para eles o mais importante é obter o máximo de proveito do trabalho grupal.

As razões para a escolha do trabalho em grupo podem ser assim resumidas:

1. Muito do aprendizado social é feito em grupos; portanto, o trabalho grupal fornece um contexto pertinente para a prática desse aprendizado.

2. Pessoas com necessidades semelhantes podem apoiar-se mutuamente e sugerir soluções para problemas comuns, ajudando umas às outras.

3. Os integrantes de um grupo podem aprender com o *feedback* dos outros: "São necessárias duas pessoas para enxergar uma".[1]

4. Os integrantes de um grupo podem experimentar novos papéis, ao verem qual é a reação do outro diante deles (modelagem de papéis) e podem ser apoiados ou reforçados nisso.

5. Os grupos podem ser catalisadores para o desenvolvimento de recursos e habilidades latentes.

6. Os grupos são mais adequados para algumas pessoas, por exemplo, àquelas que consideram intensa demais a intimidade do trabalho individual.

7. Os grupos podem ser mais democráticos, compartilhando o poder e a responsabilidade.

8. Alguns terapeutas consideram o trabalho grupal mais satisfatório do que o individual.

9. Os grupos podem ser econômicos, permitindo que um especialista auxilie diversas pessoas ao mesmo tempo.

Contudo, também existem algumas desvantagens:

1. É mais difícil manter o sigilo próprio do grupo porque há mais pessoas envolvidas.

2. Os grupos precisam de recursos, e podem ser difíceis de organizar.

3. Os membros de um grupo recebem menos atenção individual.

4. Um grupo pode ser "rotulado" ou estigmatizado.[2]

Muitos desses pontos são relevantes para grupos de arte, e foram confirmados em meu estudo. Para esta pesquisa, entrevistei arteterapeutas que atuam numa ampla diversidade de contextos terapêuticos e educacionais: hospitais psiquiátricos, hospitais-dia, centros de serviço social e de liberdade condicional, escolas, unidades de adolescentes, faculdades de arteterapia, institutos de educação de adultos. Eles estavam trabalhando até mesmo com uma parcela maior da população: pacientes geriátricos e pacientes com internações longas, pacientes psiquiátricos graves, portadores de deficiência mental, ex-delinqüentes, clientes do serviço social, alcoólicos, famílias, crianças e profissionais de arteterapia e de serviço social em treinamento.[3]

Perguntei a todos os terapeutas quais eram os objetivos de seus grupos, e as respostas se dividiram em dois grupos: pessoal e social. Isso está resumido nas Tabelas 1 e 2.[4]

Tabela 1: Objetivos pessoais gerais (sem ordem de prioridade)

1. Criatividade e espontaneidade
2. Construção da autoconfiança, validação pessoal, percepção do seu próprio potencial
3. Aumento de autonomia e motivação pessoais, desenvolvimento individual
4. Liberdade para tomar decisões, fazer experiências e testar idéias
5. Expressar sentimentos, emoções e conflitos
6. Trabalhar com a imaginação e o inconsciente
7. *Insight*, autoconsciência, reflexão
8. Organização visual e verbal de experiências
9. Relaxamento

Tabela 2: Objetivos sociais gerais (sem ordem de prioridade)

1. Consciência, reconhecimento e apreciação do outro
2. Cooperação, envolvimento na atividade do grupo
3. Comunicação
4. Compartilhar problemas, experiências e *insights*
5. Constatação da universalidade da experiência/singularidade do indivíduo
6. Relacionar-se com os outros em um grupo, compreendendo o quanto afetamos os outros e os relacionamentos
7. Apoio e confiança social
8. Coesão de grupo
9. Análise das questões do grupo

Como as Tabelas demonstram, os arteterapeutas consideravam que seus grupos tinham por objetivo ampliar e, algumas vezes, modificar o funcionamento pessoal e social dos membros do grupo, em vez de tratar de uma doença específica. Esses objetivos estão de acordo com os fatores de cura para grupos de terapia formulados por Yalom.

1. Estímulo à esperança
2. Universalidade
3. Comunicação de informações
4. Altruísmo
5. Resgate reparador do grupo familiar primário
6. Desenvolvimento de técnicas de socialização
7. Comportamento imitativo

8. Aprendizado interpessoal
9. Coesão de grupo
10. Catarse
11. Fatores existenciais (como a inevitabilidade da morte)[5]

Essa ampliação do funcionamento pessoal e social é, obviamente, aplicável a uma grande variedade de contextos, sejam eles sociais, educacionais ou terapêuticos, e pode incluir quase todas as pessoas que possam funcionar de modo independente. Esses objetivos não precisam estar limitados àquelas pessoas rotuladas como carentes de auxílio especial. Eles representam qualidades humanas que todos buscamos, em um momento ou outro. De fato, muitos dos arteterapeutas entrevistados conduziam *workshops* semelhantes para pessoas da comunidade em geral, desejosas de explorar a si mesmas e ampliar suas habilidades e sentimentos pessoais.

Por que arte?

Até aqui a maioria das razões e objetivos apresentados serve para qualquer tipo de grupo. Contudo, vale a pena enfatizar as características do trabalho grupal, particularmente acentuadas com a utilização da arte como uma atividade do grupo:

1. Todos podem ingressar no grupo ao mesmo tempo, não importa em que nível estejam. O processo desenvolvido é importante e um simples rabisco pode representar uma contribuição tão importante quanto um desenho inteiro e acabado.
2. A arte pode representar um outro veículo importante para a comunicação e a expressão, principalmente quando as palavras não são suficientes. Por sua característica espacial, a pintura pode retratar, simultaneamente, muitos aspectos da experiência.
3. A arte facilita a criatividade.
4. A arte é útil no trabalho com a imaginação e o inconsciente.
5. Os produtos artísticos são concretos e podem ser examinados depois de prontos.

6. A arte pode ser prazerosa e isso pode levar um grupo ao prazer compartilhado.[6]

Em suma, grupos de arteterapia ou de expressão pessoal podem proporcionar uma combinação de vivências grupais e individuais que se apóiam nas tradições tanto do trabalho grupal quanto da arteterapia.

Qual o melhor tamanho para o grupo?

A maioria dos grupos de arteterapia e de expressão pessoal, assim como outros "grupos pequenos", tem seis a doze participantes, embora grupos maiores sejam viáveis. O tamanho do grupo é importante para assegurar que:

1. todos os seus integrantes possam manter contato visual e verbal entre si;
2. a coesão do grupo possa ser alcançada;
3. cada pessoa tenha tempo adequado para participar da discussão; e
4. o número de pessoas seja suficiente para encorajar a interação e o fluxo livre de idéias e para que os projetos de grupo possam ser realizados.[7]

O que é um grupo de arte com trabalho *estruturado?*

Alguns grupos de arteterapia trabalham de modo "não-estruturado"; isto é, seus membros reúnem-se em hora e lugar determinados, mas cada um desenvolve seu próprio trabalho separadamente. Não há absolutamente nada de errado com isso e esse é um bom modo de trabalhar com um grupo de pessoas em que todos sabem o que querem fazer. Contudo, o objetivo desse livro é examinar grupos de arteterapia "estruturados"; ou seja, aqueles que se encontram para compartilhar uma tarefa ou desenvolver um tema comum.

É claro que muitos grupos combinam elementos dos dois tipos, alternando trabalho estruturado e sessões em que cada pessoa "faz seu próprio trabalho". A Figura 1 mostra o *continuum* de possibilidades.[8]

Figura 1: *Continuum* das possibilidades de atividades em grupos de arteterapia

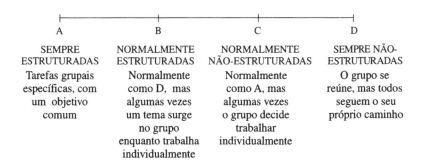

Trabalhar de maneira "estruturada" pode significar muitas coisas. Pode denotar apenas o uso de uma regra simples, por exemplo: "Desenhe o que quiser, mas use apenas três cores". Ou pode denotar uma atividade mais dirigida, por exemplo: "Escolha um lápis de cera e tenha uma conversa não-verbal com alguém em uma mesma folha". Novamente, há um *continuum* de instruções, desde as mais genéricas, que não chegam a se constituir em um tema, até atividades que podem ser descritas como temas muito específicos.[9]

Isso pode ser ilustrado com algumas possibilidades de instruções:

1. Vamos fazer "nosso próprio trabalho".
2. Desenhe qualquer coisa de que goste em uma folha grande usando três cores.
3. Comece com um rabisco e observe se ele se transforma em alguma coisa.
4. Desenhe um acontecimento da sua infância.
5. Desenhe um acontecimento da sua infância que representou um momento decisivo para você.
6. Desenhe sua primeira experiência de separação.
7. Desenhe seu primeiro dia na escola.

A primeira obviamente não é um tema, embora a frase "Faça seu próprio trabalho" seja um tipo de estrutura. A segunda e a terceira são maneiras estruturadas de começar, mas não especificam mais nada. As quatro últimas são "temas" reconhecíveis, e progressivamente mais específicos. Às vezes é importante ser bastante específico, por exemplo, quando o objetivo for compartilhar experiências comuns; mas não tão específico que não haja espaço para escolhas e interpretações individuais do tema, no nível que for mais adequado. Assim, para um grupo de adultos, a última instrução da lista pode ser específica demais já que não deixa espaço para quem não conseguir ou não quiser se lembrar de seu primeiro dia na escola.

Por que grupos de arte com trabalho estruturado?

Algumas das razões para o uso de temas, estruturas, exercícios, técnicas e jogos em grupos de arte são fornecidas a seguir. É importante refletir sobre elas e verificar se podem ser aplicadas ao seu grupo.

1. Muitas pessoas sentem grande dificuldade para começar. Um tema pode indicar um ponto de partida.
2. Alguns temas iniciais podem auxiliar os grupos a entender o que é a arteterapia. Isso é especialmente verdadeiro se as pessoas do grupo não estiverem familiarizadas com essa abordagem, e considerarem o grupo de arte apenas com base nas aulas de arte dadas na escola anteriormente, ou em padrões estéticos externos.
3. Alguns grupos são muito inseguros e precisam de uma estrutura para funcionar.
4. Geralmente o tempo é curto. Grupos de comunidade e de cursos de treinamento podem ter apenas uma sessão de arte, ou um dia ou um fim de semana. Até mesmo em hospitais e centros de convivência, muitas pessoas ficam apenas um curto período de tempo e voltam à vida normal o mais depressa possível. Um grupo pode obter um resultado mais rapidamente se se concentrar em um tema apropriado.
5. Partilhar um mesmo tema pode auxiliar na união do grupo.
6. Os temas e exercícios podem ser interpretados em muitos níveis e usados com flexibilidade para satisfazer a diferentes necessidades. O grupo pode ser envolvido na escolha do tema, se isso for apropriado.

7. Alguns temas podem ser úteis para auxiliar os membros do grupo a se relacionar mutuamente.

8. Às vezes, os temas podem auxiliar as pessoas a sair de seus "esconderijos" ao facilitar o trabalho e as discussões, que não aconteceriam de outra forma.[10]

O uso apropriado de temas pressupõe toda experiência e preparo mencionados na Introdução. Se usados inadequadamente, alguns temas podem evocar sentimentos difíceis para o grupo naquele dado momento. No outro extremo, alguns temas podem levar a uma experiência superficial deixando as pessoas insatisfeitas. Entre esses dois pólos há uma grande variedade de experiências de grupos usando atividades artísticas estruturadas, interessantes, reveladoras e agradáveis.

A arte e o brincar

Atualmente há uma extensa literatura sobre o brincar, e é impossível fazer justiça a ela em apenas alguns parágrafos. As observações a seguir têm o objetivo de estimular pensamentos e idéias, e podem ser completadas com a consulta de títulos sobre o brincar, encontrados na Bibliografia.

Piaget classificou os jogos em três tipos:

1. jogo sensório-motor, em que a criança procura dominar uma habilidade e, então, a repete por simples prazer (0-2 anos);

2. jogo simbólico, em que a "criança faz-de-conta" usando objetos como símbolos de outras coisas; p. ex.: ela pode apanhar uma pedra e fazer-de-conta que é um sorvete, dizendo: "Um sorvete prá você! Chupa!" (2-6 anos);

3. jogos com regras, em que uma modificação das regras muda a natureza do jogo. Freqüentemente implicam a participação de grupos (6 ou + anos).[11]

Embora essa classificação se refira aos estágios do desenvolvimento, os três tipos de jogos podem ocorrer na utilização da arte. O primeiro tipo ocorrerá na exploração do uso dos materiais artísticos. As atividades relativas à "exploração dos materiais" (ver a seção C, na Parte Dois) irão incentivar esse tipo de jogo com crianças e adultos (que freqüentemente desejam recuperar a capacidade de brincar). O segundo tipo é parte da própria natureza da arte, que é o meio simbólico; uma imagem desenhada sempre corresponde a algo na mente do artista. O terceiro tipo de jogo pode fazer parte de alguns jogos grupais de comunicação por meio da arte e serão descritos em detalhes na próxima seção desse capítulo. Muitos artistas usaram elementos do jogo para explorar e experimentar os materiais de modo que produzissem formas novas e resultados surpreendentes.

Entretanto, essa classificação dos tipos de jogo tem seu limite. O brincar jamais pode ser definido como uma atividade específica; ao contrário, abrange muitos tipos de atividades, unidas por uma postura não-literal e de divertimento, conhecida como "alegria". Por exemplo, a mesma atividade pode ser motivo de brincadeira ou não: duas pessoas perseguindo-se podem estar envolvidas em uma situação séria, mas se estiverem rindo, este é normalmente um sinal de que estão brincando. As características do brincar podem ser resumidas da seguinte forma:

1. o brincar é prazeroso e agradável;
2. o brincar não tem nenhum objetivo extrínseco; é inerentemente improdutivo;
3. o brincar é espontâneo, voluntário e escolhido livremente;
4. o brincar implica um envolvimento ativo por parte do jogador;
5. o brincar está relacionado àquilo que não é brincadeira.[12]

Assim, brincar é uma atividade livre e prazerosa — mas também precisa ter limites demarcados para que possa ser brincadeira. Normalmente, é também uma atividade social.

A quinta qualidade na lista das características atrai muitos professores e terapeutas.

É notório que o jogo infantil está ligado ao aprendizado da linguagem e de outras habilidades cognitivas, bem como à prática das regras sociais. Em outro nível, as crianças também representam conflitos e problemas de uma forma condensada em suas brincadeiras. A qualidade não-literal do jogo assegura que isso possa ser feito com segurança, sem medo de conseqüências reais. Ao representar simbolicamente uma experiência difícil, revivendo-a e, talvez, mudando o seu desenlace, uma criança se torna mais capaz de lidar com ele na vida real.[13]

Os adultos também precisam desenvolver ou redescobrir a capacidade de brincar, que pode proporcionar a eles o necessário "distanciamento" das pressões do dia-a-dia, auxiliando-os a renovar sua capacidade de lidar com os problemas e oportunidades da vida. Segundo Winnicott: "*O brincar é universal* e saudável; brincar favorece o crescimento e, portanto, a saúde; brincar leva a relações de grupo; brincar pode ser uma forma de comunicação em psicoterapia...".[14]

Jogos de arte

Os jogos podem ser considerados brincadeiras institucionalizadas. Pertencem ao terceiro estágio do brincar na classificação de Piaget, possuem regras claras que constituem a essência do jogo. Os jogos são atividades sociais, e os participantes precisam concordar com as regras antes de entrar no jogo. Contudo, as regras não precisam ser sagradas — podem ser alteradas à vontade para criar um jogo totalmente novo. Num jogo verdadeiro, as regras são flexíveis o suficiente para permitir muitos níveis diferentes de resposta, resultando numa atividade agradável e prazerosa.[15]

Muitos coordenadores de grupo descobriram que os jogos podem estimular um aprendizado agradável, e a literatura sobre "jogos de desenvolvimento", "novos jogos" e "jogos cooperativos" — para mencionar apenas alguns — tem florescido. Coordenadores de grupo em contextos informais freqüentemente começam a sessão com um jogo ou o adotam para auxiliar as pessoas a entrar em contato umas com as outras.

É claro que a abordagem de "jogos" não serve para todo mundo: algumas pessoas sentem que adotar tal abordagem tiraria a seriedade de seu trabalho e diminuiria o respeito de outros profissionais por elas. Isso depende, em parte, das características do contexto em que as atividades ocorrem.[16]

Entretanto, muitas atividades grupais de arte podem ser consideradas jogos, uma vez que se baseiam em certas regras básicas, contidas no tema, que normalmente é flexível e permite muitos níveis de resposta.[17] Assim, iniciamos com um tema específico, mas podemos mudar as regras e ver como isso modifica a atividade. É mais fácil perceber como isso funciona se examinarmos um exemplo prático.

O tema "Desenhe uma propaganda de si mesmo" pode ser interpretado em vários níveis. Pode ser uma oportunidade para demonstrar ou reconhecer nossos melhores atributos (o que a modéstia e nossa cultura autodepreciativa normalmente não permitem); ou uma oportunidade para descobrir novas habilidades, no processo de realizar a pintura. Pode ser um modo de aprender sobre os outros, ou de escolher qualidades que atraem certos tipos de pessoas (os comerciais são direcionados a alvos específicos); ou de considerar se somos diferentes com diferentes tipos de pessoas.

Depois, poderíamos mudar ligeiramente as regras dizendo que, quando cada um tivesse terminado sua propaganda pessoal, os outros participantes do grupo poderiam acrescentar qualidades que estivessem faltando; ou, então, poderiam escolher entre os "produtos" de outros e "comercializá-los"; há muitas possibilidades. Todas essas modificações terão um efeito que criará uma nova atividade ou jogo.[18] A maioria das modificações sugeridas transforma a atividade num jogo grupal interativo, que só pode ocorrer adequadamente se todos participarem. Muitos temas individuais podem ser transformados em jogos grupais dessa forma, e a seção J da Parte Dois tem alguns deles. Por exemplo, o tema 89 (Retratos Metafóricos) pode ser transformado em um jogo grupal (204).

Uma das qualidades mais valiosas das brincadeiras e dos jogos é a de fornecerem uma estrutura de referência paralela à "vida real", na qual "formas diferentes de ser" podem ser experimentadas sem nenhuma conseqüência "real". É possível correr pequenos riscos antes de serem assumidos riscos maiores. Talvez, durante o exercício da "propaganda", alguém possa ser auxiliado a reconhecer algumas boas qualidades em si. O passo seguinte, a ser dado no mundo cotidiano, pode ser mostrar essas boas qualidades aos outros, em vez de escondê-las.

Os jogos também podem fornecer um meio de abordagem indireta a questões do momento com as quais pode ser difícil ou doloroso ter um confronto direto. Podem dar margem a muitas brincadeiras e gargalhadas, e, ao mesmo tempo, serem muito sérios. Três arteterapeutas, que consideram algumas das suas atividades artísticas estruturadas como jogos, comentaram:

Terapeuta A: "Um jogo é uma coleção de regras frouxas, com um sentimento despreocupado, que pode conduzir inconscientemente a áreas significativas — embora não precise fazer isso."

Terapeuta B:	"Os jogos relaxam as pessoas, trazem-lhes confiança e alegria, e também podem ser reveladores."
Terapeuta C:	"Jogos são mais que estruturas formais, porque são divertidos além de serem uma fonte de prazer."[19]

Nesse sentido, é possível considerar muitos temas de arte grupais como jogos de arte, com um conjunto de regras adotado para o jogo em questão, e com um quadro de referência não-literal. Um exemplo disso pode ser a utilização do jogo dos Retratos Metafóricos em um *workshop* de um dia (ver Capítulo 5, Exemplo 14), no qual uma mulher desenhou uma outra como uma árvore verde aparecendo atrás de uma parede de tijolos (ver a fotografia 12). Aqui, o jogo estruturado forneceu um contexto que possibilitou que elas se referissem, de um modo não-literal, ao relacionamento difícil entre si, de uma forma que não tinham conseguido até então. A árvore significava esperança e mudança, e as duas mulheres puderam conversar sobre isso, o que as levou a um recomeço na comunicação mútua.

Coordenadores de grupo e terapeutas também usam os jogos como "aquecimento" antes de um tema ou de uma atividade principal. O objetivo, aqui, é o de movimentar as pessoas, fazer com que elas fiquem à vontade no grupo, e encorajar a espontaneidade.

Alguns temas podem ser considerados jogos de arte mais que outros. Os elementos mais importantes são o uso de uma atividade estruturada, em que as regras sejam flexíveis e possam ser modificadas; e, acima de tudo, uma atitude de diversão e prazer, que não diminua a possível seriedade do tema.

Conclusão

Esse capítulo forneceu resumidamente fundamentos teóricos para a utilização do trabalho grupal e para o emprego da arte nesse tipo de trabalho. Examinou as contribuições que temas e atividades estruturadas podem trazer, bem como o papel do jogo nas atividades artísticas e a maneira como os jogos de arte podem ser desenvolvidos. Tudo isso forma um pano de fundo útil para a reflexão a respeito dos grupos, antes de dar início aos passos práticos para se conduzir um grupo, que é o assunto do próximo capítulo.

Referências

1. CULBERT, S. A. "The Interpersonal Process of Self-Disclosure: It Takes Two to See One". *Explorations in Applied Behavioral Science*, nº 3, Renaissance Editions, NovaYork, 1967.
2. BROWN, A. *Groupwork*. Heinemann, Londres, 1979, pp. 11-2.
3. LIEBMANN, M. F. "A Study of Structured Art Therapy Groups", dissertação de mestrado não publicada, Birmingham Polytechnic, 1979.
4. Ibid., p. 27.
5. YALOM, I. D. *The Theory and Practice of Group Psychotherapy*. Basic Books, Nova York, 1975, p. 71.
6. LIEBMANN, M. F. "Art Games and Group Structures". In: DALLEY, T. (ed.) *Art as Therapy*. Tavistock, Londres, 1984, p. 159.
7. DOUGLAS, T. *Groupwork Practice*. Tavistock, Londres, 1976, pp. 85-6.
8. LIEBMANN, M. F. "A Study of Structured Art Therapy Groups", p. 28.
9. Ibid., pp. 38-40.
10. Ibid., pp. 41-2.
11. PIAGET, J. *Play, Dreams and Imitation in Childhood*. Routledge and Kegan Paul, Londres, 1951; W. W. Norton, Nova York, 1962; GARVEY, C. *Play*. Fontana/Open Books, Londres, 1977, pp. 13-4.
12. GARVEY, C. *Play*, p. 10.
13. ERIKSON, E. *Toys and Reasons*. Marion Boyars, Londres, 1978, pp. 29-39.
14. WINNICOTT, D. W. *Playing and Reality*. Pelican, Harmondsworth, 1974, p. 48.
15. HUIZINGA, J. *Homo Ludens*. Temple-Smith, Londres, 1970, p. 47.
16. LIEBMANN, M. F. "A Study of Structured Art Therapy Groups", pp. 68-71.
17. Ibid., pp. 70-1.
18. Ibid., pp. 127-8.
19. Ibid., p. 70.

Conduzindo grupos

Antes de falar sobre os aspectos práticos da condução de grupos, é bom lembrar que a finalidade do grupo é fornecer um ambiente aconchegante e seguro no qual as pessoas se sintam à vontade para revelar assuntos pessoais. O cuidado e o respeito pelos outros, por seus sentimentos e pontos de vista são prioritários. As sugestões desse capítulo têm o propósito de ajudá-lo a criar esse tipo de grupo centrado no cuidado com o cliente e no qual é agradável estar.

Há vários pontos a considerar com relação a conduzir um grupo, e a lista abaixo é útil:

1. Organizando o grupo
2. Fatores externos que afetam o grupo
3. Intenções e metas
4. Limites grupais e regras básicas
5. Grupos abertos e fechados
6. Papéis de liderança
7. Padrão usual de uma sessão
8. Apresentações e "aquecimento"
9. Escolhendo uma atividade ou um tema
10. A atividade
11. Discussão
12. Interpretação
13. Finalizando a sessão
14. Documentação e avaliação
15. Padrões alternativos de sessões
16. O processo do grupo ao longo do tempo

Esse capítulo focalizará brevemente cada um desses aspectos. Para informações adicionais sobre trabalho em grupo, veja a Bibliografia.

1. Organizando o grupo

Esta é, geralmente, a parte mais difícil e requer bastante tempo e energia. Esses são os pontos que precisam ser resolvidos e estabelecidos:

Coordenador(es)

Existem coordenadores adequados e experientes para esse *workshop* ou esse grupo?
É preciso haver um co-dirigente?
É uma atividade paga?
Qual é o seguro previsto?*

Sala

Pode-se contar com uma sala suficientemente grande e adequada?
Onde as chaves são guardadas?
A sala é suficientemente clara, com luz natural e artificial adequadas?
Permite acesso a uma pia e água?
Há mesas e cadeiras?
Há espaço livre suficiente para o que se deseja fazer?
Há espaço para secar as pinturas?
Onde será a discussão sobre o trabalho feito?
A sala permite apenas o uso de materiais secos?
A sala é suficientemente silenciosa?
Você precisa de instalações para fazer bebidas, ou servir comida?
Onde está a caixa de Primeiros Socorros? Está completa?

Tempo

Existe um período de tempo adequado na programação institucional?
Quais atividades antes e depois da sessão de arte podem influenciá-la?

---

* Este ponto se refere ao seguro para erros terapêuticos, comum nos EUA, mas inexistente no Brasil.

Se for uma única sessão, como um *workshop* de um dia ou uma noite, qual o melhor dia e horário para ela?

Materiais

Quais dos materiais listados abaixo você deseja usar?

Tintas — em pó ou líquida (as últimas são mais caras, mas são mais fáceis de usar e não precisam ser preparadas).
Utensílios para manipular as tintas, p. ex.: colheres para tintas em pó.
Palhetas para colocar e misturar as tintas (bandejas de iogurte funcionam como palhetas descartáveis).
Vidros de água
Pincéis — grandes e pequenos.
Materiais secos — lápis de cera, canetas hidrográficas, pastel oleoso, carvão, lápis conté.
Papéis — papel absorvente, papel-arroz, papéis para aquarela, rolos de papel jornal, papéis de cores e tamanhos diferentes.
Papelão — fino ou grosso — para trabalhos em três dimensões.
Argila e tábuas de madeira (algum meio de manter a argila úmida e fresca; e algum instrumento para cortar porções individuais de argila, como pedaços de arame).
Materiais para colagem — revistas, materiais com diversas texturas, tecidos etc.
Tesouras, facas.
Colas — cola para colagens e trabalhos em três dimensões; fita adesiva.
Trapos e toalhas de papel para limpeza.
Jornal ou plástico para proteger as mesas ou o tapete, ou para deixar as pinturas secando.

Muitos desses materiais precisarão ser comprados ou pedidos com antecedência, sobretudo se você trabalhar em uma instituição que encomenda todos os equipamentos a fornecedores específicos.

Participantes do grupo

Este, provavelmente, é o aspecto mais ardiloso de todos. Poderá ser necessário um sistema de indicação que você terá de explicar aos outros profissionais. Como eles poderão saber quem se beneficiará com o grupo de arte coordenado por você? Talvez seja preciso falar com os demais membros da equipe sobre grupos "específicos" (p. ex.: pessoas de uma ala de hospital, de uma sala de aula, de um asilo para idosos) que se beneficiariam com sessões de arteterapia individuais ou grupais regulares. Uma boa maneira de apresentar essa atividade é fazer, primeiro, um *workshop* para estes profissionais, de forma que tenham uma experiência própria com a arteterapia e a oportunidade, também, de esclarecer qualquer dúvida. Se você estiver trabalhando em uma instituição, é importante obter o máximo de apoio possível para aquilo que vai fazer antes de começar.

Se você estiver coordenando um *workshop* para membros da comunidade (p. ex.: um *workshop* de um dia para profissionais de saúde e educação), precisará preparar cartazes e pensar no que escreverá neles, a fim de atrair as pessoas que deseja (e talvez afastar aquelas com as quais você sente que não pode lidar). Será preciso reservar muito tempo para a publicidade, e também para calcular os custos e os pagamentos.

2. Fatores externos que afetam o grupo

São fatores sobre os quais você não tem controle mas que podem afetar o grupo. Muitos foram mencionados na seção anterior.

Fatores institucionais

O grupo pode ser limitado pelos horários da instituição, como os horários das refeições, dos transportes, das trocas de turno, intervalos etc. Também será afetado pelo apoio concedido a você e a seu tipo de trabalho, por exemplo: com pouco apoio o trabalho poderá estar sujeito a interrupções, ou a ter pessoas do grupo se afastando de repente. Se houver um bom apoio, as suas necessidades e as de seu grupo serão respeitadas e, talvez, outros profissionais ajudem e haja interesse pelos resultados do trabalho. Algumas vezes pode haver problemas se os objetivos do grupo forem diferentes dos objetivos da instituição, ou se os membros do grupo receberem simultaneamente mensagens conflitantes de vários terapeutas ou funcionários.

Fatores físicos

Um grupo de arte pode ser muito afetado pelo espaço disponível. Grupos obrigados a ocupar salas pequenas, escuras e apertadas, têm resultados limitados. O mesmo ocorre ao reunir grupos em salas que são passagens para outras, estando sujeitos a interrupções constantes. Ruído de salas vizinhas, falta de mesas adequadas e até mesmo a presença de tapetes inadequados podem inibir mais ainda o grupo. Ao contrário, uma sala silenciosa e bem iluminada, com uma área para a "sujeira" das tintas e com um espaço confortável para discussões, pode contribuir muito para intensificar a experiência de um grupo.

População

Esse será, é claro, o fator mais importante para determinar o que pode ou não ser esperado de um grupo. Obviamente, grupos distintos terão necessidades diferentes e serão capazes de desempenhar atividades diversas. Você poderá trabalhar com pacientes esquizofrênicos, internados num hospital por um longo período; com ex-delinqüentes, num centro de convivência; com crianças e jovens em tratamento de duração média; com grupos de assistentes sociais; com pacientes em estado grave, recém-internados em um hospital mental; com pacientes com câncer, membros da comunidade; com pessoas idosas que freqüentam um centro de convivência, ou com um grupo de deficientes mentais adultos, para citar apenas alguns grupos de clientes. Essas pessoas podem apresentar uma grande variedade de problemas, que precisa ser levada em consideração. Pessoas idosas e deficientes podem necessitar de cadeira de rodas ou ter a visão e a audição comprometidas; por vezes, algumas atitudes podem ser tomadas para aliviar esses problemas. Pessoas fisicamente doentes podem estar muito cansadas ou sentir dores, e conseqüentemente terão pouca concentração. Crianças, pessoas com deficiência mental e alguns pacientes idosos pouco lúcidos também têm curtos períodos de concentração. Em qualquer desses grupos, os membros podem ser muito semelhantes ou pode haver uma grande variedade de pessoas, às vezes, incompatíveis entre si. Haverá níveis diferentes de *insight* e de consciência, e algumas vezes alguém que não se encaixe na proposta ou que perturbe o grupo.

Sentimentos

As pessoas chegam para a sessão trazendo sentimentos ligados a todos os tipos de situação, sejam do mundo exterior ou de algum lugar da instituição. Podem estar se sentindo apáticas, alegres, ansiosas, preocupadas ou, simplesmente, muito cansadas. É uma boa idéia verificar como estão se sentindo no começo da sessão — isso pode influenciar a escolha de atividades ou auxiliá-lo a perceber as oportunidades e limitações da sessão. Se uma sessão de arte não transcorre muito bem, pode não ser por algo que tenha ocorrido no grupo propriamente dito, mas por algo ocorrido fora dele. Em algumas instituições as sessões de arte fazem parte de um programa planejado (p. ex.: em muitos centros de convivência), e é preciso estar a par do que aconteceu antes.

3. Intenções e metas

É importante ter claros pelo menos alguns de seus objetivos e metas. Pode ser útil olhar as Tabelas 1 e 2 no Capítulo 1 e ver quais objetivos e metas você tem em mente para o grupo. Você pode ter outros objetivos importantes. Pergunte-se o porquê desse grupo ter se reunido para uma sessão de arte. Aqui estão alguns exemplos de objetivos diferentes:

Um grupo de pacientes recém-internados em estado agudo está explorando o que os trouxe ao hospital.

Um grupo de profissionais de saúde e educação pode querer descobrir como funciona a arteterapia.

Um grupo de mulheres que passam por um "momento difícil" pode tentar usar a arte como um meio de comunicação não-verbal.

Um grupo de adultos com deficiência mental pode estar desenvolvendo a criatividade.

Um grupo de pessoas idosas num centro de convivência pode estar usando o grupo de arte para refletir sobre os acontecimentos felizes e infelizes de suas vidas.

Uma única sessão com pacientes com câncer pode pretender abrir algumas portas para que eles as explorem mais profundamente por si mesmos.

Um *workshop* de um dia com um grupo de uma igreja pode buscar envolver adultos e crianças em atividades que ambos possam usar para ter uma comunicação significativa.

(Obs.: Alguns dos grupos estão descritos em detalhes no Capítulo 5.)

4. Limites grupais e regras básicas

Todo grupo precisa de algumas "regras básicas" para se localizar e para que seus membros saibam o que é esperado deles e (igualmente importante) o que não é esperado.

Algumas dessas regras devem ser formuladas antes do início do grupo como, por exemplo, se haverá ou não um compromisso assumido pelos clientes de participarem de um número mínimo de sessões e se pessoas deverão ser excluídas do grupo (p. ex.: porque a experiência anterior demonstrou que elas perturbam o grupo, e este não pode funcionar bem com elas).

Muitas destas serão presumidas implicitamente por aqueles que têm experiência de grupo, mas talvez precisem ser enfatizadas para as pessoas que estiverem trabalhando em grupo pela primeira vez. Outras regras precisarão ser combinadas com o grupo, como:

Regras sociais comuns, p. ex.: não interromper, respeitar os outros, chegar na hora etc.

Detalhes práticos — idas ao banheiro, intervalos, bebidas, alimentação etc.

A importância do sigilo, necessário para que o grupo se sinta protegido.

Participação: é muito importante que as pessoas saibam se é esperado ou não que elas participem e falem de seu trabalho.

O tempo da sessão precisa ser explicitado (e também espera-se que as pessoas fiquem o tempo todo), assim poderão evitar "trabalhos inacabados" quando a sessão terminar.

É permitido fumar?

Decidir se você, como coordenador, vai participar ou não (ver Seção 6).

Responsabilidade grupal: precisa ser definida. Isso pode significar que todos serão responsáveis por seus sentimentos; que todos tomarão parte na discussão; ou que todos ajudarão a escolher o tema da sessão. Também pode significar que todos deverão ajudar na arrumação posterior!

5. Grupos abertos e fechados

É importante decidir se o grupo será aberto ou fechado. Um grupo fechado normalmente mantém os mesmos membros por um número determinado de sessões. Isso significa que os membros podem vir a se conhecer bem, a desenvolver a confiança mútua e a compartilhar experiências em um nível profundo. Um grupo aberto permite que pessoas saiam e entrem conforme queiram e, conseqüentemente, permanece em um nível bastante superficial. Muitos grupos em hospitais-dia e centros de convivência são fechados. Entretanto, grupos de pacientes internados têm maior probabilidade de serem abertos, uma vez que são liberados assim que possível para evitar que suas vidas sejam perturbadas, que sofram institucionalização.

Grupos semi-abertos são um meio-termo útil. Geralmente há um compromisso de participação, mas os integrantes mudam lentamente à medida que as pessoas saem e entram. Dessa forma, a característica do grupo é mantida, enquanto se permite uma movimentação organizada e natural de pessoas. Esse tipo de grupo também é comum em muitos hospitais-dia e centros de vivência, como em muitos grupos comunitários regulares.

6. Papéis de liderança

Existem muitos estilos de liderança, e a observação dos coordenadores de outros grupos ajuda muito na decisão de qual estilo é o mais adequado para você e seu grupo. Também vale a pena consultar alguns livros sobre trabalho em grupo. É importante enfatizar alguns pontos:

Presença de um co-dirigente

Isso pode ser muito importante, pois existirão duas pessoas para debater a melhor forma de conduzir o grupo, o que pode evitar erros. Na sessão, propriamente dita, um coordenador assistente pode fornecer um "modelo" para os membros do grupo; pode apoiar o coordenador e, se necessário, sair e ajudar um membro que deixe a sala repentinamente. Depois da sessão, duas cabeças avaliam melhor que uma. É muito importante esclarecer as regras antecipadamente, já que não há nada pior que dois líderes com intenções opostas!

Participação do coordenador

A maioria dos coordenadores e terapeutas participa das atividades de pintura ou de outra atividade da sessão porque sente que tem de dar o exemplo se esperam participação e abertura dos outros. Dessa forma, estão demonstrando que também são membros do grupo, e não simples observadores distantes. Entretanto, também existem muitos motivos concretos para a não-participação, como concentrar-se na organização dos materiais para os participantes; manter-se disponível para cada um individualmente ou concentrar-se na observação quando esta for considerada a tarefa mais importante do coordenador. Essa decisão precisa ser individual, estar de acordo com as necessidades do grupo e com a filosofia pessoal do coordenador ou terapeuta. Caso os coordenadores participem das atividades, eles precisam cuidar de não ficar tão imersos em seu trabalho a ponto de não prestarem atenção no grupo, o que, afinal, é sua tarefa básica.

Participação grupal

Alguns grupos olham muito para o coordenador e isso pode ser bem adequado. O coordenador começa as sessões e a maioria dos comentários é dirigida a ele. Em outros grupos, o coordenador tenta conscientemente levar seus membros a participar da maneira mais democrática possível. De início, isso incentiva o grupo a fazer perguntas e observações diretamente a outras pessoas na hora da discussão. Com o tempo, o grupo pode ajudar na escolha de temas e participar mais da condução geral, p. ex.: auxiliar novos membros a se entrosar etc. Seus membros também podem se relacionar mais.

Transferência e projeções

Estes são termos que, às vezes, são usados em grupos com uma orientação psicoterapêutica. Eles explicam a tendência de indivíduos do grupo de "transferirem" aos coordenadores ou terapeutas sentimentos que têm em relação a figuras significativas em suas vidas. Por exemplo, "projetar" sua necessidade constante de uma figura parental no coordenador do grupo, o que pode levar a uma dependência excessiva em relação a este, ou a conflitos com ele, dependendo da experiência que o participante teve anteriormente. Em instituições, isso é particularmente reforçado pelo fato de que os pacientes atribuem aos médicos e terapeutas poder e autoridade consideráveis.

Caso você participe de um grupo que trabalhe com essas projeções, provavelmente já esteve envolvido em um treinamento mais aprofundado nesse aspecto. Um livro excelente para consultas é *The Theory and Practice of Group Psycotherapy*, de I. D.Yalom, mas é claro que ele não substitui o treinamento prático.

Contudo, muitos grupos não usam esses termos, nem fazem uso específico desses fatos no seu trabalho. Não obstante, é aconselhável estar consciente do que estiver ocorrendo, mesmo que apenas para reconhecer (ver exemplo no Capítulo 3) ou para ter uma atração adequada. Por exemplo, uma arteterapeuta que trabalhou com um grupo da comunidade há vários meses (ver Capítulo 4) foi abordada por uma pessoa do grupo com um pedido de terapia individual. Ela estava ciente da dependência progressiva deste por ela, e suspeitava que ele a via em um papel parental e queria que ela fosse sua terapeuta individual. Ela levou em conta a necessidade dele, mas sentiu que seria inadequado da parte dela preenchê-la e indicou-lhe um outro terapeuta que não estava envolvido com o grupo.

7. Padrão usual de uma sessão

A maioria das sessões segue o mesmo formato:
Apresentação e "aquecimento" de 10-30 minutos, seguidos de atividade por 20-45 minutos;
Discussão e final da sessão: 30-45 minutos.[1]
Em muitas instituições o tempo disponível é de 1h30 a 2 horas, e o tempo das atividades mencionadas anteriormente se encaixa nisso. Um período mais longo seria mais adequado para grupos da comunidade e de profissionais, com mais tempo reservado tanto para a atividade como para a discussão.

Há outros formatos, que serão discutidos mais adiante. Cada uma das etapas citadas será descrita com mais detalhes e, ao mesmo tempo, serão dadas algumas sugestões para a escolha de um tema ou atividade adequada.

8. Apresentações e "aquecimentos"

Apresentações

O objetivo principal da fase inicial de uma sessão de grupo é o de unir as pessoas, ajudando-as a "chegar" e a relaxar antes de mergulharem em uma atividade que pode ser nova, difícil ou cansativa.

Quer as pessoas venham de longe ou morem na instituição onde a sessão é realizada, a forma de recepcioná-las pode contribuir muito para criar uma boa atmosfera.

Se as pessoas vêm de locais distantes, ofereça-lhes, por exemplo, bebidas quentes, que também pode ajudar a diminuir o embaraço típico do começo, quando nem todos chegaram e não é apropriado iniciar.

Se as pessoas ainda não se conhecem, reserve algum tempo para as apresentações. É bom pedir algumas informações iniciais além dos nomes, p. ex.: por que as pessoas vieram, o que esperam obter da(s) sessão(ões), ou algumas informações pessoais. Algumas vezes, convém estruturar isso e perguntar, por exemplo, quais são os *hobbies* das pessoas, evitando, assim, respostas estereotipadas e "pré-fabricadas" (e mesmo o embaraço para aqueles que talvez estejam desempregados). O objetivo dessa parte é que as pessoas se conheçam um pouco e se sintam mais à vontade para trabalhar juntas. Isso também ajudará o coordenador a sentir o grupo e a expectativa das pessoas, podendo ser útil na condução da sessão.

Se a sessão for parte de uma série, pode ainda ser necessário apresentar os novos integrantes e lhes explicar como o grupo funciona. É importante verificar como as pessoas estão se sentindo e o que imaginam, principalmente se o grupo encontra-se em uma instituição. A expressão de alguns desses pensamentos e sentimentos pode, algumas vezes, auxiliar as pessoas a "chegarem" mentalmente na sessão além de fornecer indicações para o seu tema.

Nessa sessão introdutória será preciso também esclarecer algumas regras básicas, ou chegar a um acordo grupal sobre certos pontos, p. ex.: fumar, horários, intervalos, idas ao banheiro, participação, conversas etc. (ver a Seção 4 desse Capítulo). Também será necessário explicar o caráter da atividade, o que é arteterapia e o caráter particular do grupo em questão. Algumas frases podem ser úteis:

…não tem a ver com produzir belos trabalhos artísticos;
…pinte como pintava quando era criança — espontaneamente;
…trabalhe de uma forma aberta;
…não há um modo "certo" de fazer as coisas;
…expresse os sentimentos por meio do material de arte;
…use a arte de uma maneira pessoal;
…não é necessária nenhuma habilidade ou inabilidade em especial;
…não se espera imagens acabadas e expressões completas — rabiscos e sinais são ótimos;
…relaxe e use os materiais da forma que quiser.

Obviamente, nem todas essas observações servem para todos os grupos, e você terá de escolher e adaptar o que vai dizer a seu grupo. Provavelmente, uma boa idéia seja dar uma breve explicação sobre o uso dos materiais disponíveis, principalmente se alguém nunca os tiver usado ou os tiver usado há muito tempo. Quanto mais relaxadas as pessoas estiverem quanto ao uso dos materiais, mais livre e espontaneamente conseguirão usá-los.

Atividades de "aquecimento"

Essa pode ser uma atividade física ou uma atividade introdutória de pintura.

"Aquecimentos" físicos incluem massagem nos ombros, andar lentamente em círculos e cumprimentar os companheiros, danças circulares etc., o que ajuda a obter um fluxo de energia. Uma pequena lista desses "aquecimentos" pode ser encontrada na Seção B da Parte Dois deste livro. Se você quiser ampliar seu uso, poderá encontrar vários títulos excelentes na Bibliografia (Parte Dois, Seção P, subseções 3 e 7).

Atividades de pintura como "aquecimento" incluem: passar um pedaço de papel para que cada pessoa faça algo; um desenho rápido do que elas têm em mente, ou apresentar-se com um desenho. Há uma lista de sugestões na Seção B da Parte Dois e muitos temas podem ser adaptados para esse fim. Geralmente, as pinturas e desenhos feitos nesse estágio são mostrados aos outros antes da atividade ou tema principal.

Talvez não seja necessário fazer apresentações e "aquecimentos" em todas as sessões de um grupo regular. O grupo reúne-se, tem uma rápida discussão sobre o tema da sessão, e, então, todos iniciam a atividade em questão. Isso é possível porque as "regras" básicas e a maneira de trabalhar já foram esclarecidas e assimiladas pelo grupo. Se houver novos integrantes, essas "regras" deverão ser explicadas. De vez em quando, um grupo regular precisará conversar para reafirmar seu modo de trabalho e suas regras básicas e, possivelmente, para combinar alguma mudança que pareça adequada.

9. Escolhendo uma atividade ou tema

As considerações para grupos que se encontram regularmente e para aqueles que se reúnem uma única ocasião são, essencialmente, diferentes.

Grupos que se encontram regularmente

No início, é necessário um tema bastante genérico, para ajudar as pessoas a se conhecerem, bem como aos seus interesses. Alguns temas iniciais podem ser:

a) conhecer o material, brincar com a tinta, talvez usar papel molhado e desenvolver algo a partir disso (ver o nº 19 da Seção C na Parte Dois);
b) qualquer atividade da Seção Exploração de Materiais (Seção C, Parte Dois);
c) apresentações (ver o nº 80 da Seção F, Parte Dois);
d) linhas de vida (ver o nº 91 da Seção F, Parte Dois);
e) como você se sente neste exato momento, preocupações atuais.

Essas são apenas algumas idéias — o principal é fazer as pessoas começarem e estar atentas às suas necessidades.

Há diversas maneiras de escolher um tema adequado para a sessão seguinte:

a) Entre as sessões, imagine uma boa seqüência e elabore um tema adequado. Por exemplo, em uma ala de pacientes graves (*ou crônicos*) em um hospital psiquiátrico, uma sessão terminou com uma discussão sobre solidão. O arteterapeuta montou uma série de atividades sobre a amizade (ver o nº 114 da Seção F, Parte Dois).
b) Quando a sessão de arte fizer parte de um programa global, pode haver indicadores vindos de outras sessões. Por exemplo, em um hospital-dia onde havia sessões de arteterapia, psicodrama, ioga, psicoterapia e debates, a sessão de arteterapia era realizada no dia seguinte à de psicodrama. A equipe reuniu-se entre as sessões para montar temas adequados para a sessão de arte, baseando-se no que havia surgido na sessão de psicodrama.
c) Mostre os desenhos da última sessão (geralmente da semana anterior) para averiguar se o grupo tem alguma idéia nova sobre eles. Analise o que surge dessa discussão.
d) Se um problema específico de relacionamento grupal estiver impedindo o progresso do grupo, uma pintura em conjunto

quase sempre pode mostrar isso, possibilitando a discussão do problema. Por exemplo, no grupo de um hospital-dia, um homem se escondia atrás de suas pinturas. Em uma pintura grupal, percebeu-se que a sua contribuição para o desenho estava espremida em um canto, demonstrando a todo o grupo o quão marginalizado ele se sentia.

e) Se lhe parecer que uma mudança de direção é necessária, pense com cuidado e escolha um tema adequado.

Na maioria das opções sugeridas até o momento, o terapeuta ou coordenador assume grande parte da responsabilidade pela escolha do tema. Isso pode ser adequado, mas significa que a escolha é muito influenciada pela visão que o coordenador tem das necessidades do grupo. Quando há continuidade, o grupo tem a sensação de estar progredindo, passo a passo, o que pode ser animador. Contudo, a desvantagem dessa opção é que ela não leva em conta os sentimentos e estados de espírito mais imediatos do grupo. As opções seguintes mostram como isso pode ser feito:

f) O "aquecimento" ou uma "rodada de sentimentos" introdutória podem levar à escolha do tema. Por exemplo, um grupo de adultos jovens tinha muitas mágoas em relação aos pais e, assim, o coordenador sugeriu um tema sobre a vida familiar. As alternativas eram:

"Como sinto que me encaixo na vida familiar",
"O que herdei da minha mãe e de meu pai",
"O que gosto e o que não gosto na minha família",
"Organização da família em forma de diagrama".

g) A "rodada de sentimentos" pode se basear no que as pessoas sentiram após a sessão da semana anterior, e isso pode levar ao tema seguinte, como explicado anteriormente.

h) Se o coordenador normalmente introduz o tema sem uma "rodada de sentimentos", convém ter um momento de escolha de temas, para que o grupo possa optar.

i) Em grupos homogêneos, como o de treinamento de equipe, pode ser passada uma lista de temas para que as pessoas escolham o que querem explorar.

Qualquer que seja o tema escolhido, este deve ser suficientemente flexível para que as pessoas possam interpretá-lo livremente, de acordo com as suas necessidades.

Alguns pontos práticos sempre deverão estar em mente. Pinturas grupais e murais precisam de preparo, as salas devem ser reorganizadas para o projeto do grupo, e os materiais especiais também precisam ser organizados.

Não há uma maneira "correta" de escolher temas. Cabe a cada terapeuta e coordenador de grupo montá-los da maneira mais adequada, de acordo com o seu estilo preferido, as necessidades do grupo e as instalações disponíveis.

Grupos que se reúnem uma única ocasião

Aqui, a escolha de temas depende muito das intenções e metas do grupo (ver a Seção 3 desse capítulo). Alguns exemplos de temas que podem ser escolhidos estão relacionados a seguir. (Alguns desses grupos estão descritos com mais detalhes no Capítulo 5, e todos os temas são explicados na Parte Dois do livro.)

Solicitou-se a um grupo de profissionais que trabalha com crianças e estava em um curso de reciclagem que começasse fazendo um mural grupal. Depois da discussão, introduziu-se o tema "Minha árvore familiar", e cada pessoa desenhou sua própria família como uma árvore, o que gerou uma discussão acerca de experiências familiares sob o ponto de vista de uma criança.

A um grupo de mulheres que passava por dificuldades, solicitou-se um desenho grupal; cada pessoa tinha um lápis de cera de cor diferente, e desenhava na mesma folha, uma de cada vez. Os padrões de comunicação resultantes foram discutidos.

Um grupo de pacientes com câncer, que tinha dificuldade em refletir sobre o futuro, pintou sobre o tema "Viagens que gostaria de fazer".

Um dia de apresentação para um grupo de igreja com adultos e crianças:

Apresentação — nome e um interesse pessoal

Continue o desenho (ver o nº 211 da Seção J)

Conversa com um parceiro, utilizando tinta

Desenhe a si mesmo como um tipo de alimento

Almoço (cada um levou algo para o almoço)

História grupal escrita em uma folha de papel comprida, feita com as histórias individuais de todos, entremeadas com momentos de silêncio (ver o nº 181 da Seção I, Parte Dois)
Redação baseada na história do grupo
Colagem grupal
Uma noite de apresentação do trabalho a um grupo de profissionais:
Como estou me sentindo
Conversa em pares, utilizando tinta
Desenho grupal (tema livre)
Uma tarde para um grupo de educação para a paz:
Apresente-se com um desenho
Pintura em pares
Pintura grupal sobre o tema "O que a paz significa para mim"
Em todos esses exemplos foi dedicado bastante tempo para discussões depois de cada atividade e no fim das sessões.

Relação entre temas e grupos de clientes

Tem-se a impressão de que o uso de um tema específico tem sempre o mesmo resultado. Isso raramente acontece! Os próximos exemplos demonstram esse fato.

Três arteterapeutas comentam sobre o tema "Desenhe um anúncio de si mesmo", com que tiveram experiências muito diversas:

Terapeuta D: "O objetivo é fazer uma imagem positiva de si mesmo. Isso é útil com um grupo particularmente depressivo — muito *feedback* positivo foi dado pelas pessoas do grupo".

Terapeuta E: "É um tema difícil que precisa ser apresentado cuidadosamente, mas mesmo assim pode se tornar muito negativo, como descobri".

Terapeuta F: "Geralmente sugiro às pessoas que levem em conta não apenas aqueles aspectos de si mesmas dos quais gostam, mas também o tipo de pessoas que desejam atrair... tomar consciência de como nos apresentamos publicamente é uma tarefa difícil, e com freqüência as pessoas mostram incapacidade e insegurança em vez de apresentar sua capacidade e pontos positivos".[2]

Os dois primeiros estavam trabalhando com internados e pacientes de hospital-dia, e o terceiro, com ex-pacientes psiquiátricos em um centro do serviço social.

Um outro arteterapeuta, que estava trabalhando com diversos grupos, resumiu suas experiências, dizendo: "Percebi que o resultado de uma sessão depende menos do tema escolhido e mais daquilo que os clientes levam para o grupo".

Assim, o que de fato acontece em um grupo é influenciado por muitos fatores como:

limitações externas,
o contexto,
o tipo específico de população do grupo,
o estágio no qual o grupo se encontra,
preocupações e estado de espírito atuais,
tipo de grupo, sua ênfase em certos assuntos e sua maneira de trabalhar,
o estilo de coordenação,
a escolha de tema ou atividade específicos,
a maneira como é conduzida a discussão.

Todos esses fatores influenciam o resultado de qualquer sessão. É importante ter em mente que você está escolhendo um tema relacionado com o grupo e as suas necessidades atuais.

10. A atividade

Nessa hora geralmente todos estão profundamente absortos no que estão fazendo. A regra "não conversar" pode tornar esta experiência mais intensa e extremamente profunda. Algumas vezes isso acontece com naturalidade, especialmente em grupos familiarizados com essa experiência. Os coordenadores devem se assegurar de que não haja nenhuma interrupção nesse momento (entrada de pessoas atrasadas, avisos sobre o almoço etc.), pois pode ser muito perturbadora e quebrar o "encanto" da concentração profunda. Qualquer limite quanto ao tempo deve ser especificado no começo.

A atividade propriamente dita é muito importante. Não é apenas o tempo necessário para pôr algo no papel que possa ser discutido, mas é também o momento em que processos não-verbais assumem o primeiro plano, no qual as pessoas estão elaborando suas questões mediante a tinta, a argila etc. É difícil descrever adequadamente esse processo com palavras, por isso é importante que os coordenadores de grupo tenham experimentado previamente a atividade por si mesmos.

Em alguns grupos, a atividade pode estimular uma conversa proveitosa, o que deve ser incentivado. Por exemplo, adolescentes que normalmente são muito inibidos para expressar suas opiniões podem "abrir-se" enquanto participam de uma pintura grupal, ou trabalham com argila. Incentivar a conversa em grupos de adultos com deficiência mental ou grupo de idosos também é importante. Se essas pessoas vivem no bairro e freqüentam sessões semanais de arteterapia, conversar e fazer amizades faz parte dos objetivos da sessão.

O começo da atividade pode ser estranho para alguns. Os materiais precisam ser organizados e os coordenadores precisam estar disponíveis para ajudar. Então, depois de tudo estar pronto, normalmente há um pequeno hiato de hesitação enquanto as pessoas se sentam e pensam no que vão fazer. Esse é um fato normal que não deve causar preocupações. Ocasionalmente, contudo, há uma ou outra pessoa realmente "travada". Pode ser assustador olhar para uma folha de papel em branco, enquanto todos à volta parecem saber o que estão fazendo. Nesse caso, o terapeuta ou o coordenador precisa interferir, talvez por meio de perguntas delicadas para procurar entender o sentimento da pessoa sobre o tema em questão. (Se o tema não for adequado para a pessoa, deverá ser modificado ou deixado de lado.) Se todos estiverem "travados", talvez a explicação do tema não tenha sido suficientemente clara, ou a fase inicial foi muito rápida. Nesse caso, a única coisa a fazer é repassar tudo, talvez com mais discussões no grupo, em vez de deixar todos com dificuldades.

As pessoas têm ritmos muito diferentes. Algumas se apressam e acabam tudo em pouco tempo; outras têm um ritmo lento e compassado. Isso significa que, freqüentemente, terminarão em momentos diferentes. Duas atitudes podem ser tomadas nessa situação: os mais rápidos podem ser incentivados a fazer outro desenho enquanto esperam, ou a refletir construtivamente sobre o que fizeram. Pessoas lentas podem não acabar (normalmente isso não importa); no entanto, convém dizer-lhes quando o tempo estiver quase acabando, assim poderão decidir sobre o que é mais importante.

Algumas vezes é muito interessante olhar como as pessoas desenham, e observar em que põem mais energia, quando são mais hesitantes, param e pensam. Se você não estiver participando da atividade pode ser muito proveitoso observar o que está acontecendo.

11. Discussão

A organização do espaço físico para a discussão é importante. Todos precisam ser capazes de ver o que está sendo dito, e a coesão e a interação do grupo também serão facilitadas se todos puderem manter contato visual entre si. Alguns grupos podem conseguir essa organização com as pessoas mantendo-se nos mesmos lugares em que estavam enquanto faziam a atividade ou colocando-se em volta do trabalho acabado, caso seja um trabalho do grupo. Alguns grupos têm sorte de ter um espaço de "bagunça" para desenhar e trabalhar, e um espaço para relaxamento e discussão com poltronas e tapetes confortáveis, de forma que todos possam sentar-se em círculo colocando os desenhos no chão.

Trabalho de grupo

A discussão dos trabalhos feitos é uma sessão de grupo por si mesma. Existem muitos modelos de trabalhos grupais disponíveis; é uma boa idéia consultar alguns dos livros sobre esse assunto relacionados na Bibliografia. Vou descrever em linhas gerais três dos modelos mais comuns usados com grupos de expressão pessoal ou de arteterapia. É importante que todos no grupo tenham claro qual o processo de discussão que está sendo usado.

a) *Processo de rotação*. Esse é o modo mais comum de compartilhar os resultados da sessão e pode ser muito proveitoso. É essencial explicitar se todos deverão mostrar seus desenhos, ou se isso não é obrigatório. O terapeuta ou coordenador pode iniciar a discussão perguntando se alguém gostaria de começar e, em seguida, todos falarão seguindo a posição no círculo; ou a pessoa que acabou de falar escolhe a próxima; ou cada um falará quando sentir que deve. Poderá haver uma discussão geral no final, se houver tempo.

Se o grupo for grande, pode demorar para todos mostrarem seus desenhos; mas é importante que isso aconteça. Se o tempo acabar antes de todos terem mostrado seu tipo de trabalho, poderá ficar um sentimento de "coisa inacabada" em relação à sessão. O coordenador deve resolver, junto com o grupo, quanto tempo cada um terá e como este será controlado. Algumas vezes, nem todos precisam do mesmo tempo para falar e a distribuição ocorrerá naturalmente; outras vezes, uma divisão convencional de "cinco minutos para cada um" será necessária.

O coordenador poderá incentivar a participação grupal perguntando o que os outros acham, assim nem todos os comentários serão dirigidos somente a ele. Se o coordenador participou da atividade, também será esperado que mostre seu trabalho e faça seus comentários, a não ser que o tempo acabe. O coordenador ou terapeuta está numa linha tênue entre ser ou não membro do grupo: deve revelar algo, mas sem sobrecarregar o grupo com seus problemas mais prementes.

Há diversas vantagens no sistema de rotação:

1) Para pessoas que nunca fizeram isso, falar sobre seus desenhos (que podem conter declarações muito pessoais) pode ser uma experiência de grande exposição. O sistema de rotação pode auxiliar as pessoas a sentir que não estão sozinhas, e "quebrar o gelo" passa a ser uma tarefa do grupo. (Contudo, é aconselhável respeitar as pessoas que não queiram mostrar seus desenhos, qualquer que seja a razão.)

2) Em um grupo novo, o fato de todos mostrarem seus desenhos pode auxiliá-los a se conhecerem.

3) Para grupos contínuos, a segurança proporcionada por uma maneira estruturada de mostrar os trabalhos pode auxiliar as pessoas à confiarem umas nas outras, e a se aventurarem mais naquilo que desejam revelar nos desenhos e na discussão.

4) É uma maneira de garantir tempo às pessoas mais quietas do grupo, além de evitar que certos membros dominem a discussão.

5) O aspecto de "divisão igualitária" desse sistema convém a muitos grupos autodirigidos e de auto-ajuda.

Existem, contudo, algumas desvantagens:

1) O tempo disponível para cada pessoa é relativamente curto (a não ser que o grupo seja bem pequeno), e isso pode ser frustrante. Nessa situação, pode ser útil compartilhar em pares ou em subgrupos.

2) Normalmente, a discussão se mantém ligada aos desenhos e, às vezes, isso pode ser bastante superficial.

3) Estruturar a discussão pode ser considerado uma atitude artificial, uma vez que diminui um pouco o "fluxo livre" da interação do grupo. A segurança proporcionada pela estrutura é vista como um obstáculo à exploração dos conflitos que podem surgir.

b) *Ênfase em um ou dois desenhos.* Alguns coordenadores acham que o sistema de rotação é artificial e que conduz à superficialidade. Eles acham mais produtivo dar mais tempo a uma ou duas pessoas, ou usar todo o tempo da discussão com um ou dois desenhos. As pessoas podem ser escolhidas ou escolher-se a si mesmas, porque a necessidade delas é maior no momento; as outras podem participar compartilhando, se já tiveram alguma experiência semelhante. Algumas vezes a discussão sobre apenas um desenho pode levar as pessoas a uma conversa profunda que envolve todo o grupo de uma maneira bastante significativa.

c) *Foco na dinâmica grupal.* Nesse tipo de discussão o grupo fica aberto a tudo que venha a acontecer. O resultado pode ser uma discussão geral, ou uma psicoterapia verbal do grupo, conduzida por um terapeuta hábil e baseada livremente nos desenhos. O terapeuta pode perguntar se alguém gostaria de falar sobre seu desenho e, então, esperar para ver o que surge. Trata-se de uma psicoterapia de grupo sem uma linha de abordagem definida na qual se incentiva a expressão de sentimentos reais e de conflitos. Por exemplo, se alguém do grupo fica zangado, isso pode ser visto como uma projeção dos sentimentos da pessoa em relação a seus pais ou cônjuge. Desse modo, espera-se resolver os conflitos sentidos pelas pessoas do grupo que podem ter sido a causa para elas procurarem terapia. As pessoas do grupo são incentivadas a se auxiliar mutuamente e a integrar suas experiências. Nesse sistema de discussão, os desenhos são pontos de partida; podem ter um papel importante na discussão ou um papel relativamente menor; raramente haverá tempo para olhar todos os desenhos profundamente.

Os terapeutas que conduzem grupos como esse precisam ter uma experiência considerável, que pode ser obtida pela formação ou co-dirigindo um grupo semelhante com alguém já experiente.

12. Interpretação

Com relação a esse assunto, há algumas suposições muito difundidas que podem ser bastante enganosas. Uma é de que o coordenador ou o terapeuta tem a função de interpretar os desenhos do grupo. Essa suposição vem de um dos primeiros usos da arteterapia, como complemento da psicanálise. Os pacientes faziam desenhos que eram usados como material da análise, da mesma forma que os sonhos, hoje, podem ser abordados usando-se o mesmo quadro de referência teórico (p. ex.: freudiano, junguiano, kleiniano etc.). O processo de pintar não era visto como importante.

Esse tipo de interpretação sempre se enquadra em um contexto teórico específico (ou escola psicanalítica) e exige formação e experiência consideráveis. Grupos de arteterapia desse tipo são coordenados por arteterapeutas habilitados e com experiência nessa área específica.

Entretanto, a maioria dos coordenadores e terapeutas encontram-se trabalhando com grupos em instituições que não têm uma postura terapêutica única; ou em comunidades em que não há nenhum quadro de referência terapêutico. Cabe a eles escolher a teoria que considerem mais útil, que podem variar desde as diversas teorias com orientações psicodinâmicas até as muitas psicologias humanistas.

A segunda suposição largamente sustentada é a de que a interpretação é baseada no conhecimento de símbolos que equivalem diretamente ao que está sendo interpretado. Raramente este é o caso. É mais comum que os símbolos tenham uma gama de significados culturais (p. ex.: o sol pode indicar verão, luz, vivacidade e calor). A maioria dos símbolos também tem um significado subjetivo que varia de pessoa para pessoa e, geralmente, está circunscrito a uma gama de significados aceitos. Entretanto, dependendo da experiência da pessoa, o sentido do símbolo pode fugir completamente a esses significados.

O trabalho em contextos semelhantes pode fazer surgir símbolos com significados semelhantes, mas todo cuidado é necessário para evitar um excesso nos contextos. Por exemplo, um arteterapeuta de um hospital psiquiátrico que trabalhe com muitos pacientes deprimidos pode notar muitas pinturas pretas e vermelhas. Se visse outra pintura preta e vermelha, talvez em um outro lugar qualquer, pode errar ao supor que quem a pintou esteja deprimido. Há a história de um homem que fez uma pintura preta e vermelha e declarou que ela mostrava o seu alívio por sua conta bancária não estar mais no vermelho. É óbvio que, quanto maior a experiência do terapeuta ou coordenador de grupo, mais ele terá chances de acertar.

De certa forma, todos interpretamos: todos vemos o mundo de formas diferentes e fazemos suposições diferentes em relação a ele. Isso quer dizer que nossa interpretação de um fato ou desenho diz tanto a nosso respeito e a nosso referencial quanto ao fato em questão. Alguns bons exercícios para explorar isso são os de n°s 206-208 na Seção J da Parte Dois. Embora nossa interpretação possa fazer sentido para nós, precisamos ter cuidado ao impingi-la aos outros.

Há uma sensação de que um desenho pode, às vezes, "falar" com o artista, e esse é um processo que deve ser incentivado, pois permite um diálogo da pessoa consigo mesma. Algumas vezes, as pessoas precisam sentar-se com seus desenhos por alguns instantes para permitir que isso aconteça.

A interpretação é, certamente, uma questão complicada que pode levar os coordenadores a cometer erros. Existem regras? O mais importante é respeitar a maneira como o autor do desenho o vê, e o que ele quis dizer. Em um grupo contínuo, as pessoas estão preparadas para se abrir mais e revelar mais informações pessoais e sentimentos à medida que a confiança vai crescendo e elas se sentem mais seguras.

Um coordenador sensível e um grupo perceptivo podem auxiliar alguém a alcançar "profundezas desconhecidas" dele mesmo, mas isso precisa ser sugerido e não apresentado como um fato. Uma dada interpretação pode estar mais relacionada com quem a faz do que com quem fez o desenho; ou quem fez o desenho pode não estar preparado para ouvir o que estiver sendo dito. É preciso ter muita cautela com qualquer interpretação, pois a pessoa precisa estar disposta a aceitá-la.

Em um grupo contínuo, uma mulher desenhou detalhadamente o gelo partindo-se, para mostrar como se sentiu quando seu casamento estava "se dissolvendo". Muitos meses depois, a arteterapeuta estava coordenando um *workshop* de um dia em outra cidade, e comentou sobre um desenho com um padrão irregular: "A última vez que vi um desenho parecido com esse, ele retratava um casamento se dissolvendo". Ela ficou bastante surpresa com a resposta: "Bem, você acertou na mosca. Estou passando por isso nesse momento". Esse tipo de interpretação é uma especulação intuitiva, baseada na experiência de outros, nas próprias e na familiaridade com a comunicação visual.

Para resumir, relacionei algumas maneiras de examinar os desenhos do grupo:

a) Cada um fala sobre o seu trabalho, sem nenhum comentário ou pergunta dos outros.

b) Depois de a pessoa falar sobre o seu trabalho, os demais fazem perguntas e comentários. Isso deve ser feito com sensibilidade. Se uma observação não for aceita por quem fez o desenho, pode ser porque ele não esteja pronto para ouvi-la, ou a observação pode ser inadequada. Qualquer que seja o caso, não é aconselhável insistir.

c) As pessoas do grupo refletem e sentem se seus desenhos "falam" com elas.

d) Revisão dos trabalhos de arte. Pode ser gratificante examinar novamente os trabalhos feitos num determinado período, observando se há algum padrão ou tema recorrente. Algumas vezes, o grupo pode olhar para os desenhos que fez algum tempo antes e ter novas percepções sobre eles.

e) Técnica gestáltica. Pode ser usada com qualquer produto artístico. A pessoa que fez o desenho é incentivada a falar sobre ele na primeira pessoa e, em seguida, a tornar-se todos elementos do desenho, um de cada vez. A suposição subjacente é a de que elementos diferentes podem representar facetas diferentes da personalidade de alguém. Por exemplo: "Sou esta árvore. Sou bem forte e estou bem enraizada, mas não parece que tenho muitas folhas. É inverno e estou com frio e sem folhas". Depois disso, quem falou pode refletir se isso soa verdadeiro de um modo mais amplo. Depois de tornar-se cada elemento, a pessoa pode prosseguir e criar um diálogo entre os diversos elementos do desenho, representando facetas diferentes de si mesma.

Essa técnica pode ser muito poderosa, por isso é mais adequada a grupos pequenos ou já estabelecidos, nos quais exista muita confiança e apoio disponíveis para todos.

13. Finalizando a sessão

Muitas sessões são limitadas por horários institucionais e é vital terminá-las na hora. Algumas vezes, o barulho dos pratos batendo por perto é um sinal muito convincente! É bom tentar terminar a sessão em um tom positivo, talvez com um comentário que a resuma, agradecendo as pessoas por terem vindo etc. Alguns coordenadores ou terapeutas gostam de realizar um ritual ou exercício de finalização.

Num *workshop* de dia inteiro ou de final de semana, uma maneira de concluir é fazer uma rodada de comentários sobre "O que aprendi hoje/no final de semana" ou "A melhor coisa do dia/do fim de semana foi..." etc.

Seja qual for a situação, o encerramento da sessão deve trazer as pessoas de volta para o aqui-e-agora para que possam continuar a vida normal. O coordenador deve tentar se assegurar de que ninguém sairá com problemas ou preocupações que possam interferir em sua vida diária.

Dar atenção à introdução da seção (ver a Seção 4 desse Capítulo) irá evitar muitas "questões inacabadas", mas às vezes pode haver um ou dois problemas dessa natureza, e o coordenador deve tentar lidar com eles.

Em instituições geralmente há muita retaguarda, formada por outros funcionários ou clientes com quem se pode conversar, ou mais tarde o terapeuta poderá conversar com alguém que esteja perturbado. Em grupos da comunidade isso não é muito fácil. O coordenador pode divulgar outras oportunidades de continuar trabalhando as mesmas coisas, mas é aconselhável manter a experiência do grupo limitada a um nível que todos possam manejar.

Finalmente, há a arrumação do lugar. Algumas vezes a situação é tal que esta fica por conta do coordenador, mas freqüentemente ajudar na arrumação pode ser uma maneira prática de as pessoas "se desligarem" e voltarem à "vida normal". Se todos participarem, isso também será uma expressão da união grupal, e deixará um sentimento agradável ao fim da sessão.

14. Documentação e avaliação

Não é fácil avaliar uma experiência tão fluida como uma sessão grupal de arte, mas você precisa fazê-lo para progredir. A avaliação pode ser feita de diversas formas e algumas delas estão relacionadas a seguir:

a) *Só o coordenador*. Faça um registro, o mais detalhado possível, do que acontece no grupo; ou faça da maneira como for apropriado no local em que trabalha. Anote coisas como:

1) Informação básica: data, local, número da sessão, população, clientela, pessoas do grupo e coordenadores presentes/ausentes.
2) Objetivos da sessão.
3) Tema ou atividade utilizados.
4) Como o grupo se saiu: o que aconteceu?
5) Como o grupo se sentiu: estado de espírito inicial, gráfico emocional do grupo, sentimentos do coordenador, níveis de interação e de exposição etc.
6) Indivíduos: que trabalho realizaram; como reagiram à discussão dele.
7) Coordenador(es): o que você fez? houve co-dirigentes? Como foi a relação de vocês?
8) Resumo da sessão e projetos futuros.

Isso já será suficiente se você estiver trabalhando na comunidade. Se estiver trabalhando em uma instituição com uma orientação terapêutica, como um hospital, poderá ser necessário guardar todos os desenhos, como registros. Se esse for o caso, uma boa idéia é anotar todos os comentários de quem fez o desenho (ou melhor ainda, peça para a pessoa fazer isso) no verso dele.

b) *Com o co-dirigente*. Uma das vantagens de ter um co-dirigente é a de que há duas pessoas para discutir o que aconteceu. Isso pode auxiliá-lo a afastar-se e ver o grupo em perspectiva; é uma boa oportunidade para analisar as suas próprias reflexões. A seguir, há algumas sugestões para avaliação do grupo:

Algumas destas qualidades positivas estavam presentes: bons sentimentos, alegria, compromisso, energia, cooperação, troca?

Houve algum sentimento negativo? Se sim, eles foram trabalhados de forma adequada?

Alguma questão ficou "inacabada"? Como ela poderia ter sido trabalhada?

Como os coordenadores trabalharam juntos?

O que os membros do grupo aproveitaram?
Eles querem continuar a trabalhar dessa forma?
Analisando a(s) sessão(ões), o resultado final da experiência foi gratificante e promoveu o crescimento? (Pode demorar um pouco para ter uma idéia a esse respeito.)
Os objetivos da sessão foram alcançados?

c) *Com o grupo*. Num grupo de comunidade ou de curta duração, o melhor modo de fazer isso pode ser entregar um questionário a ser preenchido no final da sessão, ou reservar algum tempo para avaliação. Num grupo contínuo, formado em uma instituição terapêutica, pode haver maior ênfase no progresso individual. Se esse for o caso, pode ser útil uma sessão com cada pessoa para examinar o trabalho que ela fez em determinado período — por exemplo, a cada quatro ou oito semanas —, para mapear mudanças, progressos e formular necessidades futuras. Em algumas instituições, essas observações são adicionadas à documentação do cliente ou paciente, dependendo do estilo de manutenção de registros da instituição e do terapeuta.

d) Feedback *a outros profissionais da equipe*. Se o trabalho estiver sendo desenvolvido em uma instituição em que o grupo de arte faz parte de um programa mais geral, será fundamental dar um *feedback* aos outros profissionais da equipe, p. ex.: enfermeiras, médicos, assistentes sociais, outros professores etc. Algumas vezes isso impõe um rápido relato verbal em uma reunião de equipe; outras vezes, significa mostrar os desenhos à equipe e explicar o que as pessoas vivenciaram e expressaram. Essa medida pode facilitar uma compreensão mais ampla das queixas das pessoas. Por exemplo, a senhora idosa que freqüentava um hospital-dia para pacientes deprimidos fez o desenho da irmã que havia morrido. Os outros membros da equipe não sabiam disso até então, já que ela nunca havia mencionado o fato.

e) *Supervisão/Consultoria*. É fundamental para a formação contínua e para o desenvolvimento. A "supervisão" pode ter um lado administrativo e acontecer na instituição; ou pode ser voluntária e acontecer independentemente da instituição, sendo realizada por consultores externos.

Seja qual for a situação, o objetivo é sempre o de melhorar habilidades importantes para o trabalho, por meio da discussão do que estiver em andamento com coordenadores e terapeutas mais experientes. Se houver poucas pessoas experientes em sua região, um grupo de supervisão/consultoria formado por colegas é uma opção, pois assim pessoas que trabalham de forma parecida podem aprender umas com as outras. O conteúdo dessas sessões pode ser bastante variado: problemas de coordenação, técnicas de "aquecimento", relacionamento com instituições, apresentação de casos, e assim por diante.

Em uma situação mais informal, é bom se reunir com pessoas que trabalham de maneira semelhante, com a intenção de compartilhar abordagens, pensamentos e opiniões. Na minha cidade, os arteterapeutas mantêm dois tipos de reunião. O primeiro (quinzenal) é informal, aberto para todos os interessados em arteterapia, no qual são discutidas condições de trabalho, atividades de grupo, organização de conferências e de *workshops*: periodicamente, também realizamos uma sessão de arteterapia para nós mesmos. O segundo tipo (mensal) é para arteterapeutas atuantes, que apresentam desenhos de clientes com quem estão "travados", ou apresentam problemas sobre os quais gostariam de ter a opinião de outros.

Se você estiver usando arte como meio de expressão pessoal com grupos, procure o apoio dos arteterapeutas locais ou regionais. Em geral, nesses lugares há reuniões para que os arteterapeutas se encontrem informalmente e possam trocar idéias sobre trabalho e resolver problemas. Entre em contato com a British Association of Art Therapists (ver o endereço no final do livro) para detalhes sobre contatos em sua região.

f) *Livros.* Vale a pena consultar livros sobre trabalho em grupo, procurando vários métodos de documentação e avaliação. Um bom livro é *Coding the Therapeutic Process*, de Murray Cox.

15. Padrões alternativos de sessões

Embora muitos grupos de arte utilizem o padrão delineado na Seção 7 desse capítulo, e grande parte do capítulo tenha sido escrita com isso em mente, seria errado sugerir que esse é o *único* meio correto de proceder. Há boas razões para se adotar outros padrões: o cliente, o grupo, a situação etc. Esta Seção descreve algumas alternativas.[3]

Discussão seguida pela pintura

Nesse formato de sessão, a discussão inicial toma um tempo muito maior e é uma atividade por si só, não apenas uma introdução. Isso é especialmente apropriado em grupos que precisam de muito tempo para entrar na atividade; por exemplo, um grupo de terapia para a terceira idade ou um grupo de longa duração de esquizofrênicos em um centro de reabilitação, ou alguns grupos infantis. Depois de a discussão ter feito as idéias fluírem, o grupo começa a atividade. A discussão final tende a ser bem rápida, principalmente com as pessoas mostrando seus desenhos. (Se o grupo não tiver tido muitos *insights* não faz sentido ficar muito tempo numa discussão reflexiva.)

Alguns grupos não discutem seus desenhos naquela sessão, mas esperam até a seguinte. O formato da sessão é o seguinte: uma discussão sobre os trabalhos da sessão anterior, seguida pela atividade desta semana. Em geral, este parece um modo fragmentado de fazer as coisas, mas pode haver razões fortes para adotá-lo. Um terapeuta familiar que utilizava arte pediu às famílias que fizessem desenhos imediatamente antes do fim da sessão. Esse procedimento lhe deu a chance de olhar os desenhos com um colega entre as sessões, de forma que ele pudesse mostrá-los sob uma luz positiva na sessão seguinte. Esses desenhos, então, formaram a base da discussão, e um outro tema para desenho foi escolhido ao final da sessão.

O desenho como a atividade principal

Para alguns grupos, o desenho ou uma outra atividade de arte são o foco principal da sessão, e a discussão não é muito importante. Isso é verdadeiro para grupos que têm dificuldade na comunicação verbal, p. ex.: grupos de deficientes mentais, alguns grupos de crianças. Nesse caso, a atividade artística é importante, pois fornece um meio de comunicação muito necessário. Essa pode ser também uma escolha deliberada para grupos com tendência a verbalizar excessivamente!

Ênfase no aspecto social

Isso pode ser importante para grupos de pessoas solitárias que moram na comunidade e se reúnem para sessões de arte semanais em um hospital-dia ou em um centro de convivência. Podem ser grupos de pessoas com deficiência mental, esquizofrênicos crônicos ou um grupo de pessoas idosas. Nesses grupos, a conversa tende a ser estimulada e as atividades são escolhidas de modo que a facilitem. Intervalos para café e chá também fazem parte da rotina desses grupos.

Outra maneira de enfatizar o aspecto social está na forma como são conduzidos os preparativos. Por exemplo, em um centro de convivência, que incentive o espírito de auto-ajuda, os membros do grupo podem participar da arrumação da sala e se orgulhar por serem incluídos nisso.

Cabe ao terapeuta ou coordenador desenvolver o padrão de sessão mais apropriado para o seu grupo específico; e as pessoas do grupo também podem sugerir alternativas. Podem ocorrer variações no decorrer do tempo, ou o grupo pode querer apenas "experimentar todas as formas possíveis" em uma sessão específica.

16. O processo do grupo ao longo do tempo

Essa seção não discutirá em detalhes os processos de grupo, já que existem muitas obras (algumas relacionadas no fim deste livro) sobre trabalho grupal e que tratam desse assunto em profundidade. É recomendável ler algumas delas para se ter idéias mais claras sobre o seu grupo.

Em uma série de sessões, há algumas fases pelas quais a maioria dos grupos passa. Elas podem ser descritas de várias formas, do simples "começo, meio e fim"[4] à mais sofisticada como: "formação, *brain-storming*, formulação de regras, realização de atividades, separação".[5] Em um grupo de arte que se reúna regularmente, isso pode significar:

a) Começo. O grupo se reúne e começa sua atividade. Nesse estágio, é provável que dependa do coordenador para começar tudo.

b) Adaptação. O grupo acostuma-se com a maneira de trabalhar e coisas não entendidas são esclarecidas. Se for um grupo aberto, algumas pessoas podem sair ao descobrir que essa atividade não lhes serve ou que não é o que pensavam. Outros se comprometem ainda mais.

c) Coesão de grupo. As pessoas sabem o que esperar e anseiam pelas sessões. A confiança está estabelecida.

d) Os membros do grupo estão mais dispostos a se expor em seus desenhos e na discussão. Nessa fase, freqüentemente há um partilhar profundo, uma vez que as pessoas, abertamente, lutam corpo a corpo com alguns de seus maiores problemas.

e) Fim. Freqüentemente acompanhado de raiva, depressão e confusão, mesmo se for apenas por um intervalo temporário.

Os grupos de arte costumam passar por essas fases, e é bom estar consciente delas e preparado para enfrentá-las. Esses estágios não são totalmente separados — freqüentemente se sobrepõem uns aos outros. Até certo ponto, também estão presentes em grupos de um dia ou de um final de semana.

Alguns grupos não têm um final definido. Continuam a se reunir, idealmente no nível da fase d), de trocas profundas por meio do desenho e outras atividades de arte. Os participantes de muitos desses grupos mudam no decorrer do tempo e, então, cada novo membro passa individualmente por esses estágios, com o auxílio dos membros mais experientes.

Entrar e sair de um grupo pode suscitar grandes questões. A natureza do grupo pode mudar radicalmente se muitas pessoas começam ou saem do grupo ao mesmo tempo. Se o grupo estiver funcionando bem, talvez seja melhor que entrem uma ou duas pessoas por vez e, assim, o espírito do grupo pode ser mantido e ampliado de forma que inclua pessoas novas. De modo semelhante, as pessoas que saem de um grupo podem afetá-lo de forma significativa, especialmente se os que ficam se sentem "abandonados".

Referências

1. LIEBMANN, M. F. "A Study of Structured Art Therapy Groups". Dissertação de mestrado não-publicada. Birmingham Polytechnic, 1979, pp. 51-2.
2. Ibid., p. 127.
3. Ibid., pp. 52-4.
4. Family Service Unit. *Groups*. FSU, Londres, 1976, p. 13.
5. BROWN, A. *Groupwork*. Heinemann, Londres, 1979, pp. 65-73.

O que pode dar errado?

3

Grupos de arte que acontecem na "vida real" são muito menos certinhos do que as versões ideais apresentadas teoricamente. Eles são imprevisíveis porque ninguém tem o domínio de todos os fatos importantes, e terapeutas e coordenadores não são infinitamente sábios. Mesmo que alguém satisfaça essas condições, sempre existirão fatores externos imprevisíveis. Entretanto, até algumas falhas podem ser transformadas em vantagens, e os grupos de arte, resultantes podem vir a ser experiências muito satisfatórias, contribuindo significativamente para o crescimento e o desenvolvimento dos indivíduos.

Uma maneira de abordar essa questão é examinar todos os aspectos envolvidos na condução de um grupo, mencionados no Capítulo 2, e imaginar o efeito que a falta de cada requisito traria ao grupo, p. ex.: arrumações do espaço, interrupções, falta de apoio de outros profissionais da equipe, comentários inadequados, pessoas perturbadoras, coordenadores inexperientes, instruções mal dadas, temas mal escolhidos, e assim por diante.

Em vez de explicar detalhadamente as conseqüências desses problemas, gostaria de dar alguns exemplos de coisas que na verdade deram errado em vários grupos. Esses exemplos foram extraídos de entrevistas com diversos arteterapeutas — em geral com experiência considerável e atuantes numa grande variedade de contextos —, que falaram honestamente sobre os grupos que coordenaram. Eu os agrupei em cinco categorias que refletem problemas freqüentes.

Fatores externos

Exemplo 1

"Quando cheguei ao hospital, descobri que estavam redecorando a sala que normalmente usávamos. O único lugar para onde podíamos ir era a sala de jantar. Tentamos realizar o grupo lá, mas outras pessoas ficavam passando. Foi horrível. Não conseguimos nem começar e, no fim, arrumamos nossas coisas e fomos embora."

Exemplo 2

"No começo os profissionais da ala de internações de longa duração duvidavam da relevância das sessões de arteterapia; não queriam que seus pacientes fossem "estimulados em excesso"! Não colaboravam e resistiam em permitir que seus pacientes freqüentassem as sessões. Entretanto, a atitude desses profissionais mudou quando viram os resultados das sessões, e agora querem muito que os pacientes venham."

Problemas com o coordenador assistente

Exemplo 3

"Às vezes, quando os profissionais [em um centro de vivência para idosos] participam do grupo, assumem a liderança e começam a dizer às pessoas o que fazer. Por isso, na maioria das vezes, prefiro conduzir o grupo sozinha."

Exemplo 4

"Um arteterapeuta visitante entrou em confronto com um membro do grupo. Esse confronto não foi resolvido e ficou no ar. Mais tarde, percebi que cabia a mim, como coordenador assistente, parar o grupo e explicar que havia acontecido um mal-entendido a partir de uma palavra que adquiriu um sentido especial em nosso centro, o que o terapeuta visitante não tinha como saber. Suponho que deveríamos ter definido nossos papéis com antecedência; embora o coordenador estivesse encarregado da atividade, eu, como coordenador assistente, poderia ter esclarecido quaisquer confusões."

Membros perturbadores

Exemplo 5

"Em um de meus grupos de pessoas idosas, havia uma mulher que não conseguia parar de falar e as outras pessoas não podiam se concentrar no que estavam fazendo. Tentei controlar a situação, mas só consegui piorá-la. Parece que sempre há uma ou outra pessoa como essa em meus grupos e isso me deixa muito tensa, o que piora ainda mais as coisas. Mas não gosto de eliminar pessoas do grupo por essa razão, pois é exatamente por isso que elas estão precisando de ajuda."

Exemplo 6

"Não aceito no grupo alguém que seja conhecido como pessoa perturbadora. Eu costumava fazer isso antes, mas não faço mais. Também não aceito pessoas se suas experiências passadas mostrarem que não vão tirar proveito dos grupos de arteterapia."

Exemplo 7

"Todos estavam muito concentrados quando Graham chegou com uma hora de atraso. Ele parecia bastante inconsciente do efeito da sua entrada e começou a falar imediatamente; então, eu o levei rapidamente à cozinha para tomarmos uma xícara de chá e colocá-lo a par do que estávamos fazendo. Pedi a ele que não falasse enquanto desenhava, e que não chegasse atrasado na semana seguinte." (Grupo de comunidade que se reunia em uma sala de igreja, ver Capítulo 4.)

Exemplo 8

"Algumas vezes acho difícil lidar com o problema específico de uma das pessoas do grupo se esse problema não for compartilhado por outros — por exemplo, luto."

Sentimentos intensos evocados no grupo

Exemplo 9

"Eu costumava pensar que algo havia saído errado em meus grupos se alguém começasse a chorar e saísse da sala. Agora, acho que a saída é uma escolha pessoal, e não me preocupo com isso."

Exemplo 10

"Sentimentos intensos podem ser evocados por alguns temas; por exemplo, sentimentos de conflito, confronto, perda, mágoa e rejeição. Mas se as pessoas estão vivenciando esses sentimentos de algum modo, sinto que é melhor encontrar um meio de lidar com eles do que desperdiçar essa oportunidade, embora eu preferisse abordá-los gradualmente."

Exemplo 11

"Desenhos grupais são sempre imprevisíveis; algumas vezes podem evidenciar as dificuldades de relacionamento entre as pessoas. Mas compartilhá-los pode contribuir para uma solução."

Exemplo 12

"Eu estava bem perturbada com a agressividade e hostilidade que apareceu no desenho coletivo de um grupo de mulheres, especialmente entre duas pessoas. Tinha a ilusão de que todos se davam bem. Depois fiquei sabendo que as duas mulheres haviam se encontrado em particular, durante o almoço do dia seguinte, para falar sobre suas diferenças. Então, percebi que a sessão havia sido benéfica."

Exemplo 13

"Sentimentos confusos são melhores que uma calma artificial, que pode ser rígida e superficial."

Exemplo 14

"Se todos os membros do grupo estiverem deprimidos e voltados para si mesmos, o grupo pode se sentir muito apático e parece que tenho pouco apoio dele. Mas acho que posso estar subestimando o que acontece, já que algumas vezes descubro mais tarde que as pessoas ainda estão tirando proveito da situação."

Inexperiência do coordenador/terapeuta

Exemplo 15

"Muita coisa deu errado em meu primeiro ano, porque eu estava nervosa e tensa. Estava tentando controlar o grupo, e me colocar como sua protetora."

Exemplo 16

"Alguns temas podem ser ameaçadores para alguns membros, assim tenho tentado aprender a ser sensível às pessoas do grupo e optar por temas que possam ser desenvolvidos em níveis diferentes. Aprendi que o tempo de preparação é realmente importante."

Exemplo 17

"É muito fácil ignorar mensagens importantes. Depois de um grupo que havia desenhado memórias da primeira infância, uma mulher me perguntou o que poderia dar errado com uma criança que não tivesse mãe. Respondi a isso superficialmente e citei pesquisas sobre a privação materna. Mais tarde percebi que, já que ela era uma paciente com câncer, provavelmente estava expressando, de forma indireta, sua preocupação em morrer e deixar seus filhos sozinhos. Tive ânsias de me esbofetear pela carga de preocupação extra que dei a ela. Se tivesse sido mais sensível, poderia ter acalmado seu medo fazendo referência a pesquisas mais recentes sobre mães substitutas. Agora percebo mais claramente as pessoas quando fazem suas perguntas mais importantes de maneira indireta; sei que para elas é muito ameaçador fazê-las diretamente."

Exemplo 18

"Dois dias depois de saber da conversa acima, alguém no grupo me perguntou como a arteterapia poderia auxiliar pacientes com doença mental. Antes de mergulhar numa grande tese sobre o assunto, perguntei um pouco mais sobre o que ela realmente queria saber. Veio à tona o fato de que ela própria havia sido internada e tinha ficado preocupada com sua falta de habilidade para desenhar lá. Eu e os outros tentamos assegurar-lhe que tinha essa habilidade. Senti-me muito satisfeita por ter sido capaz de aprender com o erro de alguém e, assim, ter podido evitar magoar outra pessoa."

Exemplo 19

"Um dos membros de meu grupo incluiu-me em um desenho. Ele estava muito bravo comigo e percebi, naquele momento, que eu fazia parte de seu mundo. Ele estava me vendo em um papel materno. Eu tinha de reconhecer esse fato para que pudéssemos ir adiante."

Exemplo 20

"Tive uma discussão com uma pessoa do grupo por causa do desenho que ela fez de uma parede de tijolos. Acho que ela estava me testando. Talvez pudéssemos ter evitado o impasse se eu tivesse usado mais a imaginação."

Mesmo coordenadores e terapeutas experientes cometem erros, como as citações anteriores demonstram. Isso não é o fim do mundo, desde que se possa aprender com os erros. Uma boa maneira de fazer isso é compartilhar as experiências difíceis com outros coordenadores assistentes, colegas ou pessoas que fazem um trabalho semelhante em outro lugar.

Como vimos em alguns dos exemplos, nem sempre é evidente se uma sessão difícil foi um grupo que "correu errado", ou se foi o início de crescimento e desenvolvimento para aquele grupo ou para seus integrantes. É preciso um pouco de tempo antes de se chegar a uma conclusão e, na verdade, o coordenador talvez jamais venha a saber das conseqüências da sessão.

Em um mundo imperfeito, certamente há espaço para a idéia de um coordenador ou terapeuta "suficientemente bom", que faz o que pode para evitar armadilhas, que pode aprender com elas quando ocorrem e, em geral, aproximar-se de forma acolhedora, positiva e atenciosa do grupo e de seus membros.

Um exemplo detalhado:
O "Grupo de Sexta-Feira"

Escolhi esse exemplo por várias razões. Primeira: estive ligada recentemente a esse grupo, de forma que seus detalhes e clima estão vívidos para mim. É um grupo contínuo e, assim, mostra o processo do grupo ao longo de um período de tempo, e o modo como a natureza de um grupo pode se modificar. É um grupo que acontece na comunidade, de forma que não está atrelado a qualquer tipo de abordagem terapêutica (e tem dificuldades específicas, por causa disso). Finalmente, uma ou duas das sessões (que descreverei em detalhes) demonstram como certos temas podem ser interpretados de forma abrangente pelas pessoas.

O grupo começou com uma amiga minha, Heather — uma arteterapeuta experiente — que pretendia investigar duas questões:

a) o trabalho com cores; e
b) a psicologia da teoria da construtos pessoais, desenvolvida por George Kelly;[1]

e ver se elas poderiam ser correlacionadas. Esse trabalho foi chamado de *"Psicologia e Arte"* e divulgado por meio de anúncios em revistas especializadas e cartazes em locais adequados como um trabalho vivencial e de estudo.

O grupo se reunia às sextas-feiras, das 10 às 13h30, em uma sala alugada de uma igreja, com uma cozinha contígua onde podíamos preparar bebidas. Inicialmente, eu faria parte do grupo, já que não conhecia os temas escolhidos por Heather, mas também agiria como terapeuta quando preciso. No início, eu entendia isso como acolher as pessoas que chegavam e fazer com que se sentissem à vontade.

Um grupo heterogêneo chegou para a primeira sessão. Algumas pessoas vieram em substituição a um outro *workshop* que havia sido cancelado; outras, por causa dos cartazes e anúncios; e algumas, pelo contato pessoal. O grupo inicial tinha um casal que praticava terapias alternativas, duas mulheres semi-aposentadas, três mulheres com filhos pequenos (duas das quais haviam lecionado arte e artesanato), eu e Heather. Nas semanas seguintes, durante a fase inicial, saíram o casal, uma das mulheres mais velhas e entraram no grupo um médico aposentado, um recreacionista infantil, dois homens desempregados, um osteopata, uma mulher com filhos mais velhos e um arteterapeuta desempregado novo na cidade. A freqüência variava de duas a oito pessoas, em função de situações cotidianas como crianças doentes, visita de parentes e do tempo (curiosamente, sempre chovia às sextas-feiras, enquanto lutávamos para entrar e sair no prédio com tintas, papéis, frascos etc.).

Como nos reuníamos em uma sala de igreja, que também era usada por muitos outros grupos, Heather precisava trazer tudo, todas as semanas, no carro que lhe havia sido cedido pelo poder público. Ela descarregava os materiais, estacionando em local proibido de uma rua movimentada. Ela precisava providenciar tinta, papel, pincéis, palhetas, frascos para água, rolos de papel jornal para cobrir as mesas e jornais para serem espalhados no chão enquanto as pinturas secavam, trapos, lenços de papel, livros que talvez fossem de interesse para o grupo. Heather também precisava arrumar a sala toda semana: puxar o tapete, retirar do saguão algumas mesas pequenas de fórmica e levá-las para a sala do grupo, juntá-las para formar uma grande área de pintura e arrumar todo o material (a fotografia 1 mostra o grupo trabalhando). No final da sessão as pessoas do grupo a ajudavam a arrumar tudo como estava antes.

As primeiras oito sessões tiveram formatos semelhantes. Começávamos com uma xícara de chá e com as apresentações necessárias. A seguir, Heather apresentava um exercício com cores, baseado em algum trabalho de Rudolf Steiner, usando papel molhado e aquarela em seqüências específicas.[2] Comentávamos os resultados e, posteriormente fazíamos um pequeno intervalo para o almoço. Depois dele, Heather apresentava algum aspecto da teoria da construção pessoal de Kelly. O clima era bastante parecido com o de uma classe informal de educação de adultos, embora mais pessoal porque este era o teor do assunto tratado e pelo fato de o grupo ser bem pequeno.

1. O "Grupo de sexta-feira" trabalhando (Grupo de Arte e Psicologia de Bristol)

Depois de o grupo ter-se estabelecido, as pessoas começaram a falar mais umas com as outras e a fazer mais perguntas. Sabendo que ambas éramos arteterapeutas, elas nos faziam perguntas sobre isso também, de forma que Heather perguntou ao grupo se gostariam de experimentar alguns temas de "arteterapia". A resposta foi afirmativa.

Lembranças da primeira infância

As lembranças da primeira infância foram evocadas junto com a primeira memória de separação, com os "alôs e adeuses" do presente, a fim de verificar se havia qualquer ligação entre o passado e o presente. Os resultados foram interessantes. Jenny fez um desenho de si mesma e de sua irmã sendo "mandadas" para a escola maternal. A maior parte do desenho era em preto para enfatizar a tristeza da separação.

Audrey desenhou um passeio que fez; em algum momento ela se demorou, os outros continuaram sem ela. No desenho, ela estava ajoelhada, berrando de raiva: "Esperem por mim!" Os pais dela devem ter achado graça naquilo, já que tiraram uma fotografia dela; mas, na verdade, ela havia ficado muito brava e assustada.

Pintei-me visitando minha mãe no hospital quando meu irmão mais novo nasceu, mas, de algum modo, eu não parecia me lembrar de muita coisa — muito parecia estar "borrado".

Inesperadamente, todos nós achamos que o tema era bastante incômodo, como se muitas de nossas feridas de infância ainda estivessem lá e doessem se "pressionássemos os botões certos". Isso certamente nos convenceu de que não havíamos esquecido nossas primeiras vivências e, embora as vivências "atuais" não remetessem sempre a elas, percebemos que havia amarras das primeiras vivências ainda nos prendendo.

Grupos familiares em argila

Heather nos pediu que fizéssemos um "grupo familiar" em argila. Foi a única vez que usamos argila (principalmente pela dificuldade de trazê-la e de levar para casa qualquer peça pronta!) e, a princípio, algumas pessoas acharam difícil manipulá-la. Todos trabalharam profundamente concentrados e, depois, falamos de nossos pensamentos e sentimentos.

Audrey

Modelou um grupo familiar que incluía ela mesma, seu marido, duas garotinhas e a mãe dela, que estava sempre por perto.

Ruth

Modelou três figuras levantadas a partir de uma mesma base, com os braços flutuando entre cada uma, como se estivessem dançando ou rodando. O equilíbrio do grupo era perturbado pela ausência da quarta figura. (Ruth havia-se separado recentemente e o marido saiu de casa, deixando-a com duas filhas pequenas.)

Tamsin

Modelou quatro figuras na mesma base, representando a "família idealizada" que jamais havia tido em sua infância.

Jenny

Modelou muitas figuras pequenas, irmãos e irmãs, e seus filhos indo e vindo.

Eu

Modelei minha própria pequena família ao centro, rodeada por um círculo de amigos que, para nós, ocupam o lugar da família grande que não temos.

A maioria de nós gostou de trabalhar com argila, exceto Tamsin, que a achou fria e pegajosa. Foi interessante verificar que havia muitas interpretações de "família" diferentes da nossa, e o modo como a argila nos permitiu expressar isso de uma forma que nem palavras ou desenhos permitiriam.

Os integrantes do grupo

Algumas sessões depois Heather não pôde ir e, por isso, assumi a responsabilidade pelo grupo naquela sessão. Nesse momento, o grupo já se havia configurado:

Audrey

Professora aposentada que fazia trabalho voluntário no centro local de ajuda a pacientes com câncer e muito interessada em usar a arte de um modo pessoal. Ela e o marido pareciam estar passando algumas dificuldades.

Jenny

Mãe de duas filhas pequenas, com experiência em aulas de artesanato; seu marido estava desempregado há muito tempo e muito deprimido por causa disso. A família vivia com uma pensão do seguro social e, naturalmente, Jenny considerava a situação deles difícil e deprimente.

Ruth

Mãe de duas crianças pequenas e ex-professora de arte em uma escola de segundo grau; na época em que ensinava havia procurado uma abordagem mais pessoal. Seu casamento havia-se desfeito recentemente e ela ficou com os filhos, vivendo da pensão do seguro social e discutindo acordos financeiros com o ex-marido. Ruth estava com muita raiva dele e, freqüentemente, isso se estendia a seus outros relacionamentos.

Lesley

Amiga de Ruth. Estava em seu segundo casamento e era mãe de uma criança. Não pôde continuar a vir, pois conseguiu um emprego de meio período.

Mary

Recreacionista com filhos crescidos. Não pôde continuar a vir, pois a sogra adoeceu e Mary precisou cuidar dela.

Eu

Mãe de uma filha. Arteterapeuta, trabalhava meio período em outro emprego do qual estava tentando sair. Procurava perceber qual seria o próximo passo a dar.

Heather

Arteterapeuta que trabalhava em vários locais: um hospital-dia, um centro de ajuda a pessoas com câncer e uma escola especial para deficientes mentais.

Dois novos membros juntaram-se a nós e rapidamente passaram a fazer parte do grupo:

Pippa

Amiga de Audrey e mãe de três crianças em idade escolar; sua atividade preferida era a pintura, que fazia de uma maneira muito vívida e alegre.

Graham

Homem de meia-idade, cujo casamento havia-se desfeito; seu filho estava em um colégio interno. Ele estivera desempregado por muito tempo e estava tentando ser seu próprio chefe, dirigindo uma revista sobre seu interesse principal — astrologia. Era uma pessoa muito solitária e não parava de falar, mas, ao mesmo tempo, achava difícil relacionar-se com os outros.

Por causa dos novos membros, quis sugerir um tema que me ajudasse (e ao resto do grupo) a conhecê-los, e, ao mesmo tempo, fosse interessante e útil para os que já se conheciam. Assim, depois dos cumprimentos e da nossa habitual xícara de chá, sentamos ao redor da mesa e, como éramos um grupo "fixo", apresentei a idéia sem muitos rodeios, com mais alguns outros temas, de forma que o grupo tivesse opções de escolha e sentisse que tinha alguma participação no que fazíamos.

Linhas de vida

Pedi às pessoas que desenhassem ou pintassem sua vida como uma linha e incluíssem nela, se quisessem, qualquer cena ou momento específico ao longo do caminho. A linha poderia ter qualquer forma; poderiam usar papel grande ou pequeno, e juntar outras folhas com durex, se precisassem. Podíamos usar tinta em pó (Heather estava usando as tintas líquidas em algum outro lugar naquele dia), pastel oleoso e giz de cera.

Era difícil conseguir espaço em uma sala com oito pessoas. Na mesa principal havia espaço suficiente para quatro pessoas e duas de nós ficaram em mesas de criança, nas extremidades da sala. Ruth afixou suas folhas na porta de um armário de metal, e Jenny foi da mesa para o chão quando o número de folhas de que precisava ultrapassou o espaço que tinha na mesa.

Todos trabalharam com grande concentração por uma hora, quando foram interrompidos por Graham, que chegou bastante agitado. Dei a ele uma xícara de chá na cozinha e lhe contei o que estávamos fazendo. Decidi juntar-me a eles, já que todos pareciam absorvidos e sem precisar de nada; normalmente, meu estilo é o de sempre participar da atividade a menos que haja outras coisas que precisem ser feitas. À medida que as pessoas trabalhavam, espalhavam mais e mais folhas de papel. Quando vi que alguns já haviam terminado, enquanto outros ainda estavam absorvidos na atividade, sugeri que antecipássemos o intervalo de almoço e nos encontrássemos novamente em meia hora. Isso daria a possibilidade aos que ainda estavam trabalhando de usarem uma parte desse tempo, se quisessem.

Reunimo-nos novamente depois do intervalo. Como os desenhos eram de formas e tamanhos diferentes, andamos ao redor da sala em grupo, olhando cada desenho. Eram todos fascinantemente diferentes e, por isso, incluí fotografias deles (obs.: as fotografias não estão todas na mesma escala). Perguntei quem gostaria de começar e ninguém se ofereceu; então pedi a Graham que o fizesse já que, normalmente, ele era muito falante. Depois, apenas seguimos a ordem dos desenhos na sala.

Graham (sem fotografia)

Como ele chegou atrasado, não teve tempo para terminar seu desenho. A sua linha de vida era na forma de um círculo, já que ele acreditava na reencarnação. Dentro do círculo, ele havia colocado algumas cores, uma casa, toras, um lago, coisas que considerava recursos de vida e uma célula cinza e marrom representando sua vida doméstica atual, que considerava um tanto árida desde o rompimento com sua mulher; seu filho estava em um colégio interno. Graham quis levar o desenho para casa e terminá-lo.

Pippa (fotografia 2)

A linha de vida de Pippa era um rio azul serpenteante, que passava por paisagens exóticas, repletas de frutos suculentos e de flores de cores brilhantes. Os pais dela haviam sido diplomatas e a haviam levado para muitos países do Oriente Médio. Ela também havia passado férias com seus avós dinamarqueses. As vinhetas ao longo do caminho representavam as florestas dinamarquesas. Também havia no desenho um caqui maduro e suculento, que ela segurava com as duas mãos; um amiguinho do Oriente Médio, com dentes negros; ela mesma rezando em uma capela secreta que havia feito em uma caverna e, finalmente, sua paixão por montaria. Embora tivesse colado duas folhas de papel, sua linha de vida ia apenas até os onze anos de idade. A riqueza do seu desenho sugeria um apego particular a essa época, e ela mesma disse que em muitos aspectos ainda se sentia como uma criança.

2. Linha de vida: Pippa

Mary *(fotografia 3)*

Mary havia juntado três folhas. As três primeiras partes representavam sua infância, em linhas onduladas rítmicas e descomplicadas. A quarta estava cheia de volteios energéticos e de formas brilhantes e coloridas, com nós de cores mais escuras, aqui e ali. Estes estavam relacionados com os problemas de audição do seu filho mais velho, e com discussões e dificuldades que havia tido com os parentes da família de seu marido sobre a adoção de uma criança de ascendência meio irlandesa, meio jamaicana.

3. Linha de vida: Mary

4. Linha de vida: Lesley

Lesley (fotografia 4)

Lesley havia feito uma série de pinturas engenhosas e em camadas, representando sua vida. A base era pintada em azul escuro e roxo e significava a depressão "subjacente" (desenho inferior, bases direita e esquerda). Por cima dela, envolta em si mesma e em direção ao centro (centro inferior), havia uma camada ilustrando sua infância (as manchas escuras, soltas no papel), sua adolescência (a gaiola), durante a qual ela havia tido um colapso nervoso, e uma cruz branca relacionada com seu envolvimento com o cristianismo. A camada superior (figura superior), colocada sobre as outras duas, e também envolta em si mesma, mostra uma grande cruz branca circundada de amarelo e vermelho na parte superior. Ela disse que essas cores representavam coisas boas que estavam começando a acontecer a partir do nada abaixo. Ela havia feito seu desenho dessa forma porque sentia que as camadas superiores borravam a lembrança das outras — Lesley se perguntava: elas se foram de vez ou apenas estão borradas? Bem no fim, desenhou uma série de casas, usando pastel oleoso: cada casa era menor que a precedente. Seus pais haviam se mudado muito, o que ela havia achado interessante no começo. À medida que mais mudanças ocorriam, esse sentimento diminuía e, por isso, Lesley havia desenhado casas cada vez menores. Depois das casas havia uma "espiral descendente" em direção à base do desenho, representando novamente a sua adolescência difícil.

Audrey (fotografia 5)

Audrey começou sua linha de vida (em duas folhas de papel) como uma grande espiral verde-clara que apontava para cima. Ela disse que gostaria de ter feito essa espiral tridimensionalmente. As diversas cenas representavam acontecimentos importantes em sua vida. A espiral começava no canto inferior esquerdo, com os pais e os irmãos mais velhos presentes no nascimento de Audrey. Mais ao alto, à esquerda, estava o nascimento de seu irmão bem mais novo, a quem ela adorava e, virtualmente, criou com sua mãe. Mais tarde, houve a morte de seu pai, vítima de tuberculose (centro inferior), ilustrada por um carro funerário ("Free" era o nome do agente funerário) e por um círculo triste formado com as cabeças de pessoas chorosas. Mais adiante (à direita) estava a época de faculdade, durante a guerra (torres fortificadas com espada, revólver e capacete), seguida

5. Linha de vida: Audrey

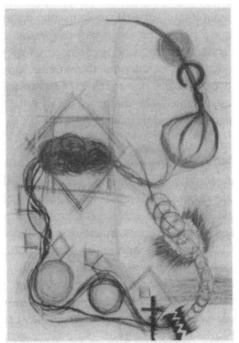

6. Linha de vida: Ruth

por seu casamento. O casal tinha uma expressão facial séria, que representava as dificuldades futuras. Na base direita ela se desenhou em seu primeiro emprego como professora: quer estivesse acompanhada de seus alunos ou só, ela gritava "Socorro! Socorro!", porque aquilo era demais para ela naquele momento. No entanto, ela não havia terminado o desenho e resolveu levá-lo para casa e terminá-lo, da sua forma persistente e calma. Ela também começou uma terceira folha, mas comentou que achava que o resto de sua vida não havia tido muitos acontecimentos importantes. Mais velha que a maioria de nós, achava que a vida familiar, uma vez iniciada, tendia a continuar igual por muito tempo, e que era difícil encontrar pontos marcantes nela.

Ruth (fotografia 6)

Ruth fez seu desenho com pastel oleoso, em duas folhas de papel grudadas na porta de um armário de metal. Sua formação artística fica clara na utilização firme e organizada dos materiais. Ela usou, principalmente, cores pastéis e algumas formas e linhas fortes em preto. Começando pelo canto direito superior, o grande sinal de interrogação preto representava um evento de sua infância, quando foi seqüestrada por um homem. Uma porção bulbosa expandindo-se vinha em seguida. Era a saída de Ruth da infância. Ela relacionava os quadrados sobrepostos diagonalmente com uma necessidade de segurança, e as nuvens cinzas dentro dele com um período de confusão na faculdade. Linhas pretas e de cores brilhantes caminhavam para a base do desenho, representando seu casamento "desastroso", e os dois círculos rosa e azul, seus filhos. Na ponta mais baixa, uma cruz preta era seguida por uma fenda dentada em preto. A cruz representava a morte repentina de sua irmã e a fenda dentada, o fim de seu casamento. Esses dois acontecimentos eram muito recentes; o último, apenas alguns meses antes do desenho. Os pequenos círculos que vinham depois iam para cima em direção à asa branca e vermelha do presente e mostravam a sua elaboração posterior, quando ela sentia que estava "decolando" novamente em direção ao topo esquerdo do desenho.

Jenny (fotografia 7)

Jenny acabou usando oito folhas de papel, espalhadas pelo chão, a medida que uma coisa ia conduzindo à outra. Começando na esquerda

7. Linha de vida: Jenny

8. Linha de vida: Marian

superior, com o seu nascimento (um sol espiralado), a linha mostra sua família como um círculo fechado. Eles moraram no mesmo lugar o tempo todo, enquanto ela gostaria de ter mudado. Ela os chocou ao engravidar e ter seu filho (círculo pequeno) aos dezessete anos. Jenny gostou muito disso e esse fato ajudou-a a fazer muitos contatos novos ("pessoinhas" no topo). Então, conheceu seu marido (topo à direita) e mudou-se para vários lugares com ele (ondas representando uma cidade de veraneio na praia), inclusive Londres, onde moraram em uma casa que compartilhava o jardim com várias outras (embaixo à direita) — o melhor lugar que ela havia morado até então. Depois, houve uma mudança para a França (embaixo, centro), onde, com outras pessoas, compraram uma casa de fazenda abandonada e tiveram uma vida "auto-suficiente", em condição precária, porém compensadora e onde sua filha nasceu. Então, a linha voltava para Bristol (centro), uma época de problemas e confusão durante a qual seu filho mais novo nasceu. Finalmente, terminou à esquerda, na casa que compraram para se "estabelecer". A forma de flor, no canto esquerdo inferior, representava o futuro, no qual ela esperava realizar coisas interessantes a partir dessa base, sem precisar ficar sempre se mudando.

Eu *(fotografia 8)*

Minha linha de vida espalhava-se por quatro folhas de papel. Começando à esquerda, o primeiro fato retratado foi a morte de meu pai (figura deitada), seguida por uma linha preta que representava os tempos difíceis na faculdade. Depois disso vinha a descoberta do desenho e da escrita, uma mudança para Londres (sinal de metrô) e outra mudança para Bristol (pequenas manchas coloridas, uma época de muitos contatos). Depois, uma outra linha juntava-se à minha; em seguida a essa união, havia uma bolha vermelha (casamento), e um florescimento de talentos em um novo emprego. A figura em forma de pêra indicava minha gravidez; e uma terceira linha juntava-se à nossa — uma amarela entre as duas mais escuras; essas linhas rodopiavam porque nossa filha nos fazia "dançar de alegria". Abaixo, havia um caminho preto de depressão associada ao trabalho e às decisões a tomar, com setas apontando em direções diferentes. Eu podia sair dessa. A pequena figura embaixo era uma auto-representação: eu olhando por cima dos ombros, retornando para meu emprego predileto. À direita, havia um campo florido — o desejo por um futuro mais tranqüilo.

Passamos um pouco do tempo e tivemos de apressar a discussão, de forma que não discutimos tanto os últimos desenhos como gostaríamos. Todos pareciam ter gostado da sessão e algumas pessoas pareciam ter aproveitado especialmente.

Por certo, passamos a conhecer uns aos outros e as nossas vidas como não tínhamos feito anteriormente. Isso nos ajudou a entender melhor os outros. Esse exercício também pareceu ter dado um sentido de perspectiva às pessoas, dando-lhes a chance de se afastar de suas vidas e de olhar para ela como um todo.

Pintura grupal (fotografia 9)

Em uma outra ocasião em que Heather não estava, éramos apenas quatro, e o clima geral era desanimador. Fiz várias sugestões que não animaram as pessoas. Finalmente, a idéia de fazermos uma pintura grupal nos entusiasmou. Para começar, fechamos os olhos e com carvão na mão fomos andando e desenhando uma linha por alguns minutos. Aí abrimos os olhos. Em silêncio, começamos a pintar usando "nosso rabisco" como base, deixando que ele se transformasse em qualquer coisa que fosse surgindo. Aí movemo-nos uns em direção aos outros, continuando a pintar até termos coberto todo o papel, o que levou quase uma hora. Dois de nós pintavam muito mais depressa do que os outros dois, de modo que às vezes corríamos o risco de atropelá-los. O resultado final, no entanto, mostrou claramente a contribuição das quatro pessoas:

Meu (esquerda inferior)

Fiz espirais abstratas amarelas, laranjas, vermelhas, azuis e verdes, com uma forma de azul forte surgindo no meio.

Pippa (direita inferior)

Começou pintando, na extremidade direita, uma cena nostálgica da casa e do jardim de onde sua família havia se mudado no ano anterior e dos quais gostava muito. Desenhou um sol, porque crianças sempre o desenham — como havia dito, algumas vezes, ainda se sentia como criança. Então, quase sem querer, desenhou o aborto de dois fetos (esquerda inferior), arrancados por um braço longo e musculoso vindo de cima. De fato, ela havia feito dois abortos — um, alguns anos antes e o outro na semana anterior — e estava tentando clarear as idéias sobre isso. Não pretendia dizê-lo a ninguém — os fetos simplesmente surgiram no quadro. Seu médico havia sido contra o aborto, mas como ela e o marido já tinham três filhos, Pippa achou que tinham tomado a decisão certa. Conversamos bastante sobre isso no grupo e incentivei-a a continuar usando o desenho para "clarear as idéias".

Graham Audrey

Marian Pippa

9. Pintura grupal feita por quatro membros do "Grupo de sexta-feira".

Audrey (alto, à direita, descrito do ponto de vista dela)

Começou preenchendo as curvas desenhadas com carvão, vermelho, azul e roxo; achou que algumas linhas retas eram necessárias para equilibrar o conjunto e então desenhou linhas cruzadas em cinza, dizendo que eram as grades da prisão que seu marido e seu casamento representavam. As chamas na base esquerda eram o fogo que estava procurando em seu interior — mas, ao mesmo tempo, tinha medo de que o fogo provocasse uma explosão; não queria que seu casamento acabasse. Quando alguém lhe perguntou sobre o pássaro azul-escuro pairando sobre tudo, Audrey começou a chorar e disse que representava a si mesma querendo "voar", mas achando que não podia.

Graham (esquerda, no alto, descrito do ponto de vista dele)

Começou com marrons e verdes perto da base de seu desenho, depois ampliou e espelhou minhas pinceladas coloridas e com a forma de ovo. Em seguida, acrescentou fortes manchas de vermelho (centro) e, finalmente, uma cerca que repetia as grades de prisão feitas por Audrey. Algumas árvores formavam uma "paisagem suíça" (embora ele nunca tivesse ido à Suíça).

Para a maioria das pessoas, essa foi a primeira vivência de uma pintura grupal. E provavelmente por isso as participações individuais estão claramente separadas. Nossa cultura enfatiza a individualidade, assim tentar se misturar com os outros em uma pintura grupal pode ser uma experiência assustadora.

A manhã foi marcada por uma experiência bastante profunda e comovente para todos nós e foi muito difícil nos organizarmos e irmos para casa.

O espelho que funde

Essa foi uma "jornada de fantasia" conduzida por Heather, em que imaginávamos estar em pé diante de um espelho que se derretia e tremia, nos deixando frente a frente conosco, como crianças em um cômodo familiar para nós e do qual gostávamos. O que aquela criança estava nos dizendo e qual seria a nossa resposta? Quando reunimos nossos desenhos ficou evidente que todos nós estávamos "encalhados" e precisávamos de mais tempo para "entrar na proposta", por isso pedimos a Heather que a repetisse. O desenho resultante nos olhava a partir de idades e lugares diferentes. Alguns exemplos:

Ruth

Seu desenho mostrava-a tirando uma fotografia de si mesma, aos três ou quatro anos de idade, vestida como uma rainha, no quintal onde passava a maior parte do tempo brincando sozinha. Ela não teve uma infância muito feliz e esta era sua forma de fugir. Na semana seguinte, Ruth disse que o desenho que havia feito de si mesma a perseguiu durante toda a semana e ela ficou bastante incomodada com isso.

Jenny

Sua lembrança era de um tipo especial de papel-de-parede com flores cor-de-rosa e do linóleo que era usado naquele tempo. Isso teve ressonância para vários outros membros do grupo cujas lembranças também eram coloridas pelo linóleo marrom de uso tão comum!

Pippa

A mesma expressão que tinha como adulta, olhando para fora do retrato em seu cômodo predileto — o banheiro da casa de seus avós na Dinamarca. Havia um longo braço que a derrubava no chão, e a mensagem do desenho parecia ser a de que ela não havia cumprido sua antiga promessa.

Eu

Estava falando com meu "eu" de oito anos, dizendo: "Venha brincar aqui fora", no meu lugar predileto, cheio de troncos velhos e samambaias perto de casa. Isso também parecia ser uma fuga de situações que eram difíceis.

Venetia

Ela era uma arteterapeuta com três filhos crescidos e tinha acabado de entrar no grupo ao se mudar para Bristol. Em seu espelho, tinha 12 anos, era alta e magra, usava uma roupa branca de tênis e estava em seu novo quarto, querendo muito ser adulta. Agora que era adulta, sentia-se muito mais capaz de gostar de seu lado infantil e, assim, uma inversão interessante estava acontecendo.

Novamente percebemos o quanto nossos "eus" infantis ainda faziam parte de nós. Esse exercício nos auxiliou a estabelecer um diálogo entre nossa porção infantil e a adulta e chamou a atenção para as necessidades que ainda tínhamos, mas que freqüentemente ignorávamos.

Também foi uma oportunidade para apreciarmos as características positivas da nossa porção criança e integrá-las na vida adulta.

Entre essas sessões, Heather pedia ao grupo que interpretasse, desenhando, algumas das teorias de Kelly. Por exemplo, a agressão como "expansão de fronteiras" comparada à hostilidade como uma "ação defensiva"; e a culpa como "descobrir que você não é a pessoa que pensava ser". Nós as desenvolvíamos em desenho e conversávamos sobre elas.

Perto da Páscoa, sabíamos que precisávamos conversar com o grupo para descobrir se ele continuaria no verão. Heather e eu resolvemos que precisávamos de umas férias de seis semanas por causa de outros compromissos. Definimos a data de retorno, após as férias, e percebemos que várias pessoas ficaram um tanto quanto desapontadas com a idéia de férias tão longas. A nossa última sessão antes das férias foi de um mural grupal, que revelou ou alguns desses sentimentos.

Mural grupal (fotografias 10 e 11)

Todos participamos da confecção do mural com um desenho livre. A fotografia 10 mostra o grupo trabalhando e a 11, o mural pronto. Usamos uma grossa tinta em pó instantânea. À esquerda, está o que Graham fez — muito diferente do que as outras pessoas fizeram e cheia de símbolos esotéricos: há um rosto enterrado "comendo capim pela raiz". Uma cédula de dinheiro de valor alto? Graham disse que ela se referia ao "preço pela cabeça da pessoa morta". Ele desenhou uma linha para demarcar seu espaço. À direita, o sol flamejante e a fogueira de ervas são meus; assim como flores pequenas e vigorosas sob o fogo. A planta florida alta e esguia é de Heather, assim como os pássaros voando. Jenny fez uma forma azul cheia de sinais de libras esterlinas (preocupações financeiras), rodeadas por linhas grossas pretas e vermelhas. Audrey colocou-se em um canto e pintou uma casa verde muito sólida (esquerda, embaixo). Ruth trabalhou no canto direito superior com algumas formações de nuvens, motivada por um debate com Jenny, ocorrido um pouco antes, sobre a utilização da cor de pêssego por Steiner. Entre as nuvens cor de pêssego, Ruth desenhou triângulos azuis, aos quais misturou formas de bumerangues para ligá-los aos pássaros de Heather. Ela queria "avançar" no espaço de Audrey, mas a cerca da casa era intimidativa e ela teve medo de ofender Audrey. Foi interessante notar que mais tarde a própria Audrey continuou os arabescos de Ruth dando pinceladas escuras sobre a casa. Ruth também tentou fazer uma ligação do espaço de Graham com todo o mural, mas Graham rapidamente reiterou sua posição reforçando a linha que separava a sua parte do resto. Bem no final, Heather decidiu acrescentar alguns insetos e uma "lata de vermes" na parte inferior do desenho, vista pelos outros como um toque de "realidade".

10. O "Grupo de sexta-feira" trabalhando em um mural

Na conversa que aconteceu depois, ficou evidente que a forma azul, preta e vermelha feita por Jenny era uma mistura de depressão e raiva pelo longo intervalo de férias. Várias pessoas fizeram eco a isso, dizendo o quanto o grupo significava para elas e como representava seu "espaço seguro". Foram mencionados exemplos de ocasiões em que este "espaço seguro" havia sido agredido ou violado. Alguns decidiram se reunir socialmente na metade do intervalo de férias, ajudando-se no período em que estariam sentindo falta das sessões semanais. Obviamente, no começo do novo período de atividade precisaríamos decidir sobre sua duração e a sua finalidade.

11. Mural grupal do "Grupo de sexta-feira"

O mural coletivo nos uniu como grupo, ao mesmo tempo que permitiu que todos retratassem seus interesses individuais. As posições assumidas pelas pessoas demonstraram como elas se viam no grupo, e a interação delas no papel mostrava o processo que estava ocorrendo no grupo. Desse modo, representou um ritual de adaptação para o término do período.

Conclusão

Essa série de sessões grupais demonstra como a natureza de um grupo pode mudar. As pessoas uniram-se como turma e o transformaram em um grupo de terapia com o consentimento de todos. Embora ninguém necessitasse da intervenção de uma instituição, a maioria das pessoas estava experienciando uma situação problemática de alguma magnitude naquele momento (divórcio, desemprego por um longo período, problemas conjugais, problemas no trabalho, doença mental, grandes decisões etc.) e estava tentando resolvê-la a seu próprio modo.

De muitas maneiras, os problemas presentes no grupo eram comuns às pessoas da comunidade, e a utilização da arteterapia mostra como esta pode ser amplamente aplicada. A atitude aberta de Heather e a liberdade de ir e vir foram muito importantes para as pessoas do grupo (na verdade, a presença era muito regular).

Esse relato pode parecer um tanto quanto desarticulado porque é impossível, em um capítulo, dar uma idéia real de um grupo estável, e da partilha de assuntos pessoais que ocorre nele. Esse não é um exemplo de grupo "perfeito" — mas, sim, dos altos e baixos de um grupo experimental de pessoas comuns que realizam a auto-exploração por intermédio de desenhos e conversas.

As palavras finais são de Ruth, que as escreveu pouco antes das férias da Páscoa:

Repensando as últimas semanas, parece haver um grande sentido nos trabalhos das sextas-feiras. Estive trabalhando numa grande pintura em casa e esta começa a ligar imagens do passado às do grupo de sexta. Parece que estou pegando pontos soltos e tricotando para encontrar a inteireza e a continuidade de minha vida. Sou a criadora de minha vida e o padrão muda à medida que fatos externos ou conflitos internos me fazem vacilar ou mudar de direção. Agora posso ver melhor o molde do passado e, talvez, até mesmo a forma das coisas futuras.

Referências

1. Para uma introdução às idéias de George Kelly, veja BANNISTER, D. e FRANSELLA, F. *Inquiring Man.* 3ª ed. Croom Helm, Londres, 1986.
2. Para uma introdução ao assunto, veja as técnicas de pintura de Steiner na Seção 1 da Bibliografia.

Exemplos de grupos

Neste capítulo darei mais alguns exemplos de grupos de desenvolvimento pessoal e de arteterapia em vários contextos. Essa não é uma seleção típica ou completa, mas mostra o alcance da arteterapia. Os relatos são necessariamente subjetivos, do ponto de vista do coordenador.

Este capítulo não é para ser lido de uma vez, mas para ser usado como sumário a ser folheado de acordo com o seu interesse específico. O capítulo está dividido da seguinte maneira:

A. *Pacientes psiquiátricos internados*
   1. Centro de triagem em um grande hospital de saúde mental urbano
   2. Pequeno centro terapêutico no interior

B. *Pacientes psiquiátricos de hospital-dia*
   3. Conflitos de "relacionamento" em um grupo de hospital-dia
   4. Grupo "empacado" de um hospital-dia
   5. Grupo de apoio comunitário de longa duração

C. *Centros de vivência e hospitais-dia especializados*
   6. Hospital-dia para idosos
   7. Unidade de alcoolistas
   8. Centro de vivência para ex-delinqüentes
   9. Centro de apoio ao paciente oncológico
   10. Crianças com dificuldades de aprendizado

D. *Grupos de profissionais*
   11. Monitores que trabalham com crianças em creches
   12. Funcionários de um hospital-dia para idosos
   13. Professores de Educação para a Paz

E. *Situações da comunidade*
   14. *Workshop* de um dia sobre "A arte como comunicação"
   15. Grupo de mulheres
   16. Grupo misto de crianças e adultos

A descrição de uma sessão de um grupo contínuo encontra-se nos seguintes tópicos: 1, 2, 3, 4, 6, 8 e 10.

Os tópicos a seguir descrevem brevemente uma série completa de sessões: 5 e 7.

Grupos de um único encontro são descritos em: 9, 11, 12, 13, 14, 15 e 16.

A. Pacientes psiquiátricos internados

1. Centro de triagem de um grande hospital de saúde mental urbano

Essa foi uma das séries regulares para pacientes mentais em uma enfermaria de triagem de pacientes em estado agudo, de um grande hospital mental. Havia cinco pacientes nessa ocasião, na maioria pessoas que já haviam estado em um grupo de arteterapia, e eram conhecidos da arteterapeuta, Sheena. Os pacientes incluíam um alcoolista internado há bastante tempo, um agorafóbico e três outros cujos diagnósticos Sheena não conhecia; três pacientes eram mulheres e os outros dois, homens. Havia também quatro membros na equipe: Sheena, uma estudante de arteterapia, uma estudante de terapia ocupacional e um estudante de medicina.

Sempre demorava um pouco para reunir um grupo em um centro de triagem porque os pacientes, evidentemente, estavam em uma condição ruim e achavam difícil tanto motivar-se para ir até o local em que a sessão de arte seria realizada, como também funcionar bem no grupo quando chegassem lá.

O grupo aconteceu na sala de terapia ocupacional ligada ao centro. Era uma sala grande e silenciosa; tinha cartazes agradáveis nas paredes; num dos lados da sala havia algumas mesas com cadeiras e, do outro lado, um círculo de poltronas.

Sheena acolheu a todos e pediu às pessoas que dissessem seus nomes e como estavam se sentindo. Depois, pediu-lhes que ficassem de 10 a 15 minutos pintando à vontade ou fazendo um desenho livre. Havia muito material disponível e a maioria usou tintas, enquanto duas preferiram giz de cera. Enquanto terminavam, Sheena fez um pouco de café, para criar um clima informal e amigável.

Depois do café, ela apresentou o tema principal: passado, presente e futuro, todos em uma mesma folha. Ela deu segurança às pessoas dizendo que, embora olhar para o futuro pudesse ser bastante assustador, poderia ser uma boa coisa a fazer em um ambiente seguro.

A maioria dividiu o papel em três partes e trabalhou por muito tempo. Após a maioria haver terminado, o grupo passou à discussão. Sheena pediu a todos que ficassem de costas para o primeiro desenho e cada um falou sobre os dois desenhos que havia feito. Não havia tempo para falarem sobre tudo, então ela se assegurou de que, ao menos, todos os pacientes tivessem oportunidade de dizer tudo o que quisessem.

De modo geral, a maioria dos pacientes via seu passado como maravilhoso, um estado ao qual desejavam "voltar"; seu presente era visto como confuso e infeliz; e seu futuro era desolado e sem esperança. Em contraste, a maioria dos profissionais via o futuro com muito mais esperança. Alguns exemplos esclarecerão este ponto:

Margaret. Seu passado mostrava uma bela casa e um marido agradável, e ela via o passado totalmente cor-de-rosa. Seu presente era vazio, exceto por algumas nuvens negras. Seu futuro consistia numa terra cinza e em pássaros cinzentos e pretos. Sheena perguntou-lhe se uma mudança de cor levaria a um resultado mais esperançoso, e Margaret disse: "Acho que sim. Quando eu me sentir um pouco melhor, eu verei o futuro com mais esperança".

Raymond. Sua pintura inicial mostrava um *cottage* solitário, com um teto vermelho, num campo aberto — um desejo que ele sempre tivera quando era criança, e nunca conseguiu realizar (no momento, ele morava sozinho, num apartamento). Seu passado mostrava-o junto com sua esposa, seus quatro filhos e suas namoradas, desenhados como figuras de palitos em rosa e verde, todos felizes. Seu presente mostrava-o junto a esposa morta — numa caixa deitada de lado. Seu futuro mostrava-o em rosa, numa outra caixa deitado de lado (isto é, morto), representando todos os seus filhos em verde, as esposas deles em preto, e depois fileiras e mais fileiras de figuras vermelhas, representando todas as crianças futuras. Isso combinava com sua interpretação do futuro como "trazendo a linhagem". Ele disse que não lhe cabia "reclamar do destino", e o sentimento geral que emanava de suas pinturas era de não ter mais poder para mudar sua vida.

Estudante de medicina. No presente, ele se desenhou com braços imensos e estendidos como os de um Cristo gigante, com um estetoscópio ao redor do pescoço, ocupando quase todo o espaço sobre um mar de minúsculas pessoas coloridas. Quando lhe perguntaram quem eram aquelas "pessoinhas", ele disse que eram seus amigos na faculdade. O grupo não acreditou nele — eles suspeitavam que essas figuras eram os pacientes, já que a pintura retratava com exatidão o enorme poder que eles sentiam que os médicos tinham sobre os pacientes.

Sheena. Sheena sempre gostava de se juntar ao grupo, pois ela sentia que este andava melhor desse modo. Seu passado mostrava uma pesada porta almofadada com uma maçaneta de bronze; a porta estava trancada — e ela sentia que nunca se podia voltar atrás. Sua imagem do presente era de si mesma fazendo malabarismos com várias bolas coloridas, precariamente fazendo com que tudo continuasse a se mover. A vida era agitada, mas muito boa. Seu futuro mostrava-a firmemente apoiada sobre seus pés, com os braços estendidos e segurando duas bolas douradas, com uma expressão feliz. Ao olhar novamente os desenhos, durante a conversa, ela e os outros acharam que talvez o futuro parecesse um pouco estático, e seu "presente" mais vivo e interessante.

A discussão foi interrompida por uma enfermeira supereficiente, que telefonou para a sala dez minutos antes do final, para saber se eles estavam prontos para almoçar. Assim que a palavra almoço foi ouvida, todos se apressaram — deixando Sheena sozinha para arrumar a sala.

Esse grupo mostra o desânimo sentido por muitos pacientes internados em hospitais mentais, e o tema usado trouxe a oportunidade de os membros do grupo expressarem isso, além de tentarem colocar seus problemas em perspectiva, ao olharem para o passado e para o futuro.

2. Pequeno centro terapêutico no interior

Este centro terapêutico se localizava em uma antiga casa feudal numa bela região no interior e podia acomodar entre dez e doze pessoas. A maioria dos pacientes tinha entre 15 e 25 anos e havia sido encaminhada para lá por médicos ou por outros profissionais de saúde. Como o centro era reconhecido oficialmente, o custo do tratamento e as despesas dos pacientes eram pagos pelo seguro social local. A maioria dos pacientes sofria de depressão, mas não tão gravemente para ser encaminhada a um hospital psiquiátrico; alguns tinham um histórico de problemas com drogas.

Havia sessões diárias de terapia grupal e individual e os pacientes participavam da administração geral do centro, fazendo jardinagem e trabalho de manutenção, auxiliando na cozinha, e assim por diante. As sessões de arteterapia eram realizadas uma vez por semana, depois do almoço, após uma longa sessão de terapia grupal que, às vezes, terminava mais tarde.

Essa sessão específica aconteceu ao ar livre, no pátio, pois era um belo dia de verão e usou-se argila em vez de tintas como é mais comum. Havia cinco pacientes e uma estagiária de arteterapia além da arteterapeuta, Linnea. Ela pediu que todos fizessem uma árvore de argila, representando a si mesmos. Se quisessem, poderiam acrescentar qualquer outro material natural à disposição, como pedras, gravetos e folhas. Depois que as árvores estavam terminadas, Linnea pediu às pessoas que as colocassem em um grande pedaço de madeira compensada para criar uma "floresta".

Na escultura grupal acabada era fácil ver que cada árvore era a expressão individual de seu criador. Algumas tinham braços estendidos, representando galhos, outras, troncos instáveis e sem uma base sólida. Uma era rodeada por um impenetrável anel de pedras, outra era pouco visível sob um pesado manto de folhas. Aqui e ali trilhas que conduziam às árvores vizinhas indicavam as reações aos outros.

Uma pessoa, Dan, não fez árvore alguma. Fez uma montanha de argila num dos lados da madeira e, então, colocou árvores de "palitos" sopradas pelo vento no topo da montanha e pintou um rio azul que descia pelo lado em direção às outras árvores, para trazer-lhes água. Finalmente, ele modelou uma casa suspensa sobre estacas com uma escada que levava até ela, e a colocou às margens do rio. Toda a sua contribuição era muito bonita, e os demais fizeram caminhos que iam de suas árvores até a montanha "protetora" e sua casa acolhedora. Isso representava Dan muito bem, pois, apesar de seus próprios problemas de isolamento e depressão, ele passava muito tempo cuidando dos outros; ele tinha um interior calmo e sólido que atraía os outros.

Foi uma sessão muito produtiva e muito agradável, principalmente porque ela desencadeou uma profunda discussão, cheia de sentimentos, sobre onde as pessoas achavam que estavam, seja na prancha de madeira seja em relação ao resto de suas vidas.

B. Pacientes psiquiátricos de hospital-dia

3. Conflitos de "relacionamento" em um grupo de hospital-dia

Este era um grupo novo de oito pacientes: a maioria tinha depressão e todos estavam começando juntos. Nunca tinham feito arteterapia e muitos deles não usavam material de arte há muito tempo. O arteterapeuta Roy queria que eles superassem a inibição natural de "fazer arte" e tivessem uma sensação de realização e alegria ao usar o material de arte de uma nova maneira. Assim, sugeriu às pessoas daquele grupo que molhassem o papel, escolhessem algumas cores das quais gostassem e simplesmente brincassem com elas, prestando atenção em seus sentimentos quanto às cores e às formas que estavam fazendo. Então, caso o desenho lhes sugerisse uma imagem definida ou algo assim, eles poderiam desenvolver essa imagem pictoricamente, se quisessem.

Os resultados foram bem diferentes. Por exemplo:

a) Um desenho, na maior parte amarelo, era atravessado por uma linha grossa; como a desenhista sentia tal coisa? Percebeu-se que ela achava que deveria manter seus sentimentos contidos.

b) Um desenho de flores alegres sobre uma mesa preta acabou sendo relacionado com a aparência séria que o autor do desenho estava tentando manter.

c) O desenho rico de uma paisagem, com um deserto, lugares férteis e uma cachoeira no primeiro plano, parecia estar ligado a sentimentos e emoções transbordantes, irrigando um mundo que, de outra forma, seria estéril.

À medida que as pessoas falavam de seus desenhos, parecia haver muitos conflitos não-resolvidos, refreados, e emoções em ponto de ebulição, muitas delas ligadas a problemas conjugais. Isso provocava raiva e discussões em casa, e fazia com que as pessoas duvidassem se seus sentimentos eram justificados. Quando os membros do grupo se reuniram na semana seguinte, conversaram sobre tudo isso e Roy propôs o tema: como tinham vivenciado a solução que seus pais encontraram para os conflitos que haviam enfrentado.

O resultado foi esclarecedor. Uma mulher, Shirley, lembrou-se de que seu pai era muito passivo e "santo", incapaz de lidar com qualquer emoção. A mãe dela perdeu uma criança e ficou tão mal ao vivenciar o luto sozinha, que foi considerada mentalmente doente. Shirley nunca havia falado sobre isso com ninguém, e agora via que estava igual a sua mãe, e seu próprio marido, frio e "santo" como seu pai. Tinha medo da sua raiva e concluiu que deveria estar louca também.

Uma outra mulher identificou-se com isso. Morag sentia que não podia se aproximar de seu marido, apesar de fazer esforços cada vez maiores nesse sentido. Ele era visto como o "pilar da comunidade" e assim ela achava que sua raiva era inaceitável. Ela havia-se desenhado como uma gaiola de vidro com coisas terríveis dentro de si.

Os sentimentos e desenhos partilhados significavam que, pela primeira vez, essas mulheres sentiram que não estavam sós. O restante do grupo também disse que achava que era normal estar com raiva nessa situação. Muitas lágrimas foram derramadas naquela sessão e as duas mulheres sentiram-se finalmente aceitas.

Roy sentia que o passo seguinte seria o de pesquisar caminhos que pudessem mudar a situação daquelas pessoas. Depois da discussão, na semana seguinte, ele achou que um tema adequado para isso seria: "O que você teme que possa acontecer se soltar seus sentimentos refreados?" ou: "Como você gostaria de se comportar em casa?" Normalmente as pessoas temiam três coisas:

1) que pudessem destruir o outro;
2) que pudessem se destruir; e
3) que nada acontecesse!

Ele achava que esses temas eram muito poderosos e produziriam uma forte reação no grupo. Mas também achava que se as pessoas estavam tendo esses sentimentos era correto propor um tema que facilitasse sua expressão; uma abordagem "chá e simpatia" que ignorasse isso somente reforçaria os temores deles quanto a ter esses sentimentos. Além do mais, esse era o motivo por que as pessoas estavam vindo a um hospital-dia. Como arteterapeuta experiente, Roy sentia-se razoavelmente seguro em lidar com emoções fortes e as enfermeiras e médicos eram um apoio suplementar aos pacientes. Ele incentivou as pessoas a se abrir e, ao mesmo tempo, deixou claro que não precisavam se expor emocionalmente se não quisessem.

Esse relato demonstra o uso do grupo, verificando a percepção individual e dando apoio uns aos outros. Os temas foram escolhidos para se encaixar nesse processo e para ampliar os benefícios de se fazer parte de um grupo desse tipo.

4. Grupo "empacado" de um hospital-dia.

Nem todas as sessões de arte permitem uma discussão interessante, cheia de *insights* provocadores de modificações pessoais. Alguns grupos ficam tão "empacados" que permanecem enredados nos velhos padrões de comportamento, independentemente do que seja tentado. A sessão descrita abaixo é assim. Ela ocorreu em um hospital-dia, ligado a um grande hospital psiquiátrico. Os pacientes iam diariamente ao hospital-dia durante 6-8 semanas e seguiam um programa de arteterapia, psicodrama, psicoterapia, ioga, discussões em grupo etc.

Nessa ocasião específica, o grupo era formado pelo arteterapeuta, John, e por seis pacientes (dois homens e quatro mulheres), um com vinte anos, três na casa dos quarenta anos e dois na dos cinqüenta anos de idade. Os mais velhos estavam passando por um conjunto de problemas, tais como conflitos conjugais crônicos, filhos saindo de casa, muito tempo de desemprego, fobias etc., enquanto a jovem tinha problemas com os pais e namorados. John descrevia os pacientes como fatalidades da sociedade para quem havia pouca esperança. Qualquer mudança era muito difícil para eles, principalmente conforme iam ficando mais velhos. De modo geral, nossa sociedade também parece estar oferecendo menos opções àqueles que estão achando a vida difícil e John, algumas vezes, tentava desenvolver nas pessoas uma consciência dessas coisas.

Esse grupo havia trabalhado algumas semanas junto e terminaria o programa depois de mais uma semana. Assim, John escolheu um tema (depois de conversar com a equipe do hospital) relacionado ao mundo externo e a suas aspirações futuras. Ele sempre começava com um "aquecimento", em que pedia às pessoas que desenhassem o modo como estavam se sentindo e, se possível, que se incluíssem no desenho. Depois pediu que fizessem um desenho contendo os seguintes itens para o tema principal:

a) como você se vê;
b) como os outros o vêem ou como alguém próximo a você o vê; e
c) como você gostaria de ser.

Todos trabalharam por meia hora com pastel oleoso (John precisava levar todo o material de arte da sala de arteterapia do hospital-dia). O resto do tempo foi usado para conversar e examinar os desenhos. Demandaria muito tempo descrever o trabalho de todos, assim optei por descrever os desenhos de duas pessoas do grupo.

Molly. Molly tinha quarenta e poucos anos e havia estado internada. Era ansiosa e depressiva e achava que sua família não se importava com ela — apenas a viam como supridora das necessidades deles (servindo refeições, lavando etc.). Seus desenhos foram:

Aquecimento: um retrato caótico da confusão em sua mente, que ela achava que não podia compartilhar com a sua família porque eles estavam cansados de ouvi-la. Também pensava muito na morte (a sua própria).

Tema:

a) Achava-se enfadonha e ressentia-se por ser negra (tinha tido problemas na escola por causa de sua raça).

b) Retratou-se com uma máscara de boazinha que havia usado por muito tempo quando trabalhava como doméstica. Infelizmente, essa máscara estava quebrada.

c) Não foi capaz de fazer esse item. Simplesmente não sabia como gostaria de ser.

Jim. Jim tinha cinqüenta e poucos anos, era divorciado e havia sido demitido como mão-de-obra excedente de seu trabalho de representante de vendas. Enquanto estava trabalhando, sua vida social tinha girado em torno do beber social ligado a seu emprego. Agora estava muito solitário e as funcionárias do hospital não gostavam dele porque era muito lascivo. Seus desenhos eram:

Aquecimento: um desenho de um labirinto que ele relacionou com sua tentativa de arrumar emprego.

Tema:

a) Uma grossa faixa vertical preta e uma outra fina e amarela, à direita desta. Disse que eram sua depressão e seu desemprego.

b) O mesmo que d). Parecia não ter nenhuma idéia de como afetava as outras pessoas ou sobre a maneira como era visto pelas funcionárias do hospital.

c) Desenhou mais linhas verticais e mais faixas de cores, mas estas eram de cores mais vivas — azul, amarelo, vermelho, alaranjado. Queria ser confiante, independente, estar trabalhando, ter um carro, uma vida social e amigos. Tudo que esperava para si vinculava-se a um trabalho, embora as chances de consegui-lo fossem insignificantes.

John sentia-se muito frustrado com o resultado desse grupo porque achava que a maioria dos seus membros era vítima de opressões fora de seu alcance — como racismo, sexismo, desemprego e pouca educação. Achava que tudo que podia fazer era ajudá-los a perceber que o estado em que se encontravam não era totalmente da responsabilidade deles e esperava que essa consciência aliviasse um pouco as angústias e os capacitasse a fazer pequenas mudanças em suas atitudes com relação a si mesmos.

5. Grupo de apoio comunitário de longa duração

Esse grupo misto com cerca de dez pessoas, com idade entre 30 e 60 anos, se reunia uma vez por semana no hospital-dia local para apoio de longo prazo, depois que o tratamento, como pacientes internados ou não, havia terminado. Em sua maioria, eles moravam em quitinete e estavam desempregados, sentindo-se bastante solitários e isolados.

Heather, a arteterapeuta, considerava a sessão semanal de arteterapia principalmente como um apoio capaz de fornecer algum contato social e de estimular o interesse dos membros do grupo. Ela decidiu enfocar o mundo ao redor, principalmente a natureza, para auxiliá-los a estar mais conscientes das coisas à sua volta e das oportunidades disponíveis. Heather tentou apresentar todas as atividades de tal forma que os membros do grupo pudessem relacioná-las com pequenas coisas da vida diária. Isso os auxiliou a começar e também a manter suas experiências como parte importante em suas vidas.

As séries seguintes descrevem as diversas formas nas quais ela desenvolveu esse tema amplo ao longo de várias semanas:

a) *Linha de vida em espiral*. Esse foi um tema introdutório, que tinha a finalidade de auxiliar Heather a conhecer o grupo e os ajudar a conhecer um ao outro. Como aquecimento, apresentou a idéia de espirais e o grupo buscou exemplos na natureza — tais como saca-rolhas, furacões etc. Em seguida, desenharam espirais no papel, mudando para uma grande espiral que começava com o nascimento e que eles desenvolveram para mostrar qualquer fato importante. Heather também pediu a eles que estendessem a espiral até o futuro, lembrando que a vida deles não parava no presente.

b) *Projeto prático de grupo.* Tinha por objetivo auxiliar as pessoas do grupo a se sentirem mais à vontade entre si. Heather apresentou um projeto grupal simples do qual todos poderiam participar. Era inverno; havia neve alta e os pássaros não podiam encontrar comida. As pessoas no grupo passaram bastante tempo fazendo pequenos bolos de passarinho para os numerosos pássaros que viviam na área do hospital. O momento de satisfação veio quando eles foram para fora, colocaram os bolos na bandeja dos pássaros e esperaram para ver se estes os comeriam. O hospital-dia localiza-se no litoral e, antes que os pássaros de terra pudessem pegar os bolos, um bando de grandes gaivotas gulosas mergulhou e devorou todos os bolos! Essa destruição rápida de um trabalho árduo lhes deu uma lição sobre a natureza que não estavam esperando, mas, felizmente, foram capazes de perceber o seu lado engraçado.

c) *As cores do inverno.* Como o auge do inverno era difícil e monótono para as pessoas que passam suas vidas em quitinetes frias, Heather queria ver se podia mobilizar a imaginação do grupo trazendo mais cores ao mundo deles. Ela também achava que para muitas pessoas a cor era mais evocativa e imediata que a forma e, por isso, gostava de começar as sessões com uma experiência baseada puramente em cores.

Nessa ocasião, Heather pediu às pessoas que pensassem que cor associariam a fevereiro. Depois, pediu-lhes que imaginassem o que cada um de seus cinco sentidos sugeriria para fevereiro e relacionassem isso a algum tipo de poema ou desenho. Os desenhos eram todos muito diferentes, mostrando a variedade das associações com o mês.

Embora a reação inicial das pessoas ao mês de fevereiro tivesse sido dizer "Que chato!", logo descobriram uma variedade de cores e de associações ligadas a ele. Algumas escolheram tons de marrom e cinza, mas outras lembraram-se de que anêmonas e celidônias brotavam nesse mês e acrescentaram brancos e amarelos delicados ao desenho. Alguém pensou no roxo dos botões que iam brotar na primavera e as pessoas "caseiras" fizeram fogos com laranjas e vermelhos.

d) *Comunidade de "eus"*. Heather pediu às pessoas que pensassem sobre os seus vários papéis e *"eus"*, p. ex.: mãe/filha/dona de casa/motorista etc., para desenhá-los todos juntos como uma comunidade. Ela via esse tema como uma maneira de auxiliar os membros do grupo a valorizar o papel e as habilidades que tinham, em uma época em que o "mundo externo" lhes dava pouco reconhecimento. As pessoas se surpreenderam com quantos papéis diferentes podiam se atribuir; também despertavam a memória umas das outras à medida que percebiam outros papéis atribuíveis a elas. Isso gerou um estado de ânimo positivo no grupo e um sentimento de otimismo.

Ao longo das semanas, à medida que os membros do grupo partilhavam experiências e trabalhavam juntos, pareciam adquirir mais interesse pela vida em geral e a gostar mais das sessões. Eles compartilharam problemas e começaram a combinar encontros fora do grupo. Heather sentiu que estavam aprendendo a apoiar-se mutuamente.

C. Centros de convivência e hospitais-dia especializados

6. *Hospital-dia para idosos*

Essa foi uma sessão extraída de uma série regular para idosos que freqüentavam o hospital-dia, principalmente por causa de depressão e solidão, ou para "dar uma folga" aos parentes.

Karen, a arteterapeuta, sempre começava a sessão perguntando o nome das pessoas, pois elas não se conheciam bem e porque tendiam a esquecer os nomes de uma semana para a outra. Então, deixava que houvesse uma conversa introdutória que freqüentemente girava em torno das enfermidades e do cansaço deles, com perguntas sobre remédios, e assim por diante. Muitos tinham problemas razoáveis com os quais lidar, e por isso ela achava que era melhor reservar um tempo para alguns gemidos antes de lhes pedir que começassem a atividade. Karen achava que a escolha da atividade deveria lhes dar uma chance de refletir sobre suas vidas e sobre como se sentiam a respeito dela.

Ela gostava de usar um tema de aquecimento para iniciar suavemente a atividade. Dessa vez, pediu que escrevessem as suas iniciais e, em seguida, que fizessem um desenho a partir delas. Isso feito, introduziu o tema principal — o casamento deles. Os desenhos resultantes e suas histórias foram levados ao grupo. Aqui estão três exemplos:

a) Edna desenhou um cinema, porque foi onde seu marido a pediu em casamento. Também desenhou seu enxoval, panos de prato, toalhas e acolchoados — todos muito práticos. Ela ficou muito triste depois de desenhar essas coisas, porque havia perdido o marido recentemente e ainda estava em processo de luto. Entretanto, também se lembrou do bom casamento que havia tido.

b) Doris desenhou uma igreja e seu vestido de noiva de cetim azul. Sua mãe não foi ao casamento e ela escreveu esse fato como se fosse uma história. Seu pai lhe deu um relógio de pêndulo como presente de casamento e ela, recentemente, o havia dado a seu bisneto para mantê-lo na família. Ela se sentia satisfeita ao saber que dessa forma estava ajudando a manter uma tradição familiar.

c) Phyllis se desenhou usando seu vestido de noiva, que ela mesma havia feito, e também desenhou as cinco damas de honra em vestidos cor-de-damasco. Essas eram coisas das quais se orgulhava naquela época, principalmente porque seu enxoval (que ela também desenhou) continha apenas alguns lençóis e toalhas de mesa porque era órfã. Ela sorriu orgulhosa quando mostrou o desenho ao grupo e também disse como as coisas são diferentes agora, o que a fez lembrar-se das muitas mudanças que havia superado e visto em sua vida.

Todas as pessoas do grupo gostaram desse tema e algumas saíram radiantes da sessão. Haviam partilhado lembranças de um dos acontecimentos mais importantes de suas vidas, o que as aproximou ainda mais. O tema também ajudou-as a lembrar-se de outros acontecimentos, e começaram a olhar para suas vidas com uma perspectiva ampliada. Karen esperava que com o tempo esse senso de perspectiva pudesse ajudá-las a enfrentar com mais tranqüilidade os problemas do presente.

7. Unidade de alcoolistas

A unidade de alcoolistas é um hospital-dia com um programa de seis semanas de sessões intensivas, diárias, em terapia de grupo, reeducação, arteterapia, grupos de discussão, habilidades sociais e aconselhamento individual para alcoolistas em recuperação. Tanto métodos de apoio como de confronto são empregados para auxiliar a quebrar a negação e a atitude defensiva características do alcoolismo.

Uma parte do programa consiste numa atividade opcional nas quartas-feiras à tarde, quando os clientes podem optar por marcenaria, cerâmica ou pintura, para que aprendam a desenvolver novos interesses. A série descrita a seguir fez parte da opção de pintura.

O arteterapeuta da unidade, Paul, e um arteterapeuta em treinamento estavam disponíveis e acharam que esta seria uma boa oportunidade de realizar uma série de atividades juntos. Escolheram uma série feita para criar uma interação entre os clientes por meio do trabalho propriamente dito, pois isso reforçaria outros trabalhos que estavam acontecendo na unidade. O resumo da série pode ser visto a seguir com duas sessões (**a** e **e**) descritas de forma um pouco mais detalhada do que as outras.

a) *Máscaras dos outros.* O objetivo desse segmento era preparar as pessoas para falar umas com as outras, usando algo familiar, para começar. Nas sessões de habilidades sociais, as pessoas freqüentemente falavam de sua "fachada", da imagem que passavam às pessoas e em que acreditavam. Freqüentemente, elas não tinham consciência da sua própria máscara, mas podiam ver as máscaras dos outros mais facilmente. Então, Paul perguntou ao grupo de sete ou oito clientes se gostariam de desenhar máscaras uns para os outros.

Houve uma grande variação nas máscaras. Algumas pessoas fizeram várias máscaras para mostrar facetas diferentes ou mostravam várias facetas em uma mesma máscara. Algumas se fixaram em máscaras brilhantes e sorridentes, mostrando a fachada "corajosa" assumida por pessoas com problemas. Outras ampliaram essa idéia para fazer faces contrastantes, alegres e tristes, como as utilizadas no teatro medieval.

Um homem fez máscaras com colagem escolhendo "imagens dos meios de comunicação" tiradas de revistas. Uma máscara externa mostrava fotografias de carro, casa, mulher e crianças etc., indicando um "homem de família bem-sucedido". Ao mesmo tempo, uma máscara interna de seu eu real mostrava uma enorme garrafa recortada que tinha um rosto de monstro, revelando a destruição por trás da fachada. Essa máscara também tinha uma pequena fotografia de uma "família feliz" cruzada com uma grossa linha de lápis de cera preto.

Quando isso foi discutido no grupo, foi dito que o fato de as pessoas poderem identificar facetas da personalidade dos outros era meio caminho para reconhecerem seus próprios traços.

b) *Máscaras de si*. As pessoas do grupo fizeram uma ou várias máscaras representando aspectos de si mesmas, aqueles que revelam para o mundo e também a maneira como se sentiam realmente.

c) *Contornos do corpo*. Esse segmento começou com um relaxamento para ajudar as pessoas a realmente sentir o corpo e onde estavam suas linhas de energia. Depois, cada uma deitava em uma grande folha de papel enquanto alguém lhe contornava o corpo. Os contornos foram afixados na parede, para que as pessoas os preenchessem como quisessem. Uma sugestão era a de que desenhassem as linhas de energia que haviam sentido em cores diferentes. Essa sessão foi muito boa e todos gostaram dela.

d) *Partes da imagem corporal*. As pessoas do grupo escolheram uma parte específica do corpo para explorar em desenho, p. ex.: uma mulher desenhou um pássaro perto de seu coração.

e) *Desenho em grupo*. Nesta ocasião, o grupo era formado por sete clientes (quatro homens e três mulheres) e três profissionais, dois dos quais não participaram da atividade porque queriam observar a interação grupal.

Todos começaram com um lápis de cera colorido, que poderiam "trocar" com alguém mais tarde se quisessem. Algumas pessoas começaram a desenhar com muita intensidade, porém mais tarde mudaram de atitude porque o papel estava ficando cheio e acharam que já haviam "deixado a sua marca" nele. Esse fato deu lugar mais tarde a uma discussão sobre a necessidade do controle, tendo em mente o alcoolismo, sempre o fator-chave. A pintura cobria cada pedacinho do espaço, como se o grupo não pudesse agüentar a idéia de deixar qualquer lugar vazio (isso também se aplicava com freqüência aos grupos de discussão da unidade, em que os clientes achavam os momentos de silêncio muito difíceis). A conversa também abrangeu assuntos como espaço pessoal e do quanto as pessoas precisavam do seu próprio espaço.

Paul e o estudante avaliaram a série como bem-sucedida até ali. Haviam atingido um bom nível de interação no trabalho prático, e a maioria das pessoas havia gostado dela. A série também levantou muitos assuntos pessoais, que foram discutidos em grupo, e muitos deles tinham uma relação direta com atitudes características do alcoolismo.

8. Centro de convivência para ex-delinqüentes

Esse exemplo foi tirado do meu trabalho em um centro de vivência para ex-delinqüentes e para outras pessoas com problemas sociais ou pessoais. As pessoas iam voluntariamente ao centro e escolhiam entre diversas atividades que incluíam marcenaria, projetos de serviços na comunidade, grupos de discussão, *role-plays* em vídeo, alfabetização, matemática e arte — em sessões individuais ou no "grupo de arte" semanal.

As pessoas do centro participavam ativamente da escolha de suas atividades, pois isso desenvolvia sua iniciativa e fazia com que se sentissem valorizadas outra vez. Elas haviam escolhido trabalhar comigo e com outro profissional em um trabalho de comunicação interpessoal com duração de quatro semanas. O jogo "Retratos Metafóricos" fazia parte desse trabalho, e estavam contentes por experimentá-lo.

Havia nove pessoas no grupo naquele dia — dois profissionais, uma estudante de serviço social em processo de contratação pelo centro e seis membros (três mulheres e três homens), cujas idades variavam de 17 a 32 anos.

Esbocei a idéia: tentaríamos desenhar retratos de todos os outros do grupo não como se pareciam na realidade, mas em formas, cores e linhas que sugerissem algo de sua personalidade.

Eu estava um pouco preocupada em evitar que uma ou outra pessoa do grupo achasse essa proposta muito ameaçadora ou que a usasse para atingir os mais vulneráveis. Estava especialmente preocupada com uma das mulheres, que geralmente não era popular entre os outros membros, e sabia disso; ela também estava bem acima de seu peso e tinha vergonha disso.

Levamos cerca de 30 minutos para acabar nossos desenhos, usando pastel oleoso e giz de cera; e eu juntei-me ao grupo na atividade. A seguir sugeri que fizéssemos um jogo com os retratos. Segurei no alto um dos meus desenhos e pedi ao grupo que adivinhasse de quem se tratava. Quando o grupo adivinhou, eu o dei para a pessoa como um presente e ela então levantou o retrato de outra pessoa para o grupo descobrir quem era. Continuamos a brincadeira até que cada pessoa tivesse uma pilha de retratos presenteados pelos demais.

Havia alguns previsíveis, p. ex., ganhei um pincel e também uma série de linhas onduladas marrons (que representavam meu cabelo), e algumas surpresas. O terapeuta que me auxiliava ficou surpreso ao ver que uma pessoa o desenhou como uma nuvem negra e ficou preocupado; por outro lado, a pessoa impopular recebeu diversas mensagens, tais como flores, sugerindo que os outros podiam ver além de suas dificuldades e valorizar sua sensibilidade. Tão importante quanto isso, foram os sentimentos de alegria e acolhimento gerados no grupo, porque todos estavam acostumados a se sentirem "desqualificados" na maior parte do tempo. A sessão foi muito reveladora, mas de uma forma delicada para que ninguém se magoasse.

Esse tema, com variações, é especialmente rico, prestando-se a várias situações. Ele possibilita às pessoas revelarem como vêem o outro, de uma forma indireta e divertida, e também a quem fez o desenho, refletir sobre a razão de ter escolhido aquela metáfora específica.

9. Centro de apoio ao paciente oncológico

Esse centro de apoio ao paciente oncológico fornece uma oportunidade para pessoas com câncer experimentar diversos tipos "alternativos" de tratamento. A maioria dos pacientes vem de toda a Inglaterra e do exterior para um tratamento de uma ou duas semanas, durante o qual experimentam todos os tratamentos disponíveis, tais como uma dieta especial, suplementos de vitaminas, relaxamento, meditação, *biofeedback*, aconselhamento e arteterapia. Os parentes dos pacientes também são incentivados a ficar e a participar dos grupos.

Havia apenas um horário de grupo de arteterapia e, assim, a arteterapeuta Heather achava que a sessão deveria abrir o maior número possível de portas para que as pessoas pudessem desenvolvê-las depois sozinhas.

Os pacientes que freqüentavam o centro eram pessoas normais, mas que haviam perdido seus referenciais com a descoberta da doença. Achavam difícil ter qualquer concepção do futuro sem sentir que estavam olhando para seus túmulos. Muitas terapias têm, tradicionalmente, se preocupado com bloqueios do passado, mas aqui existia um contexto no qual os bloqueios pareciam estar no futuro. Heather queria, portanto, sugerir um tema que pudesse auxiliá-los a olhar para o futuro de forma positiva.

Nessa sessão específica, ela conduziu o grupo numa viagem imaginária ao fundo do mar, nadando por uma caverna subaquática para emergir em uma ilha onde encontravam uma pessoa que lhes dava um presente. Ela pediu às pessoas que desenhassem o presente e a pessoa que o deu a elas.

Os desenhos eram fascinantes. Diversos presentes eram belas conchas ou jóias brilhantes, que poderiam ser vistos como o presente da vida. Tubarões nadavam em círculo em alguns desenhos, impedindo-os de alcançar o presente. Não era difícil relacionar os tubarões com símbolos de morte ou de sua doença. Na discussão que se seguiu, algumas pessoas relacionaram a aceitação desses presentes com a possibilidade de visualizar o futuro novamente.

Em outra ocasião, eu estava substituindo Heather, que estava em férias. Havia cinco pessoas no grupo, todas em sua primeira semana no centro: David, um paciente com trinta anos de idade; Tom, um paciente com cinqüenta e sua mulher, Sheila; Tanya e Jeanette, filhas de uma paciente que estava muito cansada para participar da sessão.

Depois das apresentações e explicações sobre a característica da sessão, introduzi outro tema de viagem: "Uma viagem que gostaria de fazer, ou que já fiz". Se alguém não quisesse fazer isso, sugeri que desenhasse qualquer imagem que houvesse surgido em uma sessão de meditação ou que experimentasse pintar sobre o papel molhado para ver o que acontecia.

A maioria do grupo gostou realmente da sessão de desenho e ficou muito tempo discutindo as pinturas. Tanya e Jeanette vieram para descobrir como auxiliar a mãe a desenhar, pois achavam que isso poderia ajudá-la a se recuperar do câncer. Elas desenharam com entusiasmo e também conversamos sobre idéias específicas que poderiam experimentar com sua mãe quando ela se sentisse pronta. David fez um desenho detalhado de uma viagem a Chipre, para onde ele e a namorada iriam nas férias daquele ano (e onde haviam estado antes). Também fez um segundo desenho — abstrato com linhas muito soltas — e estava entusiasmado para continuar explorando esse modo de pintar quando chegasse em casa. Sentia que o Centro de Apoio ao Paciente com Câncer havia lhe dado uma nova perspectiva

113

e uma vontade de recomeçar a vida; e estava decidido a vencer. Ele era um homem de negócios "viciado em trabalho" e achava que desenho e música poderiam ser maneiras muito úteis para relaxar e descobrir novamente sua vida pessoal. Tom foi o único que não gostou da sessão; ele nunca havia usado tintas e não conseguia misturar as cores que queria, mas resistia quando eu lhe oferecia ajuda — como se não pudesse admitir não saber. Seu desenho consistia em algumas bolhas e faixas sem ligação entre si, e ele não o terminou. Sheila gostou de fazer seu desenho, mas Tom saiu antes do término da sessão e ela saiu logo depois.

No final da sessão, todos me ajudaram na arrumação e fiquei feliz porque fui capaz de sugerir um sentido possível para três pessoas do grupo. Também me senti muito privilegiada por ter testemunhado a coragem e a determinação dessas pessoas que estavam tentando construir um objetivo positivo em face da morte.

Essas duas sessões bem diferentes mostram alguns dos benefícios da arteterapia para pacientes com câncer. Ela pode abrir as portas para a expressão pessoal de coisas "não verbalizáveis" e auxilia a resolver os sentimentos ligados a elas — e ao futuro incerto que a maioria dos pacientes com câncer enfrenta.

10. Crianças com dificuldades de aprendizado

Esse era um grupo com nove crianças de nove anos (oito meninos e uma menina), trazidos de escolas normais uma tarde por semana, porque tinham problemas familiares e estavam tendo dificuldades na escola. O objetivo era dar-lhes atenção e oportunidade para brincarem. Elas passavam uma hora em atividades artísticas e um curto período em jogos de movimento e de confiança; depois havia um intervalo com suco e bolachas, seguido por brincadeiras livres com vários tipos de brinquedos, jogos e equipamentos. O grupo freqüentava essas sessões há cinco semanas. Era um grupo de crianças muito ativas e difícil de coordenar.

Heather trabalhava principalmente tentando estimular a imaginação das crianças, utilizando a rica vida de fantasia delas. Ela normalmente começava com alguma conversa que levava a um tema, construindo histórias que criavam situações imaginárias em que as crianças podiam se encaixar.

114

Árvore da família. Nessa sessão Heather queria ver a relação familiar das crianças da forma mais ampla possível, isto é, as pessoas com as quais as crianças se relacionavam mais intensamente. Ela introduziu o tema falando sobre as relações em contos de fada, usando Cinderela como um exemplo para extrair o ponto de vista das crianças sobre as relações "boas" e "horríveis". Depois, pediu-lhes às crianças que fechassem os olhos e imaginassem que estavam saindo uma noite para brincar e subiam em sua árvore predileta. Havia uma casa em cima da árvore e elas dormiam lá. Quando acordavam, viam que era de manhã e ouviam um chilrear; imaginavam ser de pássaros. Mas quando olhavam para fora da casa, em vez de pássaros, viam todos os seus parentes chamando por elas, alguns subiam na árvore atrás delas, outros caíam da árvore, e assim por diante. Depois de dar algum tempo para pensarem nisso, Heather pediu-lhes que abrissem os olhos e desenhassem sua "árvore da família".

Os resultados variaram. Um menino não entendeu (ou decidiu fazer sua própria história) e desenhou seu novo carro de brinquedo. A maioria do grupo gostou da idéia das pessoas caindo da árvore e cuidou para que as pessoas com que tinham relações "desfavoráveis" caíssem. Todos os tipos de pessoas subiam e desciam da árvore e as mais importantes para elas tendiam a ser evidenciadas em posições de destaque. A menina no grupo desenhou uma grande árvore redonda que (Heather observou) parecia ter a mesma forma que o desenho da sua babá feito na semana anterior; a "babá" parecia ser o esteio de sua família.

Algumas crianças sempre acabavam antes e Heather pedia-lhes que fizessem um outro desenho livre. No final, todas mostravam seus desenhos e diziam alguma coisa sobre eles. Heather não insistia se elas não quisessem dizer nada e a discussão geralmente era curta porque as crianças eram bem inquietas.

Silêncio. Essa sessão ocorreu na semana seguinte próximo do Natal. Heather estivera pensando sobre a necessidade de as crianças terem introspecção suficiente para que algo pudesse brotar delas, e tentou criar uma ligação com a estrela do Natal. Talvez os que viram a estrela puderam vê-la porque estavam quietos; e eram capazes de ouvir e de ver. Ela pediu às crianças que fechassem os olhos por um momento e ouvissem, que percebessem outros sentidos, além do mais usado, a visão. As crianças acharam isso difícil, mas conseguiram realizá-lo por alguns momentos. Então, Heather pediu a elas que pensassem em coisas que eram realmente silenciosas. Uma criança sugeriu pedras e elas disseram que mesmo pedras silenciosas podiam fazer barulho quando o vento passava por elas, a chuva tamborilava e a água corria entre elas. Heather lhes perguntou se ficavam realmente quietas alguma vez e, para a maioria delas, isso ocorria somente quando estavam dormindo. Ela lhes perguntou em que momentos os outros pediam que ficassem quietas e parecia que isso acontecia principalmente na escola e quando havia bebês dormindo.

Então foram desenhar. Heather lhes pediu que desenhassem o silêncio num canto do papel, e no meio qualquer coisa que surgisse do silêncio. Um menino desenhou flocos de neve brancos no meio do papel. A maioria das crianças se desenhou dormindo em seu quarto durante a noite e um menino muito agitado pintou o pai batendo nele na cama, à noite, o que ele parecia encarar como um fato normal em sua vida.

Depois das sessões, Heather discutia os desenhos com outros profissionais da equipe, de forma que eles ficassem a par de qualquer coisa em especial. As crianças gostavam das sessões de arte e pareciam apreciá-las como um espaço particular, somente delas.

D. Grupos de profissionais

11. Monitores que trabalham com crianças em creches

Foi pedido a Heather que coordenasse um grupo de arte de 1h30 para profissionais que trabalhavam em orfanatos, como parte de um treinamento de atualização de uma semana conduzido pelo Departamento de Serviço Social.

Já que o tempo era muito curto, decidiu que o melhor seria fazê-los começar com um desenho. Ela pregou na parede uma grande folha de papel forrada com plástico e pediu ao grupo, à medida que entravam, que fizesse, silenciosamente, um desenho em conjunto. Havia oito pessoas no grupo. Após dez minutos, pediu que se afastassem e olhassem o quadro que haviam feito, ainda em silêncio. Em seguida, pediu às pessoas que continuassem por mais dez minutos tentando integrar todos os elementos num todo harmonioso. Quando terminaram, discutiram brevemente como haviam-se sentido com relação à pintura e à necessidade de interagirem com as outras pessoas para pintar.

A seguir, Heather pediu ao grupo que trabalhasse o tema "A árvore da família" do mesmo modo que tinha pedido ao grupo de crianças (ver nº 10 nesse capítulo). Explicou que esse tema havia sido usado com crianças e achava que seria importante que pessoas que trabalhavam com crianças o experimentassem.

A maior parte dos membros do grupo relacionou "A árvore da família" com suas famílias de origem, e isso trouxe muitas lembranças semi-esquecidas. Essa foi uma vivência bastante intensa, e eles perceberam que as crianças sob seus cuidados também deviam ter sentimentos semelhantes sobre suas famílias. Estavam gratas por essa conscientização e sentiram que compreenderiam melhor as crianças como conseqüência da vivência.

12. Funcionárias de um hospital-dia para idosos

Esse foi um grupo de arteterapia para as seis funcionárias do hospital, antes de se começar as sessões com os pacientes (ver o nº 6 desse capítulo). Seu objetivo era explorar os usos da arteterapia, de forma que as demais funcionárias compreendessem e as apoiassem em seu trabalho.

Karen, a arteterapeuta, começou explicando um pouco a respeito da arteterapia, e depois sugeriu um tema de aquecimento: "Faça um círculo e desenhe algo dentro e algo fora dele". Ela escolheu algo muito concreto de forma que todas tivessem facilidade para fazê-lo.

Os desenhos diferentes mostravam com bastante clareza quais eram os interesses das pessoas. Uma enfermeira, que falava sobre TV a maior parte do tempo, transformou o seu círculo no logotipo da estação de televisão local. Uma mulher que havia acabado de ir ao cabeleireiro desenhou um rosto com um penteado. Outra, cujo carro estava dando problemas, desenhou uma roda de carro.

Karen utilizou esses desenhos para mostrar como a arte pode fazer emergir coisas que estão na mente das pessoas. Então, pediu a elas que fizessem um outro aquecimento, não introdutório, para se acostumarem com os lápis de pastel oleoso: pediu-lhes que fizessem contrastes: luz/sombra, grosso/fino, grande/pequeno etc. Embora algumas funcionárias ainda se sentissem estranhas fazendo isso, outras estavam começando a se divertir.

O tema principal tinha relação com o trabalho delas:

a) como me vejo profissionalmente; e
b) como os outros me vêem profissionalmente.

Os resultados foram interessantes, principalmente porque mostravam as dificuldades entre as funcionárias.

Terapeuta ocupacional chefe. O desenho dela era o mesmo de ambos os lados, cheio de itens próprios da sua profissão de terapeuta ocupacional, como tricô, nutrição e visitas domiciliares. Ela acreditava em permanecer estritamente em seu papel e não demonstrava nenhuma emoção pelos outros.

Enfermeira encarregada da unidade. Ela se desenhou atrás de uma mesa e mais alta do que todas as outras pessoas, e disse o quanto se sentia isolada e insegura. Ela trabalhava neste hospital somente há um ano e estava tentando implantar novas coisas, talvez depressa demais. A terapeuta ocupacional chefe havia reclamado que ela havia "ultrapassado o limite"; e, por isso e por causa de insegurança, ela se retraiu temporariamente atrás da sua mesa.

Enfermeira. Desenhou-se como muito emotiva, mas sentia que as outras funcionárias a viam da forma errada porque ela dizia o que pensava e sentia. Também colocou coisas práticas de enfermagem em seu desenho, como injeções e camas (embora esse fosse um hospital-dia). Na discussão, a terapeuta ocupacional assistente lhe perguntou onde estava com seu coração mole, o que fez a enfermeira perceber que talvez ela não tivesse mostrado suficientemente suas qualidades suaves.

Enfermeira assistente (1). Desenhou-se em um uniforme de garçonete, estendendo uma mão prestativa. Sentia que as outras funcionárias a viam como uma "pilha sempre carregada" (que ela desenhou) — sempre cheia de energia e pronta a se encarregar das coisas. Ela também achava que sempre precisava atender os outros, e se sentia grata por ter encontrado um emprego que se adaptasse às necessidades de seus filhos. Ficou aliviada ao ouvir as outras funcionárias dizerem que, na verdade, não esperavam que ela fizesse tudo; receberia também apoio delas.

Enfermeira assistente (2). Desenhou o contorno de uma mão com uma grossa aliança e uma xícara de chá. Sentia-se mais segura em casa e não tinha certeza de estar agindo corretamente no trabalho. As outras a incentivaram, dizendo-lhe que desempenhava bem a profissão.

Terapeuta ocupacional assistente. Foi ficando cada vez mais incomodada ao perceber o que estava fazendo. De um lado ela desenhou um retângulo dividido em pequenos quadrados como um tabuleiro de jogo. Em cada quadrado colocou um círculo de cor diferente com um anel preto ao redor dele, com uma figura dela mesma abaixo. Ela sentia que todos estavam "fazendo o seu trabalho" protegidos por seus anéis pretos. Do outro lado, desenhou círculos amarelos representando sua vida doméstica e disse que lá havia muito mais cooperação.

A sessão apontou questões de hierarquia, definição de papéis, apoio, cooperação etc. Algumas delas ficaram surpresas e outras acharam que não era bom tocar nesse assunto. Outras discordaram e ficaram gratas pela nova consciência que a sessão trouxe. Nas semanas posteriores, Karen notou que todas elas pareciam contribuir de modo mais equilibrado nas reuniões de funcionários e nos momentos em que estavam juntas, trabalhando.

13. Professores de Educação para a Paz

Esse foi um *workshop* solicitado por um grupo formado principalmente por professores de arte que estavam imaginando como poderiam promover a paz com suas atividades em sala de aula. Esse *workshop* ocorreu num centro de professores em um sábado, e foi divulgado na rede da paz como "Paz pela Arte".

Depois de alguma dificuldade para encontrar a sala certa, a maioria do grupo chegou. Havia sete pessoas, todas ligadas ao ensino de alguma forma, e eu. O diretor do centro, Steve, havia sido um professor de arte e estava muito entusiasmado. No grupo havia outro professor de arte e dois ex-professores adjuntos que agora estavam coordenando seus próprios *workshops*. Havia também um professor de crianças com deficiências físicas e dois professores de francês, um dos quais estava para se tornar responsável pelos cursos de Desenvolvimento Pessoal e Social em sua escola. Éramos, no total, três homens e cinco mulheres. Eu nunca tinha encontrado nenhum deles, mas alguns se conheciam muito bem.

Iniciei a sessão explicando que iríamos usar a arte como um meio de comunicação e — como professores de arte — poderiam achar isso difícil, ou mesmo desagradável, se estivessem acostumados a pensar na arte como um "produto estético". Para relacionar a arte com a educação para a paz, tentaríamos observar o "processo" da paz sob a óptica de algum trabalho interativo, e ver quais sentimentos surgiriam. Teríamos trabalhos individuais, em duplas e em grupo. Usamos pastel oleoso porque não havia pia na sala nem perto dela.

Desenho de apresentação. Pedi a todos que desenhassem algo para se apresentar, mostrando do que gostavam, quais eram suas preocupações, seus estilos de vida, enfim, qualquer coisa que viesse à mente. Como o grupo era razoavelmente pequeno, decidimos examinar esses desenhos com o grupo todo. Eles eram muito variados. Mostravam famílias, interesse por esportes, morar em uma pequena propriedade cultivada com agricultura orgânica, preocupações com a paz e as ameaças nucleares, bandeiras francesas etc. Todos, com exceção de uma pessoa (que veio esperando uma palestra sobre o uso de desenhos), disseram que gostaram muito mais da apresentação por desenhos do que das apresentações verbais, e achavam que podiam dizer muito mais nos desenhos. Olhando seus próprios desenhos, sentiram também que haviam aprendido mais sobre si mesmos. Achavam que esse método de apresentação também poderia ser útil para seus alunos.

Diálogo em duplas. Pedi às pessoas que escolhessem uma cor que representasse uma característica delas, em seguida, silenciosamente, deveriam formar um par com alguém que tivesse uma cor diferente. Teriam, então, uma conversa silenciosa com a outra pessoa na folha de papel que estava entre elas. Cada um poderia fazer seu próprio desenho ou, se preferissem, um único desenho conjunto, até que terminassem o diálogo. Os diálogos foram variados: educados e evasivos, amigáveis e harmoniosos, vivos ou desconectados.

Falamos sobre os resultados da atividade com o nosso parceiro, e depois discutimos o exercício no grupo. A maioria das pessoas achou o processo fascinante e também interessante comparar a vivência com uma conversação verbal.

Desenho em grupo. Já que vieram todos juntos como um grupo de pacifistas, pedi a eles que expressassem seu próprio ponto de vista sobre a paz (concreto, simbólico ou abstrato) em seu próprio espaço; e que depois fossem ao encontro dos outros. Qualquer conflito deveria ser resolvido com o lápis (em silêncio). Dessa forma eu esperava abarcar o assunto da paz, tanto no conteúdo quanto no processo.

O resultado foi muito interessante. O desenho como um todo era muito rico e harmonioso; as pessoas haviam trabalhado juntas e foram capazes de resolver sem dificuldade quaisquer problemas de "fronteira". O conteúdo, entretanto, foi uma outra questão tratada. Metade dos membros do grupo não podia pensar na paz a não ser em contraste com a guerra. Dessa forma, o desenho continha uma explosão, um cogumelo atômico, um avião bombardeiro, revólveres e um símbolo negro dentro de um rosto com expressão de grito. Esse fato desanimou um pouco as pessoas e falamos sobre a "chatice" da paz como sendo o principal obstáculo para o seu alcance.

Na nossa discussão geral, os professores disseram o quanto achavam que o trabalho cooperativo poderia ser positivo em um sistema escolar que incentivava o trabalho individual e a competitividade. O trabalho cooperativo em si seria um passo para a paz, mas era muito difícil de ser introduzido por causa da maneira como as escolas e as aulas estavam organizadas. O grupo achou que poderia começar fazendo mais alguns *workshop*s entre si. Dessa forma poderiam se preparar melhor para introduzir idéias e maneiras de, eventualmente, trabalhar na própria escola em que davam aula.

E. Situações da Comunidade

14. Workshop de um dia sobre "A arte como comunicação"

Esse relato mostra alguns dos problemas envolvidos na organização de eventos para o "público", como eles podem influir na experiência do dia. Também demonstra uma forma de fazer um programa introdutório adequado e como deixá-lo um pouco flexível. Na verdade, é impossível incluir muitos detalhes quando há diversas atividades e um grande número de pessoas envolvidas, de forma que o que se segue é mais um resumo do evento.

A organização desse dia foi solicitada por assistentes sociais, professores, terapeutas etc. interessados em saber mais sobre arteterapia. O *workshop* foi divulgado em boletins informativos, quadros de aviso e boca a boca. Havia cinco pessoas na organização (John, Karen, Roy, Sheena e eu); e reservamos para o evento a sala de uma igreja que era razoavelmente central e de fácil acesso. A partir das fichas de resposta que nos foram mandadas, esperávamos doze pessoas e organizamos o material de acordo.

No dia do evento 23 pessoas apareceram! Muitas haviam trazido amigos, outras acharam que estaria tudo bem "apenas aparecer". Isso acarretou vários problemas práticos. A sala da igreja era pequena e inadequada, mas felizmente pudemos mudar extra-oficialmente para uma sala maior para as sessões de pintura, voltando à nossa sala para os comentários.

Sabíamos que não seria possível nos aprofundarmos significativamente nos comentários em um grupo de 23 pessoas; então o dividimos em quatro grupos menores para a maior parte dos exercícios, com um dos organizadores em cada grupo (o quinto "passava de grupo em grupo" para ajudar a resolver pequenas questões práticas). Mesmo assim, os subgrupos estavam muito próximos um do outro durante os comentários e foram seriamente distraídos pelos outros grupos.

Outros problemas práticos também surgiram. Receber o pagamento de diversas pessoas a mais levou tempo; o café teve de ser servido em turnos para evitar longas filas e perda de precioso tempo; além disso, o papel acabou na hora do almoço e tivemos de conseguir mais.

As dificuldades imprevistas significaram que o planejamento do dia teve um papel muito maior do que o normal na definição da qualidade da experiência das pessoas. Por exemplo, foi muito difícil que todos se conhecessem, por causa do grande número de pessoas e porque as instalações impróprias não permitiram um momento de descontração no intervalo do café.

Apesar disso, todos aproveitaram alegremente o dia ao máximo e participaram do programa tanto quanto possível. Como coordenadores, alternamo-nos na apresentação dos vários exercícios no programa, relacionados a seguir. Um ou outro exercício está descrito um pouco mais detalhadamente.

Programa do dia

a) Apresentações das atividades do dia e dos coordenadores;

b) Jogo dos nomes, todos em um grande círculo (um tanto espremido); uma pessoa atirava um saquinho de feijão para a outra falando o nome dela;

c) Desenho introdutório. As pessoas se apresentavam com o desenho, então os partilharam em grupos pequenos;

d) Intervalo para o café (em sistema de revezamento);

e) Diálogo com lápis (para detalhes, veja o número 13 nesse capítulo e a fotografia 12). Fiz dupla com John e tivemos uma pequena dificuldade em seguir o outro pelo papel. John sentiu que estava tentando se adaptar a mim, e se sentiu preso por causa disso; por minha vez, senti que estava tendo de tomar a maior parte das iniciativas e cansei da responsabilidade. Ambos percebemos que esses eram padrões de comportamento que deixávamos escapar para a nossa vida diária.

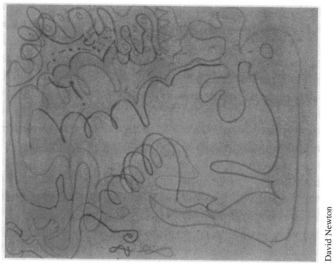

12. Conversa com lápis — *workshop* de um dia "A arte como comunicação"

f) "Continue os desenhos." Começávamos com algo que nos simbolizasse e, então, passávamos nosso desenho para a próxima pessoa para que ela acrescentasse algo, e assim por diante, até nosso desenho dar toda a volta no círculo. Uma pessoa no grupo colocou pequenas âncoras em diversos desenhos. Embora dissesse que estava gostando da ausência de planos e de sua liberdade atual, John especulou se suas âncoras não indicavam que ela não estava, afinal, procurando uma forma de se amarrar. Ela olhou para os desenhos, pensando muito e disse: "Umm, você pode ter razão".

g) Almoço. Dispusemos a comida que todos trouxeram para que fosse dividida entre todos; as pessoas se sentaram em pequenos grupos, ou foram tomar um pouco de ar fresco.

h) Escolha de cinco atividades diferentes:
1) trabalho individual;
2) colagem;
3) exploração de cores sobre papel molhado;
4) "mandala" em grupo; e
5) retratos metafóricos.

Como coordenadores, havíamos preparado uma atividade cada um, mas achávamos que poderíamos ser flexíveis e, então, demos às pessoas uma escolha completamente livre. Quase todos optaram por uma das três últimas, e tivemos de fazer dois grupos de "mandalas".

Mandala em grupo. John estava coordenando um dos dois grupos. Em um grande pedaço de papel desenhou um círculo, um para cada pessoa, dividido em partes iguais. Ele pediu às pessoas que colocassem qualquer coisa que quisessem no seu espaço, incluindo a si mesmas, se fosse o caso. Cabia a elas demarcarem seu território de forma bem-definida, misturá-lo com o de seus vizinhos, ou se aventurarem no território de outra pessoa.

A maioria das pessoas utilizou primeiro o seu espaço para fazer um desenho pessoal. O desenho inteiro parecia possuir uma totalidade, apesar de apresentar grandes contrastes. Enquanto duas pessoas escolheram permanecer em seus espaços, outras se aventuraram mais e mais e uma comunicação maior resultou dessa disposição. Alguns se surpreenderam com o que perceberam de si mesmos: uma mulher, por exemplo, desenhou um vulcão cinza e então percebeu como se sentia potencialmente explosiva. Outra pessoa achou a negociação de fronteiras inesperadamente produtora de tensões. Para a maioria das pessoas foi a primeira vez que experimentaram algo desse tipo e consideraram a sessão muito interessante.

Retratos metafóricos. Pedi às pessoas que rasgassem uma folha grande em oito pedaços menores para desenharem "retratos metafóricos" dos outros, p. ex.: podíamos desenhar alguém como um "livro fechado", ou apenas como uma série abstrata de linhas coloridas. Depois que terminamos, fizemos um jogo de adivinhação com os retratos (veja o nº 8 nesse capítulo). Como a maioria do grupo (com algumas exceções) não se conhecia, agíamos de forma hesitante e polida. Duas pessoas receberam conjuntos de imagens consistentes

— formas azul-esverdeadas que continham a si mesmas — a outra, objetos altos e fechados em si. Ao final, uma pessoa disse como alguns desenhos haviam sido certeiros, levando-se em conta nosso pouco conhecimento uns dos outros. A fotografia 13 mostra o grupo de retratos que levei para casa.

Os números 1, 2, 3 e 4 referem-se, principalmente, a características físicas: meu cabelo, minha altura e a cor das roupas que estava usando naquele dia. Os números 5, 6 e 7 referem-se a como sou vista tendo um monte de energia: uma possante roda. Catherine, uma cachoeira, vibrações quentes. A parede de tijolos no número 8 foi feita pela pessoa do grupo que eu conhecia e com quem havia tido algumas dificuldades de comunicação por causa de circunstâncias específicas. Ela me via como "impenetrável", como uma parede de tijolos. Agora, depois de nos encontrarmos no *workshop*, ela achava que as coisas estavam melhorando um pouco, como se podia ver pelo sol em um canto da página e pela pequena árvore verde, que despontava. Meu desenho dela, por sua vez, era uma forma angulosa e pontuda — que era a impressão que eu havia tido dela. Esses desenhos foram úteis para começarmos a conversar, e fomos capazes de superar a situação desconfortável que existia entre nós.

Todos os grupos reuniram-se por alguns minutos no final, e cada um disse o que o dia significou para si. Todos estavam muito cansados, mas também muito entusiasmados com o dia, e perguntaram quando seria o próximo. A maioria das pessoas sentia que havia começado a se pesquisar, bem como aos outros, de uma forma nova, e queria continuar esse processo.

Finalmente, recolhemos as tintas, lápis e papéis; tiramos as marcas de tinta do chão etc. Ficamos muito agradecidos a um zelador prestativo e compreensivo.

15. Grupo de mulheres

As mulheres formavam um grupo fechado de doze pessoas que se encontravam a cada quinze dias por cerca de oito meses. Inicialmente, pretendia ser um grupo de mulheres pacifistas, mas como muitas mulheres do grupo estavam passando por momentos difíceis em seu casamento ou por rompimentos, um tempo considerável foi gasto compartilhando esses problemas. As pessoas do grupo também viam a pesquisa pessoal e a elevação da consciência como importantes para a busca da paz a longo prazo. Como havia uma grande

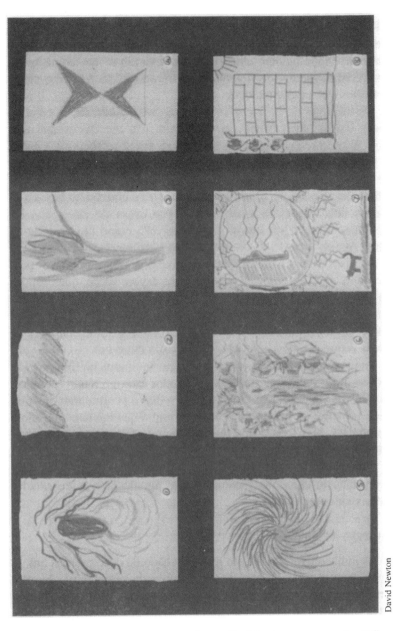

13. Retratos Metafóricos — *workshop* de um dia: "A arte como comunicação"

variedade de experiências no grupo, nos revezamos para coordenar sessões com formas diferentes de trabalhar. Nessa ocasião, era a minha vez de programar uma noite de pintura.

Iniciei o grupo falando do uso da arte na comunicação e não para executar belas pinturas. Qualquer marquinha no papel poderia ser uma contribuição válida e não havia nenhuma obrigação de participação. Sugeri que deveríamos tentar não falar enquanto desenhávamos. Eu tinha trazido papel e pastel oleoso, já que a única sala grande o suficiente para a noite de pintura era também acarpetada. Fizemos três exercícios:

a) *Desenhos individuais* sobre "Como estou me sentindo" e "Onde estou" para nos trazer ao presente. Comentamos esses desenhos em pares, e eles foram tão produtivos que nós (percebemos tardiamente) bem poderíamos ter ficado neles mais tempo. Fiona, por exemplo, desenhou um pássaro vermelho angustiado com uma cabeça abaixada, olhando para "bicos esfomeados" (seus filhos) e uma outra cabeça, levantada, olhando para além de sua gaiola (seu casamento), em direção à liberdade e ao sol.

b) *Continue os desenhos.* Todas enumeramos nossos papéis e fizemos um desenho rápido de dois minutos. Em seguida, o passamos para a pessoa seguinte, que acrescentou algo ao nosso desenho durante mais um minuto, e assim por diante, até que os desenhos voltassem para a pessoa que o iniciou. Finalmente, tínhamos mais dois minutos para finalizá-lo.

A fotografia 14 mostra um desses desenhos. Enquanto a maioria das pessoas do grupo tentou colocar coisas mantendo o que já estava presente no desenho, Zoe achou que estávamos sendo "boazinhas demais". Na sua vez, ela acrescentava algo para nos chocar um pouco — ou para nos fazer pensar. Nesse desenho, ela pôs um homem escalando montanhas pretas e as grossas nuvens pretas no alto.

Quando conversamos sobre nossas reações ao receber de volta nossos desenhos, várias pessoas se surpreenderam de como eles foram desenvolvidos de formas interessantes e belas a partir do desenho inicial. Entretanto, ficaram muito perturbadas pelas nuvens negras e pelas mãos fazendo gestos acusadores que Zoe colocou. Para elas isso era destrutivo e prejudicial para o desenho. Ficamos discutindo um pouco como alguns sinais podem ser interpretados de diversas formas, e os desentendimentos possíveis que podiam surgir.

14. "Continue os desenhos" — grupo de mulheres

c) *Desenho em grupo*. Sugeri que deveríamos fazer "uma base" no papel a nossa frente, e depois sair de nosso desenho para encontrar o das outras pessoas, tentando ser sensível a eles (tendo em mente o que havia acontecido no último exercício).

Os resultados estão na fotografia 15. No alto, o desenho parece bem harmonioso; ali as pessoas encontraram formas de se adaptar ao outro, mesmo que alguns tenham-se sentido um pouco esmagados. Na base esquerda, entretanto, a história é outra. Logo após o começo, Diana demarcou um grande espaço na sua frente com lápis vermelho (base central). Zoe e Wendy, que estavam nos cantos próximos, tentaram fazer contato com ela indo em direção à fronteira. Talvez sob a influência do exercício anterior, Diane interpretou esses avanços como agressivos, e primeiro fortaleceu sua fronteira (canto esquerdo superior do retângulo) e depois recolheu-se em um pequeno "santuário interno" (meio do retângulo).

Finalmente, já que elas continuavam, Diana, exasperada, desenhou uma grande cruz negra em um dos caminhos delas. Fiona, mais para o alto no papel, tentou "suavizar o golpe" decorando a cruz, mas já era muito tarde. O restante do grupo estava horrorizado com o conflito que o desenho havia mostrado. Várias mulheres não sabiam como reagir. Mais tarde, conversamos sobre nossas interpretações erradas e falamos sobre fronteiras e o efeito delas sobre o medo e a agressividade. Algumas fronteiras mostravam um espaço delineado ou algum território reivindicado? A última palavra veio de Zoe: "Sim, é difícil estabelecer limites!"

15. Desenho grupal — grupo de mulheres

A sessão havia nos feito pensar, deixando várias de nós nos sentindo um pouco incomodadas. Mais tarde, soube que Zoe e Diana haviam se encontrado para almoçar e falar sobre suas diferenças e tiveram uma conversa proveitosa. Elas sentiam que a pintura em grupo tinha tornado isso possível. E, mais tarde, o grupo decidiu utilizar mais técnicas de arte para auxiliar na comunicação.

A utilidade principal da arte foi a de auxiliar a melhoria da comunicação introduzindo formas de comunicação não-verbal. Ao empregar técnicas de interação grupal, um conflito que estava em ebulição há algum tempo veio à baila e pôde ser trabalhado.

16. Grupos mistos de crianças e adultos

Uma oportunidade para uma atividade de arte com divertimento e imaginação foi a festa anual da igreja, na qual estavam cinqüenta pessoas (com idades variando entre 2 e mais de 70 anos).

Depois do lanche, o coordenador da atividade pediu que as pessoas formassem sete grupos, cada um deles com algumas crianças e alguns adultos. A cada grupo ele deu um grande envelope com uma folha de papel grande, alguns quadrados de papel colante, algumas formas colantes, lenços de papel, canudinhos, reforços para furos de papel, fitas adesivas coloridas etc. Pediu-se aos grupos que fizessem algo relacionado aos meios de transporte, usando o material dado. Não havia tesouras ou facas.

Isso significava que o grupo tinha de trabalhar cooperativamente para fazer alguma coisa e, também, para envolver todos os seus integrantes, alguns idosos que precisavam ficar em cadeiras e algumas criancinhas que precisavam da ajuda dos adultos para participar.

Alguns itens acabados podem ser vistos na fotografia 16: um navio, um rolo-compressor, um helicóptero e um balão de ar quente em três dimensões. Todos ficaram impressionados com os resultados criativos e, as crianças principalmente, gostaram de tomar parte na atividade por se sentirem iguais aos adultos.

Alguns adultos também gostaram da atividade porque raramente tinham oportunidade de realizá-la, e apreciaram o fato de ela ter sido uma atividade cooperativa.

Apesar de ter sido usada de modo recreativo, essa atividade exigia que os participantes desenvolvessem habilidades de interação, como cooperação e sensibilidade em relação aos outros, de uma forma imaginativa. Essas são qualidades fundamentais em quase todos os contextos de vida.

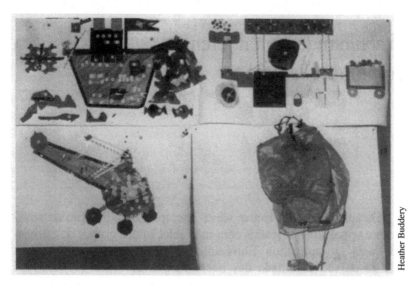

16. Colagem sobre meios de transporte — grupo misto de adultos e crianças

Agradecimentos

Gostaria de agradecer aos seguintes arteterapeutas por passarem algum tempo comigo, falando de seu trabalho, para esse capítulo:

SHEENA ANDERSON (Centro de triagem em um grande hospital de saúde mental urbano — n° 1)

HEATHER BUDDERY (grupo de apoio comunitário de longa duração — n° 5; — centro de apoio ao paciente oncológico — n° 9; crianças com dificuldades de aprendizado — n° 10; — monitores que trabalham com crianças em creches — n° 11)

PAUL CURTIS (unidade de alcoolistas — n° 7)

KAREN LEE DRUCKER (hospital-dia para idosos — n° 6; equipe de um hospital-dia para idosos — n° 12)

JOHN FORD (grupo "empacado" de um hospital-dia — n° 4)

LINNEA LOWES (pequeno centro terapêutico no interior — n° 2)

ROY THORNTON (conflitos de "relacionamento" em um grupo de hospital-dia — n° 3)

Trabalhando com diferentes grupos de clientes

O capítulo anterior trouxe vários exemplos da utilização de atividades e temas diversificados com uma seleção dos grupos de clientes aos quais são aplicados. Entretanto, este livro não é próprio para uma discussão detalhada das necessidades de todos os possíveis grupos de clientes. Aconselho os coordenadores e terapeutas a ler e freqüentar cursos sobre as características e necessidades de seus clientes; há muitas fontes de informação sobre esse assunto. Informação adicional sobre arteterapia com alguns grupos de clientes pode ser encontrada no livro *Art as Therapy*, editado por Tessa Dalley (Tavistock, Londres/Methuem, Nova York, 1984).

Para evitar a repetição, os temas, jogos e exercícios na Segunda Parte não estão organizados segundo grupos de clientes. Os temas são adequados a muitos grupos, especialmente se forem utilizados com flexibilidade e adaptados a necessidades específicas.

Este capítulo consiste em breves observações sobre alguns grupos de clientes, relacionadas à participação deles em atividades artísticas individuais. Se uma seção específica de temas na Parte Dois for recomendada a um grupo de clientes, isso não significa que as outras são inadequadas. Cabe ao coordenador observar as necessidades específicas do grupo. Este capítulo é dividido em duas partes:

A. Grupos em instituições; e
B. Grupos que recebem atendimento diurno.

A. Grupos em instituições

1. Grupos de psicogeriatria em Hospitais de Saúde Mental

Trata-se de grupos de pessoas idosas, retiradas da sociedade por causa de senilidade, confusão, andar sem rumo, incontinência etc. Para elas, as sessões de arte grupal freqüentemente se concentram em "orientação da realidade" e em atividades que as auxiliem a manter a concentração em tarefas cotidianas, de forma que possam continuar ativas. Também pode ser útil incluir atividades que ajudem a lembrar-se de suas conquistas e que lhes dêem um sentido de dignidade (ver também o nº 6 deste capítulo — Pessoas Idosas).

Seções recomendadas: *D. Concentração, destreza e memória
E. Temas gerais

2. Esquizofrênicos crônicos

Freqüentemente, são pessoas internadas há muitos anos, por razões que não provocariam internação hoje em dia. Alguns podem estar em processo de reabilitação para um estado em que possam viver fora do hospital com muito tratamento de apoio. Outros já têm sua vida organizada no hospital e nunca o deixarão. Com freqüência, apreciam arte, mas tendem a repetir o mesmo "motivo" muitas vezes, ou podem apenas se ocupar de tarefas limitadas. Alguns precisarão das mesmas atividades que o grupo de idosos, outros serão capazes de executar atividades mais complexas, e atividades que ampliem habilidade e sua imaginação podem ser importantes. Geralmente, trabalham bem se a atividade estiver associada a um acontecimento específico, como um passeio no hospital.

Seções recomendadas: C. Exploração de materiais
D. Concentração, destreza e memória
E. Temas gerais
Alguns temas mais simples de outras sessões:
F. Autopercepções, p. ex., nº 110 —
Desejos
I. Desenhos grupais, p. ex., nº 189 —
Contribuições

---

* As letras são remissões às sessões na Segunda Parte do livro.

(Ver também "Art Therapy with Long-Stay Residents of Psychiatric Hospitals" de Suzanne Charlton em *Art as Therapy,* editado por Tessa Dalley.)

3. Pacientes internados em estado grave

Trata-se de pacientes com uma grande variedade de doenças e dificuldades diagnosticadas como depressão, histeria, psicose, esquizofrenia, anorexia — para nomear apenas algumas. Freqüentemente, estarão no mesmo grupo de arteterapia e o arteterapeuta pode nem saber o diagnóstico oficial de cada paciente. De modo geral, quaisquer temas que não exijam "grande envolvimento pessoal" são adequados. Se houver um novo grupo de pacientes internados, talvez seja útil pedir-lhes que concentrem sua atenção nos acontecimentos que causaram a internação, p. ex.: "Como vim parar aqui". Os terapeutas que trabalham com anoréxicos podem considerar úteis os temas de "imagem corporal" (embora nem todos concordem com isso), além do mais, podem usá-los para criar seus próprios temas (ver também o Capítulo "The Use of Art Therapy in the Treatment of Anorexia Nervosa" de June Murphy em *Art as Therapy*, editado por Tessa Dalley). Vale a pena lembrar que alguns pacientes não estão em hospitais de sua escolha e podem resistir a quaisquer sugestões de atividades. Mesmo que este não seja um problema, muitos estão em um estado crítico e acham difícil se integrar a um grupo.

Seções recomendadas: C. Exploração de materiais

F. Autopercepções

Alguns temas selecionados cuidadosamente de:

I. Desenhos Grupais

J. Jogos grupais

L. Vínculos com outras artes expressivas

4. Detentos

Os detentos incluem uma grande diversidade de pessoas, com todos os tipos de habilidades e incapacidades. Entretanto, as medidas de segurança e vigilância em uma instituição fechada dificultam o estabelecimento de qualquer sentimento de confiança. A maioria dos detentos sobrevive às pressões da prisão, protegendo-se em uma "concha". Qualquer atividade pessoal de arte ou de arteterapia provavelmente terá de ser realizada com o rótulo de "arte", possivelmente em sala de aula e terá de superar a visão estereotipada a respeito do assunto que prevalece nas prisões. É melhor trabalhar com a intenção de apoio, evitando lidar com problemas pessoais profundos, porque isso poderia ser muito estressante em um ambiente carcerário.

Entretanto, de vez em quando, existem projetos e cursos experimentais com o objetivo de ampliar a consciência dos detentos a respeito dos problemas e oportunidades que encontrarão quando voltarem ao mundo externo. Muitos desses cursos têm o objetivo de construir confiança no grupo e utilizam vários tipos de técnicas estruturadas de trabalho em grupos, e vários temas deste livro podem ser relevantes — tanto quanto aqueles projetados especialmente para essa situação.

Seções recomendadas: C. Exploração de materiais

E. Temas gerais

F. Autopercepções (adaptado)

Cursos experimentais podem também usar alguns temas dos:

J. Jogos grupais

(Ver também "Art Therapy in Prisons" de Joyce Laing em *Art as Therapy*, editado por Tessa Dalley.)

5. *Deficientes mentais*

Deficientes mentais hospitalizados estão freqüentemente em grandes instituições que têm uma multiplicidade de regras que, além de ser a única forma de lidar com problemas organizacionais de larga escala, também são vistas pelos funcionários como uma forma de dar aos pacientes um senso de segurança. O trabalho pessoal com arte pode entrar em conflito com o espírito característico nesse tipo de instituição, principalmente se enfatizar a individualidade e a pesquisa. Cuidados especiais também são necessários para assegurar que as diversas disciplicas cooperarão e darão a mesma "mensagem" aos pacientes. Entretanto, a arte pode abrir caminhos para a espontaneidade e a criatividade, que podem trazer muitos ganhos pessoais. A reflexão sobre os resultados será, é claro, menos importante do que para muitos outros grupos. É necessário ter o cuidado de encontrar os melhores materiais com os quais trabalhar (p. ex., lápis de cera são fáceis de usar; as sessões não devem ter intervalos nem ser muito compridas).

Seções recomendadas: C. Exploração de materiais

D. Concentração, destreza e memória

Também existe um capítulo sobre "Art Therapy for People Who Are Mentally Handicapped" de Janie Stott e Bruce Males em *Art as Therapy*, editado por Tessa Dalley.

B. Grupos que recebem atendimento diurno

6. *Idosos*

Os idosos encaminhados para hospitais-dia ou centros de assistência, geralmente precisam de mais estrutura do que precisavam em épocas anteriores de suas vidas, já que seus problemas (solidão, perdas, problemas de saúde, inabilidade para lidar com o novo etc.) os deixam inseguros. Eles se cansam com facilidade, de forma que, se possível, os grupos devem acontecer pela manhã. Será preciso considerar o esquema de horário de transporte, das refeições etc. É preciso estar atento para atender a todo tipo de incapacidades tais como surdez, visão falha, artrite etc. Algumas delas podem ser superadas com uma reflexão cuidadosa sobre o suporte para o trabalho: assentos confortáveis, lentes de aumento para a realização de algumas atividades, boa iluminação, pincéis e lápis grandes etc. (Ver também a seção sobre deficientes físicos nesse capítulo — nº 8.)

Um grupo de arte pode auxiliar idosos a recordar sua vida e a falar sobre ela, dos fatos felizes e infelizes, de forma que possam celebrar suas conquistas (p. ex, sobreviver a guerras e a uma séria crise econômica, como o período da "Depressão nos EUA"), ver sua vida em perspectiva e conservar um senso de dignidade. O grupo também pode celebrar habilidades atuais e aumentar a interação social.

Seções recomendadas: E. Temas gerais

F. Autopercepções, principalmente a

nº 99 — Revisão de vida

Alguns itens das seguintes seções:

I. Desenhos grupais, p. ex., nº 189 —

Contribuições

7. *Pacientes terminais e com câncer*

Na psicologia atual estamos habituados a procurar razões em nosso passado para explicar problemas atuais. Entretanto, pacientes com câncer enfrentam um bloqueio no futuro, e isso precisa ser reconhecido. Temas que os ajudem a encarar o futuro incerto podem ser úteis.

Os pacientes terminais precisam de uma atitude de aceitação e de uma abordagem honesta sobre a morte, tabu em nossa cultura. Eles podem usar a arte para expressar seus sentimentos e para se reconciliar com a morte.

Seções recomendadas: E. Temas gerais

K. Imaginação dirigida, sonhos e meditações

Alguns temas das seguintes seções também podem ser adequados:

F. Autopercepções, p. ex., nºs 91, 99, 100, 109, 110

(Ver também "Art Therapy with the Elderly and the Terminally III" de Bruce Miller em *Art as Therapy*, editado por Tessa Dalley.)

8. Deficientes físicos

Aqui há dois aspectos que precisam ser considerados. O primeiro diz respeito à superação de meras dificuldades práticas, p. ex.: transporte para a sessão, como colocar as cadeiras de rodas, confecção de palhetas adequadas, uso de pincéis e de lápis grandes, caso seja adequado.

Pessoas em cadeira de rodas podem até mesmo participar de uma pintura grupal se os pincéis estiverem presos a varas e o papel estiver no chão! A simples arrumação das coisas de modo que a pessoa com deficiência física possa utilizar tinta ou argila pode fazer maravilhas para a auto-estima e para que ela se sinta uma pessoa normal.

Entretanto, a deficiência física de algumas pessoas as impedem de atingir o resultado que esperam e isso as torna muito frustradas. Assim, é importante tentar usar a própria deficiência física para trazer um sentimento de realização. Por exemplo, um engenheiro que havia tido um derrame estava fazendo um fundo com veladuras para um desenho e usando canetas hidrográficas, mas ficava muito perturbado por não conseguir fazer as linhas retas que desejava e das quais podia se lembrar dos desenhos de engenharia. A arteterapeuta o auxiliou a apreciar o efeito da nova delicadeza obtida pelo uso das linhas frágeis, e ele continuou o trabalho com a intenção de colocá-lo em uma exposição de artistas deficientes.

Seções recomendadas: C. Exploração de materiais

E. Temas gerais

Apenas algumas: F. Autopercepções

I. Desenhos grupais

Duas organizações que talvez possam auxiliar pessoas com deficiência física a desenhar são *Conquest* e *Shape* (endereços no final do livro).

9. Deficientes visuais

Os deficientes visuais podem participar de grupos de artes, se houver uma atenção especial a suas necessidades. Isso significa priorizar o uso de materiais táteis, como argila, sucata, tecidos etc.
Seções recomendadas: ver Observações sobre Materiais (Seção M na Parte Dois) para temas com colagens, argila e outros materiais tridimensionais.

10. Deficientes mentais

As pessoas com deficiência mental que vivem na comunidade podem lidar mais com situações do que as que vivem em hospitais. As atividades adequadas podem ser aquelas relacionadas a eles mesmos e ao mundo ao seu redor. Ver também Crianças (seção 11 deste capítulo).
Seções recomendadas: C. Exploração de materiais
D. Concentração, destreza e memória
E. Temas gerais
Alguns temas mais simples de outras sessões, tais como:
F. Autopercepções, p. ex., nº 110 — Desejos
I. Desenhos grupais, p. ex., nº 189 —
Contribuições
L. Vínculos com outras artes expressivas,
p. ex., nº 282 — *Desenhando ao som de uma música*

11. Crianças

As atividades especialmente adequadas para crianças são aquelas que oferecem um ponto de partida à imaginação e às fantasias que lhes são naturais. As atividades também podem relacionar-se com o mundo externo e com a maneira como elas o vêem.
Seções recomendadas: C. Exploração de materiais
E. Temas gerais

Muitos temas em outras seções também são adequados para crianças e alguns contêm variações específicas para elas. Alguns exemplos são:

D. Concentração, destreza e memória, p. ex. n$^\text{o}$ 51 — Fazer um mapa

F. Autopercepções, p. ex., n$^\text{o}$ 84 — Auto-retrato em tamanho natural

G. Relações familiares, p. ex., n$^\text{o}$ 135 — Relações familiares por meio de brincadeiras

H. Trabalhando em duplas, p. ex., n$^\text{o}$ 159 — Garatujas de Winnicott

I. Desenhos grupais, p. ex., n$^\text{o}$ 184 — Murais grupais sobre temas

J. Jogos grupais, p. ex., n$^\text{o}$ 219 — Animais

K. Imaginação dirigida, sonhos e meditações, p. ex., n$^\text{o}$ 229 — Viagem no tapete mágico

L. Vínculos com outras artes expressivas, p. ex., n$^\text{o}$ 266 — Temas de conflitos e ações

12. Adolescentes

Os adolescentes com freqüência estão dolorosamente conscientes de si mesmos, e quase sempre sofrem de falta de autoconfiança, apesar da arrogância ocasional. Precisam de oportunidade para testar suas idéias e opiniões sem se sentirem julgados. O interesse de muitos adolescentes é despertado pelos temas dramáticos e esses temas os ajudam a encontrar um meio de liberação.

Seções recomendadas: E. Temas gerais, principalmente os n$^\text{o}$s 77 e 78

Muitos temas de outras seções também são adequados, como os temas para crianças (n$^\text{o}$ 11 deste capítulo).

13. Terapia familiar e de casal

A dinâmica familiar deve ser trabalhada nesses casos, tanto quanto as necessidades de cada um de seus membros. Portanto, muitos temas pessoais serão importantes além das atividades de grupo ou em duplas. Para famílias com problemas, as práticas de arte podem também ser uma fonte de prazer comum que pode estar faltando há algum tempo.

Seções recomendadas: Dinâmica familiar
                                                G. Relações familiares
                                                H. Trabalhando em duplas
                                                I. Desenhos grupais
                                                J. Jogos grupais
                                                Necessidades individuais
                                                F. Autopercepções

Se houver crianças na família, ver também os temas para crianças (nº 11 deste capítulo).

14. *Pacientes psiquiátricos em atendimento diurno/Clientes de centros de vivência e de hospitais-dia*

Uma variedade de temas será importante nesses casos, dependendo da natureza do grupo e de suas necessidades específicas. Podem incluir muitos tipos diferentes de pessoas, com níveis diferentes de *insights*, e a escolha do tema precisará variar de acordo com isso. Pacientes psiquiátricos em atendimento diurno voltam para casa à noite, e, portanto, têm mais atividades e relações externas do que os internados; esse fato pode ser utilizado como material para grupos de arte.

Seções recomendadas: Todas, tendo-se em mente as necessidades de cada grupo e de seus integrantes.

15. *Clientes em liberdade condicional*

O grupo dos criminosos abarca também uma grande variedade de pessoas com necessidades e habilidades diferentes. Novamente, o nível de *insight* será variado, e a escolha do tema e das atividades deverá adaptar-se às necessidades do grupo.

Seções recomendadas: Todas, tendo-se em mente as necessidades de cada grupo e de seus integrantes.

16. *Alcoolistas*

A maioria das observações da seção anterior se aplica aqui. Muitos centros de tratamento de alcoolistas, além de auxiliar a pessoa a se desenvolver, também tenta examinar o padrão de eventos que a levou a beber e examinar algumas das questões a isso relacionadas.

Seções recomendadas: Todas, tendo-se em mente as necessidades de cada grupo e de seus integrantes.

17. Profissionais

Esse segmento inclui pessoas das profissões de ajuda, como arteterapeutas, professores, assistentes sociais, líderes de jovens, pessoas que trabalham em igrejas etc. Pode-se assumir que elas normalmente têm um grau razoável de *insight*, mas podem não ter trabalhado com material de arte. Com freqüência, estão interessados nos temas pessoais e grupais mais profundos; depende muito do objetivo da sessão.

Seções recomendadas: Todas (exceto as seções D e E, que, provavelmente, não serão importantes). Algumas pessoas podem ter um interesse específico em: F. Autopercepções.

18. Público em geral

Aqui estão incluídos quase todos. A única coisa que pode ser dita com alguma certeza é que o coordenador pode ter pouca idéia prévia sobre qualquer problema que as pessoas do grupo possam enfrentar.

Isso implica um cuidado considerável na escolha do tema, evitando-se os muito pessoais até o momento em que o grupo for mais bem conhecido. Uma coisa é trazer um grande problema à baila e outra bem diferente é lidar com ele. É melhor manter o nível da atividade razoavelmente leve, e temas que podem ser interpretados de muitas formas são úteis nesse caso.

Seções recomendadas: Todas, evitando temas muito pessoais.

19. Outros grupos especiais

Existem muitos outros grupos e subgrupos que não foram citados aqui, p. ex.: dependentes de drogas, agorafóbicos, grupos de mulheres, grupos de homens, grupos de minorias étnicas, grupos de protesto, grupos de auto-ajuda de todos os tipos... a lista é interminável. O principal é averiguar as necessidades do grupo e tentar satisfazê-las.

PARTE DOIS

TEMAS, JOGOS E EXERCÍCIOS

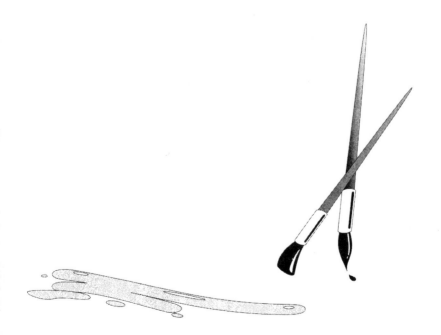

Introdução

A não ser por uns poucos jogos físicos e verbais de aquecimento, essa coletânea contém apenas atividades de arte. Os coordenadores de grupo e os terapeutas que desejarem fazer uso substancial de jogos, movimento, verbalização, teatro, música ou outras atividades devem consultar um ou mais livros especializados nessa área específica. Há uma Bibliografia no final desse livro contendo muitos dos títulos mais conhecidos.

Isso não quer dizer que atividades de arte devam ser utilizadas isoladamente; ao contrário, elas funcionam bem junto de outras artes expressivas, e muitos grupos utilizam vários meios de expressão na mesma sessão ou em uma série de sessões.

Apesar de alguns temas terem maior probabilidade de liberar sentimentos fortes, isso depende muito do estado em que a pessoa se encontra no momento. O mesmo tema pode ser alegre e divertido para uma pessoa e bastante doloroso para outra. Na hora e no lugar certos pode ser terapêutico aprofundar-se em questões dolorosas; na hora e no lugar errados, ou sem um apoio adequado, isso pode ser vivenciado como um desastre.

Por causa dessa variação nas respostas, só é possível comentar brevemente as dificuldades comuns de cada tema. A tarefa de escolher uma forma ou atividade adequadas, e adaptá-las de modo flexível, cabe ao coordenador ou terapeuta, que conhece o grupo e o contexto, e está consciente da atmosfera e das questões presentes em qualquer ocasião específica.

É uma boa idéia reler a seção "Escolhendo uma atividade ou tema" no Capítulo 2 antes de fazer uma escolha. Os coordenadores de grupo e os terapeutas que estiverem trabalhando com um grupo específico de clientes também podem consultar as observações do Capítulo 6 sobre a adequação de temas para seu tipo de grupo.

As atividades e os temas a seguir podem ser considerados ferramentas que podem ser usadas de várias maneiras: construtiva ou destrutivamente; desajeitada ou habilidosamente. Continuando com essa analogia, é preciso conhecer as ferramentas antes de usá-las, mas a perícia vem com a experiência de usá-las de fato.

Classificação dos temas, jogos e exercícios

Esta coletânea está dividida por tipo de temas, e cada seção contém uma pequena introdução. As seções começam com atividades de aquecimento, exploração de materiais, atividades simples e temas gerais (B a E). A seguir há um foco na pessoa e, em seguida, passa-se para as relações em famílias, em casais e em grupos (F a J). Finalmente, as ligações com outros meios de expressão são apresentadas de forma sucinta (K a L). Com excessão das atividades de aquecimento, os temas e as atividades estão numeradas de forma contínua para facilitar a consulta.

A menos que seja mencionado o contrário, a maioria dos temas pode ser usada com qualquer material bidimensional, a não ser que o material escolhido afete o resultado. Muitos temas podem ser adaptados para a utilização de materiais menos comuns como argila, colagem etc. Um índice remissivo de materiais (seção M) fornece algumas indicações de alguns materiais que foram experimentados. A seção N contém algumas observações sobre os diferentes materiais e suas possibilidades.

A coletânea foi selecionada principalmente com base em entrevistas com quarenta arteterapeutas, feitas em 1979, para uma dissertação de mestrado no Birmingham Polytechnic. Também foram consultadas coletâneas publicadas em livros e artigos, que constam da Bibliografia. A coletânea foi revista e alguns itens foram acrescentados quando eu estava redigindo a primeira parte deste livro.

Uma coletânea como esta nunca consegue ser completa, porque cada tema pode ser adaptado, modificado ou acrescentado a algum outro, de modo que se transforma num novo tema. Ela também não indica o que fazer: folheá-la pode deflagrar uma idéia completamente diferente das que ela contém. Todos que utilizam este livro podem acrescentar suas próprias idéias e ampliar essa coletânea da forma que desejarem.

Relação de jogos, temas e exercícios

B. ATIVIDADES DE AQUECIMENTO

Atividades físicas/verbais

1. Jogos de nomes
2. Autobiografias rápidas
3. Partilha em duplas
4. Rodadas
5. Aperto de mão
6. Apresentação em mímica
7. Mistura e separa
8. Agrupe e reagrupe
9. Toque as cores
10. Massagens corporais
11. Massagem nas costas
12. Massagem nos ombros
13. Telefone sem fio
14. Passe a máscara
15. Espelho
16. Empurrar
17. Toque
18. Exercícios de confiança
19. Costas contra costas
20. Sentar no colo
21. Enlaçar
22. Desmanchar o nó
23. Simão diz...
24. Aniversários
25. Respiração
26. Respiração dinâmica
27. Exercícios de movimento
28. Balançar
29. Danças circulares
30. Preparação para o tema

Aquecimentos com pintura e desenhos

C. Exploração de Materiais nºs 1, 2, 3, 4, 5, 8, 10, 15, 16, 17, 19, 20, 27
D. Concentração, Destreza e Memória nºs 55, 63, 65, 67
E. Temas gerais nºs 71, 72
F. Autopercepções nºs 80, 87, 89, 97, 107
H. Trabalhando em duplas nºs 158 (f), 159, 160, 161
I. Desenhos Grupais nºs 183 (e), (k), (h), 195 (a), (b)
J. Jogos Grupais nºs 211, 212, 219

C. EXPLORAÇÃO DE MATERIAIS

1. Garatujas
2. Complete os desenhos
3. Rabiscos
4. Rastros de animais
5. Exploração de cores
6. Idéias ligadas
7. Oposições
8. Cores, linhas e formas contrastantes
9. Formas e tintas
10. Padrões
11. Utilizando espelhos
12. Escolha de materiais
13. Trabalhos grandes
14. Usando partes do corpo
15. Mão esquerda
16. As duas mãos
17. Olhos fechados
18. Técnica de mobilização da criatividade
19. Técnicas com o papel molhado
20. Manchas de tinta e borboletas
21. Carimbos e decalques
22. Monotipias
23. Desenho de observação
24. Os cinco sentidos
25. Varal
26. Só papel
27. Lenços de papel
28. Colagem
29. Raspe a superfície
30. Desenhos em cera
31. Texturas
32. Usando "objetos encontrados ao acaso"
33. Esculturas de sucata
34. Materiais mistos
35. Trabalho em argila
36. Jogo dramático com areia
37. Liberando tensões
38. *Papier-mâché*
39. Massa de modelar caseira
40. Jogos criativos com comida
41. Outras técnicas

D. CONCENTRAÇÃO, DESTREZA E MEMÓRIA

42. Planejando um jardim
43. Mural sobre animais domésticos
44. Prateleiras
45. Lojas e categorias
46. Mesa do café
47. Detalhes cotidianos
48. Roupas
49. Casas
50. Bandeiras nacionais
51. Fazer mapas
52. Tráfego imaginário
53. Objetos
54. Frutas, flores e folhas
55. Ambientes
56. Colagens de flores
57. Experiências
58. As quatro estações
59. Objetos da natureza
60. Janelas

61. Moldes
62. Estênceis
63. Desenho a partir das iniciais
64. Desenhos a partir de um círculo
65. Colcha de retalhos
66. Tecendo padrões
67. Fisionomias
68. Silhuetas
69. Presentes

E. TEMAS GERAIS

70. Série baseada nos "Quatro elementos"
71. Casa — árvore — pessoa
72. Desenho livre
73. Tópicos de discussão
74. Festas populares
75. Fatos da vida
76. Associação de cores
77. Ilustrações
78. Temas de ação e conflito
79. Experiências pessoais

F. AUTOPERCEPÇÕES

80. Apresentações
81. Auto-retratos: realistas
82. Auto-retratos: imagens
83. Auto-retratos em caixas e sacolas
84. Auto-retratos em tamanho natural
85. Auto-retratos em três dimensões
86. Máscaras
87. Nomes
88. Distintivos e símbolos
89. Retratos metafóricos
90. Autopropaganda
91. Linhas de vida
92. Jogo de trilhas e dados
93. Passado, presente e futuro
94. Colagem sobre a vida
95. Colagem sobre suas prioridades na vida
96. Aspectos do "eu"
97. Fatos recentes
98. Memórias de infância
99. Revisão da vida
100. Perdas
101. Segredos e intimidades
102. Máscaras públicas e privadas
103. Bom e mau
104. Conflitos
105. Problemas
106. Emoções
107. Estado de humor atual
108. Objetos e sentimentos
109. Necessidades de sobrevivência
110. Desejos
111. Medos
112. Narrativas ilustradas
113. Gosto, não gosto
114. Série da amizade
115. Percepções de si e do outro
116. Sombra do "eu"
117. Anima/Animus

118. Introvertido/Extrovertido
119. Espaço pessoal
120. Paisagem pessoal
121. Progressão pessoal
122. Progressão temporal

123. Máscaras de antes e depois
124. Diário de máscaras
125. Revisando trabalhos
    de arte
126. Instituições

G. RELAÇÕES FAMILIARES

Percepções da família

127. Retratos de família
128. Desenho da família em
    movimento
129. Esculturas das relações
    familiares
130. Herança

131. Comparações familiares
132. Memórias de infância
133. Reatuando relações parentais
134. Temas sobre família
135. Relações familiares por
    meio de jogos

Famílias em ação

136. Retratos realistas da família
137. Relações "familiares"
    ou conjugais abstratas
138. Retratos emocionais
139. Situação atual
140. Coisas importantes
141. Partilha de experiências
142. Problemas e resolução de
    problemas
143. Raiva
144. Pais e filhos

145. Senhor-escravo
146. Família com só um dos pais
147. Influência dos avós
148. Escultura da família
    em ação
149. Desenhos em família
150. Compartilhando recursos
151. Equipes
152. Sessão de avaliação de arte
153. Outras atividades em
    duplas ou em grupo

H. TRABALHANDO EM DUPLAS

154. Desenhando e pintando em
    duplas
155. Conversas
156. Desenhando com um
    observador
157. Partilhando o espaço
158. Desenho conjunto

159. Garatujas de Winnicott
160. Entrevistas de apresentação
161. Diálogos
162. Desenhos em seqüência
163. Retratos
164. Primeiras impressões
165. Máscaras

166. Pintura facial
167. Silhuetas
168. Relacionamento

169. Projeto conjunto
170. Senhor-escravo

I. DESENHOS GRUPAIS

171. Desenho grupal com um mínimo de instruções
172. Desenho cooperativo
173. Jornal-mural
174. Um todo harmonioso
175. Trocando de lugar
176. Escolhendo imagens
177. Território particular
178. "Mandala" grupal
179. Pontos de partida individuais
180. Histórias em grupo
181. Conto de fadas em seqüência temporal
182. História com uma palavra por vez
183. Desenho grupal, com uma pessoa por vez

184. Murais grupais sobre temas
185. Solidariedade
186. Construindo mundos e ilhas
187. Colagem grupal
188. Colagem de sentimentos
189. Contribuições
190. Aproximando-se
191. Escultura grupal
192. Sobreposição de transparências em grupo
193. Papéis grupais
194. *Role-playing*
195. Pintando com música
196. Resposta individual à pintura do grupo

J. JOGOS GRUPAIS

197. Retratos
198. Retratos por esforço combinado
199. Emblemas e totens
200. Símbolo grupal
201. Máscaras
202. Presentes
203. Partilha de sentimentos
204. Retratos metafóricos: individuais
205. Retratos metafóricos: grupais
206. Interpretações

207. Interpretações *em ação*
208. Caricaturas de conflitos
209. "Borboletas"
210. Retratos em tamanho natural das pessoas e do grupo
211. Continue o desenho
212. Preencha as lacunas
213. O coordenador desenha
214. Belo e feio
215. Segredos
216. *Pool* de desenhos
217. Acréscimos grupais

218. Desenho grupal em seqüência
219. Animais
220. Diálogo com tinta
221. Diagramas da situação
222. Sociogramas
223. Diagrama de fluxo de um brainstorming
224. Murmúrios visuais
225. Jogos com jornais
226. Uso de fotos de revistas
227. Habilidades de negociação
228. Jogos artísticos em equipe

K. IMAGINAÇÃO DIRIGIDA, SONHOS E MEDITAÇÕES

Preparação para visualizações

a) Adequabilidade
b) Níveis diferentes de experiência
c) Níveis de relaxamento
d) A viagem ou a visualização
e) Retorno
f) Desenho
g) Apoio
h) Leitura adicional

Viagens de fantasia

229. Viagem no tapete mágico
230. O guia sábio
231. Presentes
232. Jardim e casa secretos
233. Caverna secreta
234. Portal
235. Vista da montanha
236. A loja mágica
237. Viagem de barco
238. Náufrago em uma ilha
239. Os cinco sentidos

Identificações

240. A roseira
241. Objetos naturais
242. Diálogos
243. Objetos móveis
244. Um rio
245. Personagem mítico

Outras formas de estimular a imaginação

246. Fantasia grupal
247. Ouvindo música
248. Respirando na luz

Sonhos, Mitos e Contos de Fadas

249. Trabalhando com sonhos
250. Divagações e fantasias
251. Monstros de argila
252. Histórias e tiras de quadrinhos
253. Mitos
254. Contos de fadas

O *Desenho como Meditação*

255. Desenho e pintura meditativos
256. Mandalas
257. Treinamento autógeno
258. Meditação com cores

L. VÍNCULOS COM OUTRAS ARTES EXPRESSIVAS

Movimento

259. Passeios de confiança
260. Emoções
261. Desenhos gestuais
262. Encenando sensações
263. Dança

Teatro

264. Esculpindo situações
265. Diálogos
266. Temas de ações e conflitos
267. Acidentes
268. Desenhos que ganham vida
269. Máscaras
270. Chapéus
271. Jogos dramáticos
272. Teatro de bonecos
273. Figurino de teatro
274. Encenar peças e contar histórias
275. Gravador

Poesia

276. A poesia como um estímulo
277. A poesia como resposta
278. Poesia concreta

Som e música

279. Sons em desenho
280. Sons de nomes
281. Modelando sons
282. Pintando com música

Multimídia

283. Letras
284. Adjetivos evocativos
285. Estímulos para pintar
286. Resposta à pintura
287. Consciência sensorial
288. Música e movimento
289. Série de sessões
290. Acontecimentos multimídia

Atividades de aquecimento

Muitos coordenadores de grupo e terapeutas gostam de começar as sessões com algum tipo de aquecimento, para fazer as pessoas entrarem no espírito do trabalho. Esta pode ser uma atividade física/verbal ou uma simples atividade de pintura. O primeiro tipo auxiliará as pessoas a entrar em contato umas com as outras, e o segundo ajudará a superar a sensação de não saber como começar a desenhar.

Atividades físicas/verbais

A bibliografia contém vários exemplos para quem desejar desenvolver essas atividades. Aqui, estão alguns exemplos descritos de forma muito sucinta.

1. Jogos de nomes

   a) Alternadamente, ao redor do círculo, bater palmas e dizer os nomes das pessoas do grupo até que sejam familiares a todos.
   b) A primeira pessoa diz seu nome, a seguinte diz o nome anterior e o próprio, a terceira diz os dois anteriores e o seu, e assim sucessivamente.
   c) Um saquinho de feijão ou um outro objeto qualquer é jogado de uma pessoa para outra, quem apanha o saco diz o nome de quem o jogou.

2. Autobiografias rápidas

Em pares; fale ao seu parceiro sobre você durante dois minutos (ou cinco); em seguida, troquem de papel. Depois, o parceiro o apresenta a outro par ou ao grupo todo.

3. Partilha em duplas

Em pares; cada pessoa tem três minutos para falar sobre qualquer coisa de que goste. A outra pessoa deve prestar atenção à fala do parceiro.

4. Rodadas

É um meio rápido de partilhar informações pessoais e de fazer com que as pessoas comecem a sessão. Cada um, na sua vez, diz algumas palavras ou uma frase começando com:

No caminho para cá observei...
Uma coisa boa que aconteceu nessa semana foi...
Estou entusiasmado com...
O que eu quero deste grupo é...
Neste momento estou sentindo... etc.

5. Aperto de mão

Aperte as mãos e se apresente a tantas pessoas quanto possível no grupo.

6. Apresentação em mímica

As pessoas apresentam-se fazendo mímica, por exemplo, de sua atividade profissional ou do seu jeito de ser.

7. Mistura e separa

Andem pela sala até que o coordenador do grupo diga "Grupos de três", e todos fiquem em grupos de três pessoas. Repita o procedimento com grupos de vários tamanhos.

8. Agrupe e reagrupe

O coordenador do grupo comanda diferentes formas de se agrupar, p. ex., todos com olhos castanhos/azuis; todos usando sapatos com fivelas/cordões/sem acessórios etc.

9. Toque as cores

O coordenador do grupo diz: "Toquem o vermelho" e todos tocam algo vermelho em sua própria roupa ou na roupa de outra pessoa. Repita com outras cores e com outras qualidades.

10. Massagens corporais

Todos dão tapinhas no próprio corpo, fortes apenas para sentirem o corpo formigar.

11. Massagem nas costas

Em um círculo, todos dão palmadinhas nas costas da pessoa à frente (ou em todo o corpo). Invertam o círculo e repitam com a pessoa do outro lado.

12. Massagem nos ombros

Em um círculo, todos massageiam os ombros da pessoa à frente. Depois, repetem com a pessoa do outro lado. Esse exercício naturalmente segue o exercício anterior.

13. Telefone sem fio

As pessoas fazem um círculo sentadas no chão, olhando para as costas da pessoa à frente. A primeira pessoa passa adiante uma palavra curta, escrevendo-a (com o dedo) em letras maiúsculas nas costas da pessoa sentada à frente. Quando a palavra tiver passado por todo o círculo, compare-a com a original.

14. Passe a máscara

Em um círculo, a primeira pessoa simula que está retirando uma máscara de seu rosto; em seguida, passa a máscara para a pessoa seguinte, que a "veste", modifica-a e passa-a adiante.

15. Espelho

Em pares, uma pessoa imita os movimentos da outra e, depois, invertem os papéis.

16. Empurrar

Em pares, reunidos no meio da sala, cada participante tenta empurrar o outro até a parede.

17. Toque

Em pares, cada um tenta tocar na região lombar do parceiro; este tenta impedi-lo.

18. Exercícios de confiança

Embalar, carregar, caminhar guiado como um cego, sentir e identificar rostos etc. (em grupos onde as pessoas já se conhecem).

19. Costas contra costas

Em pares, sentem-se com os joelhos dobrados e com as costas juntas. Unam os braços e tentem levantar ao mesmo tempo.

20. Sentar no colo

São necessárias pelo menos doze pessoas. A partir de um círculo apertado, com todos olhando para o mesmo lado, todos se sentam ao mesmo tempo nos joelhos da pessoa de trás.

21. Enlaçar

As pessoas formam uma fila e dão as mãos; então uma pessoa passa entre eles e ao redor deles até que todo o grupo esteja em um grande emaranhado.

22. Desmanchar o nó

Fiquem em pé em círculo, com os olhos fechados, cada um segurando duas outras mãos. Abram os olhos e, sem soltar as mãos, tentem desfazer o nó.

23. Simão diz...

O coordenador do grupo dá uma ordem, que só será executada se antecedida pela frase "Simão diz...". Quem errar sai da brincadeira.

24. Aniversários

Em silêncio, fazendo mímicas ou gestos, entrem em uma fila por ordem do mês e do dia de aniversário.

25. Respiração

Sente-se com os olhos fechados, respire profundamente e com ritmo, levando o ar até o abdome e ouvindo sua respiração.

26. Respiração dinâmica

Fique repetindo o som "ho" enquanto pula de uma perna para outra.

27. Exercícios de movimentos

Faça movimentos simples como chacoalhar os braços e as pernas, movimento de rotação com a cabeça, alongamentos, de consciência dos membros, relaxamentos etc.

28. Balanço

Comece o movimento com um polegar, depois com o outro; acrescente os outros dedos, braços, pernas e tronco. Você também pode mover-se pela sala cantarolando um som, tudo ao mesmo tempo!

29. Danças circulares

Trata-se de danças executadas em um grande círculo, normalmente de movimentos muito simples. É necessária uma fita com as músicas e alguém que saiba os passos básicos de algumas danças circulares.

30. Preparação para o tema

Movimentos físicos ligados ao tema, p. ex.: exercícios para soltar os braços para introduzir rabiscos, movimentos em espiral com os braços para introduzir espirais de vida, gestos rítmicos introduzindo o exercício de desenhar após fazer movimentos com uma música etc.

Aquecimentos com pintura e desenhos

Muitas das atividades na seção C (Exploração de materiais) são boas para auxiliar as pessoas a iniciar seu trabalho no papel de forma descontraída. Alguns temas da seção F (Autopercepções) também proporcionam bons pontos iniciais. A seguir estão algumas sugestões.

C. Exploração de materiais

1. Garatujas
2. Complete os desenhos
3. Rabiscos
4. Rastros de animais
5. Exploração de cores
8. Cores, linhas e formas contrastantes
10. Padrões
15. Mão esquerda
16. As duas mãos
17. Olhos fechados
19. Técnicas com o papel molhado
20. Manchas de tinta e "borboletas"
27. Lenços de papel

D. Concentração, destreza e memória

55. Ambientes
63. Desenho a partir das iniciais
65. Colcha de retalhos
67. Fisionomias

E. Temas gerais

71. Casa — árvore — pessoa
72. Desenho livre

F. Autopercepções

80. Apresentações
87. Nomes
89. Retratos metafóricos
97. Fatos recentes
107. Estado de humor atual

H. Trabalhando em duplas

158 (f). Desenho conjunto
159. Garatujas de Winnicott
160. Entrevistas de apresentação
161. Diálogos

I. Desenhos em grupo

183 (e), (k). Passe o papel de mão em mão/Argila
183 (h). Apresentações
195 (a), (b). Movimento ao som da música, seguido por pintura

J. Jogos grupais

211. Continue o desenho
212. Preencha as lacunas
219. Animais

Exploração de materiais

As idéias nessa seção concentram-se nos diversos modos de se explorar os materiais para desenvolver a imaginação e a criatividade. Algumas dessas sugestões se sobrepõem ou levam a temas relacionados em outras seções. Muitos indicam formas de se usar os materiais de arte, e estimulam o comportamento divertido, necessário ao desenvolvimento da espontaneidade. Podem ser úteis para grupos novos, ou para pessoas preocupadas em como iniciar o trabalho numa folha de papel.

1. Garatujas

Há muitas maneiras de fazer garatujas, mas a essência consiste em deixar a caneta ou o lápis se movimentarem livremente no papel, ou em ficar fazendo linhas até que algo significativo surja. Esse algo é, então, trabalhado. Algumas variações:
- a) Faça um "diário de garatujas" e veja se elas mudam ao longo de um período de tempo.
- b) Feche os olhos ao fazer garatujas, deixe o lápis riscar ao acaso. Abra os olhos, encontre uma imagem e desenvolva-a.
- c) Utilize linhas, cores e sons sem se preocupar com o produto final. Deixe-se atrair por uma cor.
- d) Olhe as garatujas e escolha aquelas de que gostou mais e de que gostou menos.
- e) Desenvolva uma história com base em uma garatuja espontânea.
- f) Fale sobre seus sentimentos enquanto faz garatujas e veja se surge algo.

g) Rabiscos de Winnicott em pares — ver nº 159.

h) Metamorfose: transforme o desenho com três movimentos.

i) Desenvolva imagens criando associações a partir das marcas de sujeira no papel.

j) Um grupo pode usar marcas de sujeira na parede como em (i).

k) Ver também o nº 20.

l) Desenhe suas próprias iniciais tão grandes quanto possível e utilize-as para descobrir uma figura ou desenho serem desenvolvidos. Isso pode ser menos ameaçador do que garatujas porque as iniciais já são conhecidas.

2. Complete os desenhos

A partir de linhas e formas iniciais simples, complete um desenho. Soluções diferentes encontradas por pessoas diferentes do grupo podem originar discussões animadas. Pode haver diferenças visuais (p. ex., a espessura das linhas) e simbólicas.

Variações:

a) Comece com um círculo; represente algo com ele e depois acrescente algo dentro, fora ou na linha que o contorna.

b) Ver também o nº 20.

3. Rabiscos

Use o corpo todo para fazer rabiscos com movimentos amplos, talvez com os olhos fechados. Olhando os rabiscos de todos os lados, encontre formas que sugiram um desenho e desenvolva-o.

4. Rastros de animais

Imagine que seu pincel é um inseto (p. ex.: um gafanhoto) e faça rastros no papel. A seguir imagine que ele é uma cobra e faça rastros como se ela estivesse deslizando pelo papel, e assim por diante com outras criaturas.

5. Exploração de cores

Utilize apenas uma cor e papel branco; explore o significado dessa cor para você, p. ex.: desenhando formas e linhas com essa cor.

Variações:
a) Escolha as cores de que gosta mais e menos.
b) Escolha duas ou três cores que representem um grupo harmônico, que expressem traços de personalidade, ou, ainda, que indiquem um estado de humor.
c) Escolha cores que contrabalancem estados de humor negativos.
d) Comece usando uma cor e depois misture-a com uma outra.
e) Desenhe em papel grande com duas ou três cores.
f) Escolha uma cor de que gosta e uma de que não gosta e desenhe algo. Você pode continuar usando duas cores das quais não gosta.
g) Faça um desenho com as cores de que gosta mais e outro com as cores de que gosta menos e compare-os.
h) Comece com uma cor, talvez ligada a um tema, (p. ex.: estações do ano), troque de cor, fazendo um mosaico de cores. Veja se surge alguma imagem específica enquanto você faz isso.
i) Escolha um pincel grande e uma cor; feche os olhos e tente fazer marcas em todo o papel. Abra-os e veja o resultado. Depois, escolha outra cor.
j) Fundos coloridos: faça uma série de pinturas em papéis de cores diferentes. Antes de começar, faça associações com cada cor de papel e parta delas para desenvolver as pinturas.

6. Idéias ligadas

Trabalhe com uma série de idéias ligadas ou com experiências passadas, dando início a um novo trabalho antes de ter terminado o anterior. Isso pode eliminar o medo de começar e desencadear um fluxo livre de idéias.

7. Oposições

Comece a desenhar naturalmente, e então altere deliberadamente a maneira de desenhar e observe o efeito. Repita isso com freqüência permitindo que as noções de forma surjam e sejam desenvolvidas.

Variação: faça um desenho rapidamente e, se houver um padrão, experimente o oposto do que faz normalmente.

8. Cores, linhas e formas contrastantes

Utilize cores, linhas, formas, curvas etc. para criar contrastes, p. ex.: pinceladas fortes e leves, curtas e longas, claras e escuras, brilhantes e opacas etc.

Variação: após trabalhar em separado com os contrastes, procure formas de uni-los.

9. Formas e tintas

Desenhe qualquer forma que quiser, recorte-a e acrescente algo a ela com lápis e tinta. Repita o mesmo com outra forma.

Variação: cole a forma no fundo de um desenho e acrescente algo a ela.

10. Padrões

São um bom modo para iniciar as atividades com arte. Sugestões:

a) Formas repetidas. Escolha três cores e uma forma linear simples como um retângulo, um arco etc. Utilize essa forma de várias maneiras, com cores, direções, tamanhos e sobreposições diferentes. Se surgir um padrão, desenvolva-o com pequenas variações e associações.

b) Repita o procedimento (a) com formas e maneiras opostas.

c) Quadrados e círculos; arte pop.

d) Desenhe o contorno de dez balões e faça linhas ao acaso em redor deles. Preencha os círculos com cores.

e) Desenhe linhas ao acaso — em ziguezague e circulares.

f) Faça uma forma simples e repita-a várias vezes, modificando-a um pouco de cada vez. Junte várias e faça um padrão. Tente usar primeiro uma cor, e depois acrescente outras.

g) Rasgue formas e veja que padrão é possível fazer com elas. Depois, olhe os espaços entre as formas e faça um outro padrão a partir deles.

h) Comece com uma linha ondulada e espessa e faça linhas finas de cada lado dela, modificando a sua forma. Veja se sugerem algo.

i) Faça padrões com lenços de papel — ver o nº 27.

j) Faça padrões tridimensionais com papel, canudos de papel higiênico, caixas de fósforos, ou com outros materiais de sucata.

k) Faça padrões texturizados com materiais de colagem ou com almofadas de tinta.

l) Organize formas recortadas formando um padrão que possa ser modificado a cada dia.

11. Utilizando espelhos

Com três cores de lápis de cera faça um desenho abstrato com texturas suaves. Veja que imagens se formam ao se colocar o desenho entre dois espelhos, postos em ângulo reto.

Variação: grupos de quatro pessoas fazem desenhos num padrão suave, cada pessoa usa uma única cor e trabalha em silêncio; utilize os espelhos como descrito anteriormente.

12. Escolha de materiais

Realize um projeto com um mesmo material, ou com materiais misturados. O trabalho pode ser livre ou ter um tema definido. Reflita sobre as escolhas feitas.

13. Trabalhos grandes

Trabalhos grandes feitos com rolos, pincéis, esponjas, pedaços de pano, pés, mãos etc. É melhor fazê-los ao ar livre com tempo bom!

a) Use grandes folhas de papel para expressão individual livre.

b) Passe tinta líquida com um rolo em uma grande folha de cartolina e, depois, salpique tinta em pó sobre ela.

c) Use vários objetos que rolem, para passar tinta líquida em uma longa tira de papel.

14. Usando partes do corpo

Use diversas partes do corpo para pintar, p. ex., dedo, palmas das mãos e solas dos pés para fazer marcas etc.

Variações:

a) Use os dedos, os calcanhares etc. para aumentar a percepção dos pés.

b) Ver os nºs 15 e 16.

15. Mão esquerda

Tente pintar com a mão oposta à que sempre usa. Esse procedimento é bom para "soltar" o traço.

Variações:

a) Com um pincel grande e uma cor, faça marcas no papel. Mude de cor e repita.

b) Pintura a dedo com a mão oposta à que sempre usa.

c) Faça qualquer tema com a mão oposta à que sempre usa.

16. As duas mãos

Deixe que cada mão escolha a cor que quer usar. Experimente com outras cores e com os olhos fechados. Abra-os e desenhe com as duas mãos e as duas cores. Partilhe a experiência com o grupo.

Variações:

a) Faça ou copie um desenho, primeiro com a mão que sempre usa, depois com a oposta.

17. Olhos fechados

Desenhe ou pinte com os olhos fechados. Isso é bom para aqueles que dizem que não sabem desenhar, ou que se preocupam em atingir um resultado, já que a perfeição é reconhecidamente impossível.

Variações:

a) Ambas as mãos, ver o nº 16.

b) Exploração de cores, ver o nº 5 (i).

18. Técnica de mobilização da criatividade

Essa é uma técnica não-verbal desenvolvida por Wolfgang Luthe para mobilizar as funções cerebrais e aumentar a criatividade. Instruções detalhadas podem ser encontradas em seu livro *Creativity Mobilisation Technique* (Grune and Straton, Nova York, 1976). Segue-se um resumo.

a) Pinte 70 a 90% de uma folha dupla de jornal em dois minutos do modo mais desordenado possível.

b) Faça uma série de 15 desenhos desordenados "sem pensar".

c) Freqüente ao menos uma sessão de pintura em quatro dias diferentes.

d) Freqüente sessões regulares de pintura durante quatro a seis semanas.

e) Faça um diário de cada sessão.

19. Técnicas com o papel molhado

Molhe o papel e use tinta aquosa, passada com o pincel, pingada ou derramada. Observe as cores se misturarem e os sentimentos que surgem.
Variações:

a) Amasse e molhe o papel.

b) Desenvolva em uma imagem as formas que surgirem.

c) Use canetas hidrográficas para desenhar em volta e entre as manchas.

d) Dê títulos a vários desenhos rápidos feitos com "manchas".

20. Manchas de tinta e "borboletas"

Pingue gotinhas ou gotas grandes de tinta em um papel, dobre-o na metade e, depois, desdobre-o. Desenvolva qualquer coisa que a mancha lhe sugerir.
Variações:

a) Dê manchas semelhantes de tinta para cada pessoa do grupo desenvolver e compare os resultados.

b) Ver também os nºs 1 e 2.

c) Recorte e cole uma parte da mancha de que goste mais (pode ajudar a recuperar uma sensação de controle sobre o processo).

21. Carimbos e decalques

Faça carimbos com sucatas e materiais de texturas diferentes molhados em tinta ou para colocá-los sob o papel e decalcá-los.
Variações:

a) Com o tempo bom, use objetos encontrados fora da sala.

b) Pinturas em grupos, com decalques e texturas diferentes.

c) Use os carimbos para formar um padrão.

22. Monotipias

Espalhe tinta com consistência cremosa (p. ex.: tinta em pó) em uma superfície lisa como a de uma pedra, vidro ou fórmica. Faça um padrão ou um desenho na tinta com os dedos, com o cabo de um pincel ou com outro objeto. Pressione por cima do papel para imprimir e, depois, retire-o. Acrescente mais tinta se necessário e repita o procedimento. Esse processo é útil para crianças (ou adultos) cujas tentativas de expressar idéias sejam frustradas por sua falta de habilidade para desenhar.

Variação: Use tinta de impressão e um rolo para passar a tinta no vidro.

23. Desenho de observação

Traga objetos para serem desenhados por observação, e depois faça um desenho coletivo a partir deles, p. ex.: folhas, frutas, mãos, ferramentas, rostos etc.

Variações:

a) A partir da observação, desenvolva questões relacionadas com os sentimentos ligados aos objetos.

b) Observe uma flor atenta e detalhadamente e depois desenhe-a.

24. Os cinco sentidos

Pense que cor você associaria ao mês corrente. Em seguida, pense qual dos cinco sentidos seria o indicado para esse mês. Tente ligar todos esses aspectos a si mesmo em um poema ou desenho. Essa é uma sugestão especialmente boa para os meses de inverno quando as coisas estão aparentemente mortas.

25. Varal

Desenhe em folhas penduradas em um varal. Compare essa experiência com a de desenhar num papel sobre uma mesa.

26. Só papel

Cada pessoa do grupo recebe uma folha de papel e pode usá-la de qualquer maneira (rasgada, grudada com fita adesiva, mastigada etc., exceto desenhada) para representar seu tempo pessoal, durante 20 minutos. Pode-se refletir sobre o processo descrevendo-o; descrevendo qualquer produto, ou observando qualquer associação pessoal.

Variações:
a) Um pedaço de papel é passado entre as pessoas do grupo e elas fazem o que quiserem, em silêncio, até que o papel se desmanche.
b) Cada um faz algo rapidamente com uma folha de papel, cola e tesoura.
c) O grupo constrói algo com rolos de papel-jornal, p. ex.: uma floresta e seus habitantes.
d) Use três pedaços de papel (e cola) para:
 1) mandar uma mensagem para alguém dizendo que você se perdeu, mas está bem;
 2) fazer um presente para o grupo; e
 3) representar a instituição.
e) Sugestão para atividades com crianças: Faça bonecas, animais e outras figuras dobrando e cortando o papel, e, enquanto faz isso, conte histórias sobre animais domésticos, zoológicos etc.

27. Papel-de-seda

Rasgue papel-de-seda de cores diferentes e faça uma colagem abstrata com elas em uma folha de papel branco. Essa é uma boa indicação para pessoas que acham que não sabem desenhar nem pintar.
Variações:
a) Use apenas uma cor de papel-de-seda.
b) Corte o papel-de-seda em vez de rasgá-lo.
c) Faça trabalhos com papel-de-seda e coloque-os na janela.
d) Faça esculturas de papel-de-seda e arame.

28. Colagem

Há muitas formas de fazer experiências com materiais de colagem, fotos de revistas, p. ex.:
a) Colchas de retalhos. Ver o nº 65.
b) Recorte e cole figuras de pessoas, e escreva o que devem estar pensando ou dizendo.
c) Cole pedaços de tecidos variados no papel, depois pinte os espaços entre eles, criando desenhos abstratos.
d) Recorte fotografias de paisagens e escreva as associações que existirem entre elas.

29. Raspe a superfície

Pinte todo o papel com canetas hidrográficas ou lápis de cor. Depois cubra tudo com uma camada de lápis de cera ou de pastel oleoso escuro. Raspe um desenho sobre a superfície para que as cores na camada inferior apareçam.

30. Desenhos em cera

Desenhe padrões ou imagens com a parte que sobrar de uma vela branca (ou de um lápis de cera) num papel bem absorvente, e depois cubra todo o papel com uma tinta bem aquosa para que o desenho apareça.

31. Texturas

Junte uma porção de objetos com texturas diferentes e, depois de senti-los (de preferência com os olhos fechados), desenhe sua reação a eles ou tente expressar a textura por meio da pintura. Esse exercício pode ser feito em duplas ou em grupos.

Variação: crie um pequeno ambiente, a partir de materiais com texturas diferentes, para descrever sua personalidade, formando uma "caixa de tato".

32. Usando "objetos encontrados ao acaso"

Junte objetos naturais e artificiais, de preferência do próprio lugar em que mora, p. ex.: conchas, flores, enfeites, folhas, plantas, pedras, areia, água, serragem etc. e faça um desenho, uma colagem, uma estrutura etc. Você pode usar um tema definido ou deixar em aberto.

Variações:

a) Desenhe o contorno de corpos em grandes folhas de papel e preencha-os com colagens de materiais de texturas diferentes [Ver o nº 84 (c)].

b) Faça uma colagem com tipos diferentes de bolachas ou macarrão.

33. Esculturas de sucata

Parecido com o nº 32, mas usando sucatas variadas. Há muitas formas de usar a sucata, p. ex.:

a) Faça bonecos (essa proposta pode ser estendida a peças e a shows de bonecos).

b) Esculturas grupais com restos de madeira, rolos de jornais velhos e outros materiais.

c) Paisagens sobre um papelão grande.

d) Móbiles.

e) Trabalhe com sucatas semipreciosas, p. ex.: pérolas, lantejoulas etc.

f) Confeccione um objeto específico.

34. Materiais mistos

Subdivida o grupo. Entregue a cada grupo um envelope contendo vários tipos de material (p. ex.: folhas grandes, lenços de papel, quadrados colantes e coloridos, canudinhos de refresco, reforços de papel, fita adesiva colorida etc.) para que faça uma pintura ou um objeto ligado a um tema específico, p. ex.: meios de transporte. Boa proposta para grupos mistos de adultos e crianças.

35. Trabalho em argila

Há muitas formas de se trabalhar com argila, p. ex.:

a) Reconhecimento do material — sentindo, pressionando, espremendo, modelando etc.; usando todos os sentidos para explorá-la.

b) Faça algo a partir de uma bola de argila mantendo os olhos fechados.

c) Descreva um objeto em argila na primeira pessoa.

d) Faça impressões na argila com outros objetos.

e) Temas específicos, p. ex.: casas para uma cena de rua grupal.

f) Faça potes simples, retos ou bojudos.

g) Pinte com esmaltes.

36. Jogo dramático utilizando areia

Use uma caixa de areia e miniaturas de animais e de pessoas para retratar situações e contar histórias. Essa atividade é indicada para crianças e outras pessoas com problemas de comunicação; pode ser usada para reviver conflitos de vida num jogo de imaginação.

37. Liberando tensões

Isso pode ser incentivado com determinados materiais, se forem fáceis de obter, p. ex.:

a) Despedaçar sobras de madeira, martelar pregos.
b) Trabalhos grandes, ver o nº 13.
c) Esculturas de sucata, ver o nº 33.
d) Trabalhos em argila, golpeando e socando.
e) Técnica de mobilização da criatividade, ver o nº 18.
f) Esculturas de jornal que envolvam rasgar e colar, ver o nº 26 (c).
g) Técnicas de papel, ver o nº 26 (a).
h) Jogo dramático com areia, ver o nº 36.

38. Papier-mâché

Prepare cerca de meio pacote de gesso ou alguma massa semelhante em um balde e encharque as tiras rasgadas (não cortadas) de jornal nessa mistura. Use fôrmas para fazer modelos (unte-as antes com vaselina). Deixe o *papier-mâché* secar por alguns dias e então pinte-o. Atividade útil em particular para:

a) Máscaras, modeladas sobre plastilina ou argila, ou sobre uma bexiga (que será estourada após o uso).
b) Bonecos.
c) Modelos de todos os tipos.

39. Massa de modelar caseira

Há várias receitas dessa massa. Aqui são dadas duas um pouco diferentes:

a) Misture 2 xícaras de farinha de trigo, ¾ de xícara de sal, 1 colher de sopa de óleo, ½ xícara de água, até a mistura ficar com a consistência de uma massa de bolo. Pode ser necessário variar a quantidade de água de acordo com a farinha. Anilina comestível ou tinta em pó podem ser acrescentadas à massa.
b) Ferva 1 colher de sopa de óleo e 4 (ou mais) colheres de sopa de água. Junte a isso 1 xícara de farinha de trigo, 2 colheres de sopa de sal, 2 colheres de sopa de cremor de tártaro e anilina comestível ou tinta em pó. (O calor dá ponto à massa e o cremor de tártaro faz com que a massa seja mais durável e fique mais macia ao tato.)

Guarde a massa em sacos plásticos ou em caixas, na geladeira. A massa pode ser feita como alimento para brincar ou ser usada como material de modelagem. Atividade especialmente indicada para crianças.

40. Jogos criativos com comida

Faça ou decore biscoitos com rostos e invente diálogos antes de comê-los!
Variação: use outros tipos de alimento presos entre si com palitos de dentes ou de coquetel.

41. Outras técnicas

Há uma grande variedade de materiais e técnicas que pode ser usada de uma forma criativa para estimular a imaginação. Aqui estão algumas:

a) Gesso, p. ex.: paisagens, formas de areia, esculturas, entalhes. O gesso pode ser derramado em uma caixa de papelão velha para adquirir forma, e depois a caixa pode ser retirada, deixando um bloco para ser entalhado; ou o gesso pode ser espalhado sobre uma tela de galinheiro para que grandes estruturas possam ser feitas. O gesso seca muito rapidamente e, algumas vezes, é possível usar fibras misturadas a ele para obter uma secagem mais lenta. Gases gessadas são rápidas e fáceis de usar.

b) Serigrafia, p. ex.: desenhos tirados de jornais.

c) Manchas em papel dobrado e carimbos de batata — ver os n^{o}s 20 e 21.

d) Desenhos em um bloco de notas.

e) Marmorização.

f) Esculturas abstratas com retalhos de madeira e outros materiais.

g) Batique e estamparia.

h) Camisetas tingidas com a técnica de amarrar.

i) Confecção de velas.

j) Figuras recortadas no linóleo.

k) Desenhos com pregos e fios.

l) Confecção de pipas.

m) Máscaras feitas com *papier-mâché* sobre bexigas, ver o n° 38.

n) Tinta assoprada com canudinhos.

o) Mosaico.

p) Estêncil.

q) Pintura com barbante: mergulhe o barbante na tinta, coloque-o no papel, dobre o papel e retire o barbante, enquanto mantém a pressão sobre o papel.

Concentração, destreza e memória

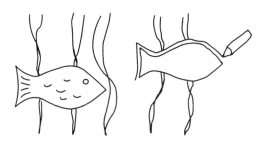

Muitas destas atividades procuram estimular ou manter as habilidades de concentração, destreza e memória. Elas podem ser úteis para o aprendizado de crianças, deficientes mentais e pacientes que estão sendo reabilitados para deixar a instituição após muitos anos de internação. Algumas também são úteis para idosos com problemas de senilidade, ajudando-os a manter "um pé na realidade" (principalmente se precisam viver em instituições). Mais importante ainda, essas atividades podem utilizar as experiências que as pessoas tiveram durante suas vidas, e reafirmar seu valor pessoal, ao lembrar aquilo que já fizeram.

42. Planejando um jardim

Atividade útil para quem já praticou jardinagem. Planeje um jardim fazendo uso de desenho, pintura, colagem etc.

43. Mural sobre animais domésticos

Todos realizam seus próprios trabalhos, utilizando moldes vazados, pintando e recortando. Os recortes podem ser dispostos em um mural, e o fundo pode ser pintado.

44. Prateleiras

Prepare papéis com desenhos de prateleiras, imagine que elas possam formar uma estante e decida o que guardar nelas.

Variações:
a) Barracão de jardim
b) Armário de ferramentas
c) Mesa — que tipo de refeição?
d) Varal — o que está pendurado?
e) Vitrine — o que contém?

45. Lojas e categorias

Forneça a cada membro do grupo uma folha de papel branco com o nome de um tipo diferente de loja, p. ex.: loja de sapatos, empório, oficina mecânica, padaria etc. Depois, monte o "estoque" das lojas com os produtos adequados, desenhados ou recortados de revistas.

Variações:
a) Coloque o nome de uma cor em cada folha e nela cole objetos da cor sugerida.
b) Coloque o nome de atividades nas folhas, por exemplo: esportes, arte culinária etc.
c) Coloque o nome de outras categorias de objetos nas folhas, p. ex.: móveis, roupas etc.

46. Mesa de café da manhã

A mesa é coberta com uma folha de papel e nela são dispostos objetos, como bule, pratos etc. Imagine uma refeição. Ilustre o que você gostaria que houvesse, por exemplo, para o café da manhã, desenhando em volta dos objetos ou utilizando-os como modelos. Agrupe os trabalhos em torno da mesa.

Variação: use objetos recortados em cartolina se objetos verdadeiros não estiverem disponíveis.

47. Detalhes do cotidiano

Desenhe ou recorte figuras que ilustrem situações da vida diária, p. ex.: refeições recentes, acontecimentos, pessoas, roupas etc., lembrando e falando dos detalhes enquanto realiza a atividade.

48. Roupas

Cole, na parte superior da folha, uma foto de um rosto, extraída de revistas. Desenhe o restante da pessoa com a roupa que quiser.

Variação: desenhe suas próprias roupas de memória.

49. Casas

Forneça os contornos de uma casa ao grupo, para que as pessoas os preencham com os detalhes que quiserem e acrescentem outros itens ou figuras se desejarem. (Essa atividade pode levar a discussões sobre as famílias e seus membros.)

50. Bandeiras nacionais

Tenha cópias das bandeiras de vários países para serem pintadas. As pessoas do grupo escolhem as que desejam e podem fazer associações com elas. (Atividade indicada para grupos de pessoas idosas que podem ter morado em outros países, p. ex.: durante a guerra.)

51. Fazer mapas

Desenhe o itinerário do ônibus, rotas de caminhada ou ida de bicicleta para a escola, clube, hospital, centro comunitário etc., ou para qualquer outro lugar de interesse.

52. Sistema de tráfego imaginário

A partir de vários carros em miniatura, desenhe o sistema rodoviário de uma cidade, colocando outras construções etc.

53. Objetos

Divida uma folha de papel em, digamos, oito partes, e a cada uma dê um título diferente, p. ex.: cadeira, pássaro, carro, animal. As pessoas do grupo desenham ou colam uma figura correspondente em cada uma das partes.

54. Frutas, flores e folhas

Desenhe (ou elabore apenas o contorno) folhas, flores, frutas. Pinte-as e recorte-as. Monte um mural coletivo, agrupando os elementos por categoria.

Variação: murais que combinem borboletas, peixes, girassóis etc.

55. Ambientes

Recorte uma figura de revista e desenhe um ambiente a seu redor.

56. Colagem de flores

Faça colagens individuais de flores em pratos de plástico. Exponha as colagens do grupo.

Variação: use outros temas para painéis individuais, ver n$^\circ$ 189 (a).

57. Experiências

Conversem sobre as sensações que tiveram ao ver, por exemplo, um arco-íris, e depois tentem desenhar a imagem de memória incluindo arco-íris, árvores, morros, nuvens, chuva etc. Essa atividade se aplica a qualquer experiência que possa ser comum a todos do grupo, p. ex.: uma saída recente.

58. As quatro estações

Pegue quatro folhas grandes de papel de cores diferentes e pergunte ao grupo a qual cor corresponde cada estação. Depois, peça-lhe que recorte de uma revista figuras adequadas a cada estação e cole-as na folha correspondente.

59. Objetos da natureza

Use objetos da natureza como estímulo para discussão, pintura de murais etc.

60. Janelas

É uma adaptação do nº 120 (a). Tenha à mão desenhos de vários tipos de janelas. Desenhe a vista da janela e do que está na sala (olhando de fora para dentro ou vice-versa).

61. Moldes

Providencie moldes e peça ao grupo que os utilize para desenhar o contorno em cartolina; recorte os temas de festivais e cole-os em murais. Ver também o nº 74.

62. Estênceis

É semelhante à atividade com moldes, mas as pessoas desenham dentro dos moldes vazados. Os moldes também podem ser usados para pintar murais e criar padrões repetidos de motivos.

63. Desenho a partir das iniciais

Peça ao grupo que escreva as iniciais do seu nome e faça um desenho a partir delas.
Variações:
a) Escreva as iniciais do seu nome de batismo ou de seu apelido.

b) Desenhe as letras de cabeça para baixo, atentando para os padrões e espaços feitos pelas formas. Faça um desenho a partir deles.

64. *Desenho a partir de um círculo*

Faça um grande círculo dividido em frações idênticas. A partir do centro do círculo, o grupo trabalha com padrões de cores, formas, linhas etc. por meio de desenhos ou colagens.

Variações: utilize qualquer outra forma dividida em formas menores, ver nº 189 (b), (c) e (d).

65. *Colcha de retalhos*

Recorte pedaços de papéis coloridos e revistas. A seguir, as pessoas devem criar sua própria "colcha" com esses retalhos.

Variação: faça uma "colcha" grande, com todas as pessoas trabalhando com o mesmo padrão.

66. *Tecendo padrões*

Crie e teça um padrão utilizando tiras coloridas de papel.

67. *Fisionomias*

Desenhe fisionomias em círculos de cartolina.
Variações:
a) Se for muito difícil fazer os círculos, faça estênceis.
b) Trabalhe diferentes fisionomias: engraçada, triste, boba etc.

68. *Silhuetas*

Recorte silhuetas de homens e mulheres (ou traga-as preparadas) e preencha-as com o material que quiser.
Variações:
a) Formas de borboleta
b) Formas de animais

69. *Presentes*

Faça ou desenhe algo que gostaria de dar a alguém.

Temas genéricos

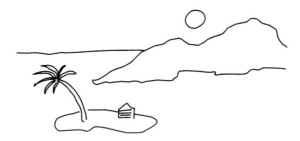

Há muitos temas que, embora sejam genéricos, podem ajudar a pessoa a expressar sentimentos importantes no desenho e na discussão subseqüente.

70. Série baseada nos "Quatro elementos"

Esta série se baseia nos quatro elementos: ar, terra, fogo e água. Faça desenhos utilizando os temas a seguir, cada um em uma folha separada.

a) Série da terra: caverna — cabana — casa — quintal — campo — terra.
b) Série da água: nascente — riacho — rio — lago — mar — água.
c) Série do ar: respiração — vento — furacão — nuvem — céu/paraíso — ar.
d) Série do fogo: tocha — lareira — lampião — fornalha/fogueira — luz — fogo.

Esses desenhos podem ser utilizados como temas para a discussão, comparando-se os desenhos da mesma série e analisando as diversas formas de interpretação que as pessoas deram ao tema. Algumas pessoas podem achar que têm mais afinidade com uma série específica e esse fato pode ser uma base de discussão.

Variação: escolha apenas um dos temas e faça um desenho com base nas características.

71. Casa — árvore — pessoa

Desenhe uma casa, uma árvore e uma pessoa (ou rosto). Ou escolha apenas um para o trabalho com o grupo.

Variações:
a) Acrescente uma paisagem ao desenho.
b) Descreva cada uma na primeira pessoa.
c) Desenhe sua casa, uma casa ideal ou uma ilha ideal.

72. Desenho livre

Faça um desenho em 15-20 minutos. Mostre-o para o grupo e fale o quanto quiser. Não analise. Essa atividade dá para as pessoas que estão prontas para expor seus sentimentos o espaço e a "permissão" para fazê-lo.

73. Tópico de discussão

Utilize um dos tópicos que tenha surgido na discussão de grupo como tema para o trabalho de arte, individual ou em grupo.

74. Festas populares

Há muitas possibilidades para trabalhos individuais ou de grupo que podem partir de festas populares, p. ex.:
a) Explorar os símbolos das festas.
b) Comemorar épocas significativas como primavera, em trabalhos grupais.
c) Decisões de Ano Novo.
d) Cartão de aniversário gigante para uma pessoa do grupo.
e) Temas de Páscoa.
f) Projetos práticos como decorações de Natal, dia dos namorados, dia das bruxas.
g) Cartazes para eventos ou para transmitir idéias.
h) As quatro estações.
i) Liquidação gigante — desenhos dos produtos.

Mesmo que muitos desses temas celebrem eventos alegres, eles também podem trazer lembranças de épocas passadas. Desse modo, podem reforçar sentimentos atuais de solidão e depressão, principalmente se as pessoas estão em instituições. É importante estar atento para esse fato.

75. Fatos da vida

Escolha um tema de vida e represente-o por meio de um desenho, p. ex.: sexo, casamento, família, autoridade, liberdade, crescimento, vida e morte; partida, despedida; o grupo; comunicação, dificuldades, problemas; vida, luz, amor; algo que afete bastante a sua vida etc. Alguns tópicos podem precisar de alguma apresentação para serem iniciados.

76. Associação de cores

Associe cores com coisas abstratas, p. ex.:
a) Emoções — tristeza, medo, amor, alegria, calma etc.
b) Épocas da sua vida — primeira infância, adolescência etc.
c) Estações do ano.
d) Horas do dia.
e) Funções psíquicas — pensamento, sentimento, intuição, sensação etc.
f) Tipos de pessoas — extrovertido, introvertido etc.
g) Membros da família e outras pessoas influentes.

77. Ilustrações

Alguns temas podem se relacionar com experiências pessoais ou ser uma maneira mais encoberta de auto-expressão. Freqüentemente, crianças e adolescentes podem usá-los dessa segunda forma. Existe um número infinito desses temas. Alguns exemplos:
a) Natureza — desertos, montanhas, rochas, plantas, árvores, animais, pássaros, peixes, conchas.
b) Tempo — tempestade, trovão e raios; sol, neve, chuva, nuvem, vento, fogo, um dia quente, crepúsculo, luar.
c) Água — gotas de chuva, cascatas, redemoinhos, marulho, ondas, mar, rios, lagos etc.
d) Jardins — jardins secretos, labirintos.
e) Alteração de perspectiva — de formiga, de pássaro, de elefante.
f) Personagens — vilões, diabo, fantasma, mágico, anjo, bruxa, fada, palhaço.
g) Religião — Deus; bem e mal; céu e inferno etc.
h) Sonhos e pesadelos (ver também o nº 249).
i) Situações coletivas — lutas, guerras, circo, feiras, orquestras etc.
j) Fantasias — outros planetas, espaço sideral, exploração de cavernas, personagens da televisão ou de histórias etc.
k) Acontecimentos — o fim de semana, uma excursão, meu dia, minha semana; viagens realizadas.

78. *Temas de ação e conflito*

Essa atividade pode ser útil para aqueles que não conseguem falar facilmente de seus conflitos, por exemplo, algumas crianças e adolescentes, mas podem representá-los graficamente por meio de outra situação.

a) Grafite em grandes folhas de papel.
b) Fantasmas e esqueletos.
c) Incêndios, p. ex.: um navio em chamas.
d) A vida em outro planeta.
e) A prisão (dentro ou fora dela).
f) Cartazes de pessoas "procuradas".
g) Esportes.
h) Tempestades p. ex.: no mar ou um céu encobertocom uma parte ensolarada em um canto.
i) Explosões, vulcões etc.
j) Batalhas.
k) Desenhos do mundo subaquático.
l) Animais pré-históricos ou personagens míticos; monstros dentro da cabeça de alguém; criaturas repugnantes e pegajosas; criação e destruição do próprio monstro.
m) Assassinato.
n) Estados de humor, p. ex.: mudanças de humor; triste e miserável; zangado; com bons pensamentos assustado; entusiasmado; sentir-se em paz; solitário; preso numa armadilha; enjoado.
o) Desenhe mãos e pulsos; aí acrescente relógio, anéis, cicatrizes, veias, tatuagens etc.

79. *Experiências pessoais*

Trabalhos de arte relacionado com experiências que as pessoas tiveram, p. ex.: uma viagem especial etc.

Variação para crianças: vivência com animais em geral ou de estimação. Esse procedimento pode evocar sentimentos fortes de proteção, responsabilidade, medo ou violência, dependendo da experiência. Algumas crianças podem ter mais facilidade para expressar seus sentimentos para com animais do que para com pessoas.

Autopercepções

A maior parte desta seção trata, sob várias maneiras, de como as pessoas vêem a si mesmas. Essa pode ser uma experiência renovadora e reflexiva, como também confrontadora demais para pessoas muito magoadas ou extremamente abaladas, para as quais os temas menos diretos da seção E podem ser mais adequados.

80. Apresentações

A idéia é apresentar-se ao grupo por meio do papel. Este tipo de apresentação pode ser menos ameaçadora do que a apresentação verbal, pois todos fazem-na ao mesmo tempo. Instruções adicionais podem incluir desenhar qualquer coisa que possa descrevê-lo, até mesmo seu nome etc.

Variações:
a) Faça um cartaz e deixe-o exposto para a apreciação do grupo/conferência etc.
b) Cartaz para mostrar seu estilo de vida a outra pessoa.
c) Inclua atitudes específicas, interesses, características, família, amigos etc.
d) Use colagem.
e) Traga o cartaz no primeiro encontro do grupo.
f) Mundos pessoais: visualize o seu outro mundo em cores, linhas, formas e símbolos, ou visualize o modo como você gostaria que ele fosse.

81. Auto-retratos: realista

Faça um retrato de si mesmo, utilizando pastel, tinta ou argila; assegure-se de que os detalhes estejam corretos.

Variações:
a) Auto-retrato de memória — rosto ou nu.
b) Auto-retrato rápido, em dois minutos ou em um outro limite de tempo.
c) Auto-retratos de argila feitos com os olhos fechados; sinta seu rosto com uma das mãos enquanto modela com a outra.
d) Toque seu rosto, depois desenhe-o.
e) Faça um nu de si mesmo. Depois, em casa, compare seu desenho com o que vê no espelho.
f) Faça uma marionete de argila e arame que se pareça com você; e o cenário do tamanho adequado. Esse exercício auxilia na aceitação da realidade física por meio de objeto transicional.
g) Selecione a fotografia mais parecida com você. Pode ser útil para auxiliar discussões sobre deficiências, p. ex.: mães de filhos deficientes.

82. Auto-retratos: Imagens

Faça auto-retratos de:
(i) como você se vê ou como se sente internamente;
(ii) como os outros (p. ex.: alguém íntimo) o vêem (ou como você se mostra).
Os retratos podem ter traços realistas ou abstratos.
Variações:
a) Acrescente um terceiro desenho: como gostaria de ser visto.
b) Utilize argila ou colagem; ou vários materiais juntos.
c) Como se vê hoje/nesse preciso momento.
d) Você visto por um amigo e por alguém de quem você não gosta.
e) O mesmo que (d), mas escreva sobre si mesmo sob esses dois pontos de vista.
f) Apenas faça "Como eu me percebo".
g) Imagine que a folha de papel é um espelho — o que você vê? (de forma realista, metafórica ou abstrata).
h) Quatro "eus" — o real, o percebido, o ideal, o futuro.
i) Caixa do "eu" — ver nº 83.
j) Auto-retrato, exagerando o modo como acha que se parece.

k) Represente papéis específicos, p. ex.: seu eu profissional.
l) Faça várias máscaras diferentes que mostrem aspectos de si mesmo e que você revela em circunstâncias específicas; faça também uma máscara que mostre como se sente realmente.
m) O mesmo que (l), mas faça todas as facetas em uma única máscara.
n) O mesmo que (l) ou (m), usando materiais de colagem ou "imagens dos meios de comunicação" recortadas de revistas.

83. Auto-retratos em caixas e sacolas

Faça uma colagem representando como se sente e como demonstra estar se sentindo, usando os lados internos e externos de uma caixa, sacola ou outro recipiente.

Variações:

a) Símbolos de metas importantes na parte superior de uma caixa, e símbolos do que quer mudar nos lados da caixa. (Tinta acrílica, que seca com muita rapidez, pode ser usada para acrescentar outras modificações.)
b) Represente os seus papéis no lado de fora da caixa e coloque dentro dela vários objetos ou imagens que representem os seus valores, amigos, *hobbies* e coisas importantes para você.
c) Utilize sucata.
d) Cole no saco de papel as imagens daquilo que você vai mostrar ao mundo e coloque dentro dele o que você guarda para si mesmo.
e) Repita (d) com pessoas íntimas, p. ex.: sua mãe, seu pai, seu cônjuge, seus filhos etc. Existe alguma semelhança?
f) Desenhe ou pinte símbolos abstratos que representem seus valores em folhas de papel separadas. Coloque dentro de um saco os que sempre teve, e no lado de fora cole aqueles que representem valores aplicáveis somente a sua situação atual.
g) Cole no lado de fora as melhores coisas que podem lhe acontecer. Coloque dentro todos os seus medos.

A fotografia 17 mostra um grupo de um centro de recuperação de alcoolistas conversando sobre o uso de sucata para fazer auto-retratos em latas e caixas.

17: Auto-retrato em caixas, usando sucata — unidade de alcoolistas.

84. Auto-retratos em tamanho natural

Fixe uma grande folha de papel na parede, desenhe o contorno de seu corpo, e depois trabalhe da maneira que quiser nessa imagem corporal de si mesmo, em tamanho natural.

Variações:
a) A pessoa deita no chão e uma outra desenha seu contorno.
b) Imagem corporal em tamanho real mostrando como usa as diferentes partes de seu corpo para expressar seus sentimentos.
c) Faça o contorno do corpo, nomeie as partes e pinte-as com cores ou preencha-as com colagem para representar o que está acontecendo em seu interior, física ou mentalmente; ou, ainda, com linhas de energia.
d) Desenhe a silhueta das partes do corpo, recorte e afixe em um mural.
e) Retrato em tamanho natural de como é ser você nesse exato momento.
f) Converse com o seu contorno; imagine-se diante de si mesmo.
g) Escolha uma parte da imagem corporal para explorá-la em um outro desenho.
h) Analisar se o pai ou a mãe pode ser relacionado com uma parte específica do corpo.
i) (Atividade boa para crianças.) Preencha o contorno do corpo com o que gosta, p. ex.: cabelo e roupas que está vestindo.
j) Faça um modelo em tamanho natural para usá-lo como um "outro eu".
k) Use um espelho de corpo inteiro. (Atividade boa para crianças.)

85. Auto-retratos em três dimensões

Represente a si mesmo em três dimensões, usando sucata.
Variações:
a) Caixa do "eu" (ver o nº 83). Ou sucata dentro e fora da caixa.
b) Trabalhe com uma grande porção de argila, sem tentar fazer algo definido com ela. Após algum tempo, coloque-a na mesa e indique onde se sentiria à vontade se a argila fosse você.
c) Faça uma marionete móvel de argila que se pareça com você.
d) Faça um retrato em auto-relevo em argila dentro de uma caixa de sapatos; deixe-o secar e pinte-o.
e) Com os olhos fechados, visualize uma bola se transformando em uma imagem realista ou abstrata de si mesmo. Depois

"modele" essas imagens com as mãos. Abra os olhos para terminar.

f) Mãos de argila: faça uma bola de argila e pressione-a com uma mão das mãos para obter uma "impressão da mão". Nessa impressão, risque um símbolo que represente algo agradável a seu respeito. Repita com a mão de uma pessoa de quem você goste e coloque as duas mãos em posições adequadas.

g) Ver também os nºs 81(c) e 82 (b).

86. Máscaras

Faça uma máscara de si mesmo. Coloque-a e encene o papel sugerido por ela.

Variações:

a) Faça uma máscara que expresse uma emoção específica — ver também o nº 106.

b) Crie ou recorra a histórias que utilizem máscaras.

c) Una essa atividade com o nº 82 — máscaras de como vê a si mesmo e como os outros o vêem.

d) Ver também o nº 103 — máscaras que representem seus lados ideais e inaceitáveis.

e) Ver também os nºs 123 e 124 para outras utilizações.

87. Nomes

Desenhe imagens de:

(i) seu apelido de criança;

(ii) seu nome verdadeiro;

(iii) um nome imaginário;

Variações:

a) Escolha um nome para si mesmo e enfeite-o de alguma forma.

b) Usando a mão oposta da que sempre usa, escreva seu nome:

(i) de trás para a frente;

(ii) preenchendo todo o espaço;

(iii) muito lentamente.

Combine esse exercício com outros sobre sua auto-imagem.

88. Distintivos e símbolos

Represente-se por meio de um símbolo. (Se for difícil, pense em outros símbolos do dia-a-dia.)

Variações:

a) Crie seu próprio símbolo para usá-lo como escudo.

b) Crie uma tira de história em quadrinhos com o seu símbolo.

c) Faça um distintivo para si mesmo representando uma característica sua de que você se orgulhe.

d) Crie um símbolo para uma camiseta personalizada.

e) Crie um *slogan* para acompanhar seu símbolo.

f) Faça o seu brasão com um lema, símbolo, epitáfio etc.

89. Retratos metafóricos

Desenhe a si mesmo imaginando-se um objeto. A escolha do objeto pode ser livre para obter um resultado inesperado, ou definida, p. ex.: desenhe a si mesmo como uma casa, árvore, animal, comida, ilha, cores e formas, edifício, flor, planta, refeição, água, paisagem.

Se for adequado, faça também um cenário.

Variações:

a) Após ter desenhado o objeto, fale sobre ele na primeira pessoa, agindo como se você fosse o objeto.

b) Qual objeto (ou animal, edifício etc.) gostaria de ser?

c) Qual objeto (ou animal, edifício etc.) você seria se reencarnasse?

d) Desenhe a si mesmo como um objeto que represente o modo como você se sente hoje.

e) Desenhe a si mesmo como um animal que:

(i) mais gostaria de ser;

(ii) menos gostaria de ser.

f) Desenhe-se como um objeto e como um animal, em lados opostos do papel. (Isso se relaciona ao modo como é tratado pelos outros, ou com o modo como se relaciona com os outros?)

g) Metáforas dinâmicas, p. ex.: use a imagem de uma semente em desenvolvimento; desenhe um ponto do crescimento que se relacione com você, observando as reações ao processo de crescimento.

h) Escolha diversas cores e faça um desenho que o represente.

i) Peça às pessoas com tendência a se isolar que façam um cenário no desenho em que se incluam.

90. *Autopropaganda*

Desenhe ou pinte uma propaganda de si mesmo. Ela pode incluir tanto autopromoção como trazer sentimentos negativos relacionados à falta de auto-estima; também é possível pensar no tipo de pessoa que se sentiria atraída pela propaganda.

Variações:

a) Depois de cada pessoa ter terminado, as outras do grupo acrescentam os aspectos que foram omitidos em sua propaganda.

b) Faça uma propaganda vendendo-se como amigo, trabalhador, pai ou mãe etc.

c) Escreva ou desenhe propagandas para os outros.

d) Desenhe uma loja de departamentos que exponha suas características pessoais. Faça um "passeio de compras" e escolha produtos da loja das outras pessoas do grupo para fazer um outro desenho.

91. *Linhas de vida*

Desenhe sua vida como uma linha, uma viagem ou um mapa rodoviário. Coloque imagens e fatos ao longo do caminho, desenhando e/ou escrevendo.

Variações:

a) Escolha uma parte da sua linha e desenhe uma imagem.

b) Escolha uma parte da sua vida, ou um aspecto específico dela, e represente-o como uma linha, p. ex.: amigos, vida profissional, vida sexual etc.

c) Nomeie segmentos da linha como "passado", "presente" e "futuro".

d) Represente sua vida como um *labirinto*, se isso for adequado.

e) Utilize toda a folha ou um rolo de papel para representar o percurso de sua vida.

f) Linha de vida em forma de espiral, começando do nascimento.

g) Continue a linha de vida em direção ao futuro.

h) Ilustre sua história de vida com figuras de revistas.

i) Desenhe um mapa de coisas, lugares e pessoas importantes na sua vida.

j) Dê ênfase para onde você está se direcionando.

k) Pesquise trabalhos artísticos de uma determinada época.

l) Em seu desenho, inclua barreiras e desvios, e encene ultra-passá-los.

m) História de como você chegou a uma situação específica, p. ex.: prisão, hospital, problemas etc.

92. Jogo de trilhas e dados

Crie seu próprio "jogo de trilhas e dados" utilizando aconteci-mentos e imagens de sua vida como "prêmios" e "armadilhas". Jogue seu jogo com uma outra pessoa.

93. Passado, presente e futuro

Essa é uma outra versão do tema nº 91, mas desenvolvido em blocos mais separados. Desenhe imagens de seu passado, presente e do futuro que deseja.

Variações:

a) Concentre-se apenas no futuro.

b) Use imagens de revistas.

c) Sua vida em momentos específicos, p. ex.: dez anos atrás, daqui a um ano etc. ou em idades específicas.

d) Auto-imagens do passado, presente e futuro. Explore quais-quer conflitos de conteúdos que surjam.

e) Concentre-se em aspectos específicos do futuro, p. ex.: que tipo de emprego gostaria de ter, que tipo de casa etc.

f) Imagine-se em uma encruzilhada; quais são as possibilidades que você tem?

g) Decisões tomadas/a serem tomadas.

h) Mudanças e esperanças para o Ano Novo (aniversário etc.).

i) Coisas que podem ser difíceis em um futuro próximo.

j) Escala de estados desde o "ideal" até o "fundo do poço". Faça uma marca em seu estado atual e assinale os passos necessários para melhorá-lo. Você pode ligar essa atividade com a de nº 91 (Linhas de vida) para verificar os padrões que o influenciaram.

k) Você neste momento, no contexto da vida passada e futura.

l) Brasão personalizado com espaços para informações especí-ficas, p. ex.: esperanças para o próximo ano etc.

m) Sentimentos ao deixar uma experiência e passar para outra.

n) O mundo ideal.

o) De onde vim, onde estou agora e para onde vou.

p) Negócios inacabados.

q) Arrependimentos, e como gostaria que as coisas tivessem sido de fato.

r) Perdas que teve em sua vida, e o que gostaria de encontrar no futuro. Ver também o nº 100.

s) Pessoas que são importantes para você, ou que foram.

t) Antes e depois: desenhe você ou sua vida, e como se sentiu antes e após de um fato específico, p. ex.: um acidente, doença, casamento, mudança de casa etc.

94. Colagem (tema: vida)

Retire imagens de revistas que sejam significativas à sua vida (10 minutos), recorte palavras (5 minutos) e faça com elas uma colagem que represente sua vida (30 minutos).

Variações:

a) Recorte um título significativo para você e sua vida.

b) Organize os objetos em seu bolso ou bolsa segundo a distância emocional entre você e cada objeto, fazendo assim um "modelo" de sua vida.

c) Desenhe suas inquietações e organize-as no papel formando uma imagem sem "espaço de vida".

d) Escolha 3-5 fotografias que digam algo a seu respeito, ou que indiquem coisas que você está disposto a compartilhar.

95. Colagem (tema: suas prioridades na vida)

Pinte, em uma grande folha de papel, três faixas horizontais com cores diversas que representem distâncias grandes, médias e curtas. Depois, recorte ou desenhe figuras que representem aspectos diferentes da sua vida profissional, familiar e social (ou apenas um deles, p. ex.: vida social). Cole essas figuras na faixa de cor apropriada com qualquer tipo de cola "removível". Quando tiver terminado, reflita sobre os resultados e troque as figuras de lugar até que esteja satisfeito. Atividade útil para a reavaliação de prioridades.

96. Aspectos do "eu"

Faça um mapa com você no centro, e coloque aspectos de si mesmo ao redor desse centro, mantendo a relação de um com o outro e tendo em mente a distância, o tamanho etc.

Variações:

a) Represente ou desenhe coisas, lugares e pessoas importantes em sua vida no mapa, relacionando-as a você.

b) Pinte três faixas coloridas para designar aspectos espirituais, mentais e físicos. Discuta as cores, texturas e larguras com o grupo, ou faça par com alguém que tenha um padrão parecido com o seu.

c) Mandala (imagem centralizada) de aspectos do "eu" a partir do centro (ver também o nº 256).

d) "Comunidade" de "eus". Represente, em uma folha de papel, seus vários papéis (p. ex.: motorista de carro, dona de casa etc.) formando uma comunidade.

97. *Fatos recentes*

Recorde a semana/noite anterior e represente algo que o deixou feliz, e algo que o perturbou.

Variações: retrate fatos da semana anterior sob a forma de história em quadrinhos.

98. *Memórias de infância*

Desenhe a sua primeira memória, a mais antiga, qualquer memória da infância, ou algo que lhe causou uma profunda impressão. Esses temas freqüentemente trazem à tona traumas inconscientes da infância, com os quais pode ser difícil lidar. É importante ter tempo suficiente para discuti-los.

Variações:

a) Uma memória de infância feliz e calorosa, e uma infeliz.

b) Uma lembrança boa e uma ruim.

c) Um momento embaraçoso.

d) Você como uma criança.

e) Memórias associadas a sentimentos intensos.

f) Desenhe a primeira memória com a mão oposta à usual.

g) Fale e pinte com os dedos como uma criança de 6-10 anos.

h) Escreva e desenhe seu nome, pintando-o primeiro com a mão direita e depois com a esquerda.

i) Coisas que não lhe permitiam na infância. (Essas coisas são aquelas das quais sente mais culpa como adulto?)

j) Desenhe uma lembrança como se tivesse aquela idade.

k) "O espelho que derrete" — uma técnica para regressar à infância por meio da imaginação. Enquanto se olha em um espelho, ele parece derreter e a imagem treme. Quando o tremor pára, o espelho mostra você como criança em um quarto da sua casa (deixe que a imagem pare em qualquer idade espontaneamente). Imagine o quarto e a conversa entre você e seu "eu" criança. O que a criança diz a você? Qual é a sua resposta? Desenhe a situação e veja se há alguma mensagem nela para você agora.

l) Primeira lembrança de separação e "encontros e despedidas" atuais (existe alguma relação entre eles?). Esse exercício pode provocar sentimentos intensos.

99. *Revisão da vida*

Desenhe ou pinte lembranças significativas da sua vida. Esse exercício pode ser útil para pessoas idosas, ou para aquelas passando por uma situação conflituosa. Alguns exemplos:

a) Imagens da infância, da adolescência e da vida adulta.

b) Uma lembrança boa e uma ruim.

c) Um momento embaraçoso.

d) Lembranças associadas a sentimentos intensos.

e) Acontecimentos importantes, p. ex.: casamentos, nascimentos, mortes, rompimentos etc.

f) Grupos importantes, p. ex.: família, amigos, pessoas da cidade, colegas do trabalho, companheiros de guerra etc.

g) Cenas urbanas e campestres.

h) Use fotografias antigas da família para montar um álbum da sua vida.

i) Componentes importantes da vida, p. ex.: animais de estimação, casas, trabalhos, *hobbies,* atividades especialmente apreciadas. Qualquer um desses itens pode ser desenvolvido em projetos maiores.

j) Vida diária atual e de anos atrás assim como os sentimentos associados a elas.

k) Retrate pessoas da família, amigos etc. com quem deixou algo por falar ou inacabado. Acrescente o que desejaria falar ou fazer.

l) Passe no grupo objetos de épocas anteriores, como objetos domésticos, ferramentas etc. Eles podem estimular muitas lembranças. (As pessoas também podem levar objetos para o grupo.)

100. Perdas

Desenhe uma imagem ou um símbolo que represente alguém ou algo que já se foi.

Variações: sentimentos que acompanham esse fato.

Esse tema pode ser muito catártico, e deve ser usado com cuidado, principalmente se as pessoas tiverem sofrido perdas importantes há pouco tempo; mas também pode fornecer um ponto de partida valioso para a partilha de sentimentos importantes. Esse tema também pode ser útil a idosos que estejam sofrendo perdas físicas graduais.

101. Segredos e intimidade

Retrate, de forma realista ou abstrata, três coisas:

(i) algo para ser compartilhado com o grupo;

(ii) algo que talvez possa ser compartilhado com o grupo;

(iii) algo para não ser levado ao grupo.

Durante a discussão, as pessoas podem decidir partilhar os itens (ii) e (iii), mas não deve haver pressão nesse sentido.

Variações:

a) Seu eu íntimo e seu eu social.

b) O lado que mostra ao mundo e o lado que não mostra.

c) Ver também o nº 83.

d) Estar só, estar com os outros.

e) Máscaras, ou uma série de máscaras, junto com as sugestões anteriores. Não deve haver insistência para que pessoas mostrem as máscaras mais íntimas. Ver também o nº 102.

102. Máscaras públicas e privadas

Em uma máscara já preparada, desenhe o rosto que você "coloca" de manhã para o mundo. Depois desenhe um rosto mais íntimo que poucas pessoas conhecem. Coloque as duas máscaras diante de seu rosto e fale sobre você com as suas "caras" diferentes. Esse exercício permite que as pessoas escolham seu próprio nível de privacidade, o que deve ser respeitado; a maioria das pessoas acha ameaçador se expor muito intimamente em um grupo.

103. Bom e Ruim

Desenhe seu lado bom e seu lado ruim; coisas de que gosta e de que não gosta em você; coisas que gostaria de manter ou de mudar; forças e fraquezas etc.

Variações:

a) Formas de argila que representem aspectos dos quais gosta e dos quais não gosta em você.

b) Máscaras que representem aspectos ideais e seu lado inaceitáveis em você.

c) O "eu" ideal e o "eu" real.

d) Coloque seus aspectos positivos e negativos em um desenho e converse com ambos.

e) Mudanças já realizadas e a serem realizadas.

f) Faça rostos nos dois lados de um saco de papel.

104. Conflitos

Desenhe qualquer tipo de conflito. Ou, mais especificamente, desenhe partes conflitantes de sua personalidade.

Variações:

a) Faça uma metáfora divertida de partes da sua personalidade numa tira de quadrinhos.

b) Desenhe qualquer conflito atual, e seus pais resolvendo os conflitos deles.

c) Desenhe ou modele dois aspectos opostos da sua personalidade. Atribua vozes a eles e crie um diálogo. Ver também o nº 265.

105. Problemas

Retrate qualquer problema atual, principalmente se for persistente ou recorrente. Depois faça um outro desenho, ou colagem, representando as vantagens em ter o problema.

106. Emoções

Desenhe emoções e estados de humor diferentes, usando linhas, formas e cores. As emoções podem ser escolhidas pelo grupo.

Variações:

a) Escolha pares opostos de emoções, p. ex.: amor/ódio, raiva/calma e os combine em um desenho.

b) Desenhos abstratos rápidos em resposta a uma palavra falada, p. ex.: "amor", "ódio", "raiva", "paz", "trabalho", "família" etc.

c) Comece fazendo rabiscos com o lápis em um tom neutro e, depois, expresse emoções negativas fortes (p. ex.: raiva); terminando com o estado de humor oposto.

d) Desenhe o máximo de emoções das quais puder se lembrar.

e) Escolha uma emoção como tema de um desenho, p. ex.: medo.

f) Faça uma máscara para expressar uma emoção específica.

g) Marque emoções diferentes com um círculo e relacione-as com uma cor. A cada semana escolha uma e faça um desenho separado dela.

h) Desenhe objetos relacionados com sentimentos e memórias agradáveis e desagradáveis.

i) Represente situações que envolvam outras pessoas que têm provocado raiva, ansiedade ou tranqüilidade em você.

j) Faça um desenho "maluco" (como se estivesse louco).

k) Recorte imagens de revistas que correspondam a emoções específicas (p. ex.: pessoas bravas) e imagine o que devem estar dizendo.

l) Expresse sentimentos fortes em argila; faça um objeto "zangado" usando ferramentas para cortar, martelo, argila amassada etc.

107. Estado de humor atual

Desenhe seu estado de humor ou seus sentimentos atuais. Se for apropriado, faça uma metáfora, p. ex.: "Estou boiando", "Deu branco" etc.

Variações:

a) Represente sensações físicas e emocionais do momento com rabiscos, formas e cores.

b) Expresse estados de humor atuais por meio de símbolos.

c) Desenhe caretas.

d) Faça desenhos com os temas "eu sou", "eu sinto", "eu tenho", "eu faço".

e) Desenhe problemas relacionados a sentimentos recentes ou recorrentes; ver também o nº 105.

f) Desenhe um sentimento agradável e um desagradável.

g) Sentimentos de sair de uma experiência e ir para outra.

h) Use o mesmo processo para dores físicas, p. ex.: dor de cabeça, dor nas costas etc.

i) Desenhe como está se sentindo no presente. Depois exagere esse sentimento, ou uma parte do desenho, fazendo vários outros desenhos.

108. Objetos e sentimentos

Olhe um objeto por dois minutos; em seguida desenhe os seus sentimentos em relação a ele.

Variações:

a) Olhe por mais tempo.

b) Use apenas cores, linhas e formas.

109. Necessidades de sobrevivência

Depois de uma viagem imaginária (ver a seção K) em que você se salva de um naufrágio, encontrando "abrigo" em uma ilha deserta, faça um desenho da sua ilha, levando em conta a topografia, meios de sobrevivência, tempo de permanência etc.

Variações:

a) Faça de conta que você está em uma ilha deserta e tem as coisas mais importantes para sua sobrevivência. O que você deixaria para trás?

b) Desenhe tudo de que precisa — e, depois, tudo que deseja.

c) Crie sua própria ilha e indique as atividades e as pessoas de lá.

d) Use uma pasta como se fosse uma mala, na qual você coloca algumas coisas importantes, para o caso de sua casa estar em perigo. Coloque o endereço nela. Trata-se de uma atividade interessante, principalmente se reproduz a experiência das pessoas (ou de seus parentes).

110. Desejos

Desenhe um, três ou cinco desejos. (Mais desejos exigem imaginação maior e podem levar as pessoas a desenharem algo além dos desejos convencionais.)

Variações:

a) Uma viagem que gostaria de fazer.
b) Onde gostaria de estar nesse exato momento.
c) Personagem de uma aventura representada em história em quadrinhos.
d) O que você faria com R$1 milhão?
e) Que coisas escolheria de uma vitrine imaginária?
f) O que você gostaria de encontrar em uma arca do tesouro?
g) O que você gostaria de encontrar em um sótão (e de guardar ali)?
h) Seu (sua) herói/heroína.
i) Ilustre um medo e uma esperança significativos.
j) Um presente que gostaria de receber (ou de dar); e de quem ou a quem?
k) Você está atravessando um rio. O que há do outro lado?
l) Você é uma semente começando a germinar. Qual é o ambiente?
m) Imagine um refúgio seguro e tranqüilo. Como ele é e quem está com você? De que pressões gostaria de escapar?

111. Medos

Desenhe o seu pior medo ou um medo, ou cinco medos (ver os comentários do número 110).

Variações:

a) Imagine que você está se escondendo — onde e de quê?
b) Situações ameaçadoras.
c) Imagine que está à deriva em um barco — o que faria?
d) Imagine que está perdido em uma floresta — o que faria?
e) Imagine que está numa prisão — como sairia?
f) Imagine uma porta ou um portão — o que está atrás deles?

112. Narrativas ilustradas

Explore um tema em forma de narrativa, contando uma história em vários quadros, como em uma historia em quadrinhos, com ou sem palavras. (É uma boa idéia desenhar antecipadamente os quadros, p. ex.: divida o papel em nove retângulos ou quadrados iguais.) A história pode ocupar tantos quadros quanto necessário.

Alguns exemplos:

a) Conte uma história sobre a viagem de sua vida/ou seu roteiro de vida.

b) Conte uma história sobre o que deixa você tenso/com medo.

c) Imagine que está perdido/à deriva em um barco/na prisão — o que acontece?

d) Conte uma história sobre onde gostaria de estar na vida.

e) Conte uma história sobre as vantagens de trabalhar, além do dinheiro.

f) Conte uma história sobre o que acontece quando você chega ao fim de uma viagem.

g) Imagine que você está viajando por um lugar ermo e seu carro atola. O que faria?

Muitos dos temas nessa seção podem ser adaptados para a forma de história em quadrinhos, o que pode encorajar as pessoas a se colocarem na história como o personagem principal (embora nem sempre), a "se apropriarem" de seus sentimentos e ações. A história em quadrinhos também propõe uma forma visual, controlável e culturalmente aceitável por aqueles que acham a idéia de desenhar estranha e difícil. É útil principalmente para auxiliar pessoas a se entenderem com as crises da vida e projetarem um futuro viável. Crianças podem fazer histórias em quadrinhos (ou uma série em papéis autocolantes) sobre pessoas ou animais com experiências ou emoções semelhantes aos delas, por exemplo.

h) Crie uma história ilustrada de um cachorrinho que se perdeu.

O coordenador de grupo ou os terapeutas também podem fornecer um final feliz apropriado. Se desejar mais informações sobre esse método, consulte *The Origins of Pictorial Narrative and Its Potential in Adult Psychiatry* de Michael Donnelly (ver Bibliografia).

113. Gosto/Não gosto

Desenhe uma pessoa da qual você não gosta, e como você imagina que ela o vê. Depois faça o mesmo com uma pessoa de quem gosta. Você pode comparar as características com você mesmo.

Variações:

a) Desenhe pessoas de quem você não gosta, depois faça o que deseja ao desenho — rasgue-o etc.

b) Escolha rostos dos quais gosta e dos quais não gosta e faça uma colagem (ver também o nº 116).

c) Faça formas com argila de coisas que gosta e de coisas que não gosta.

d) Descreva seu melhor amigo, depois veja quantas características dele se aplicam a você.

e) Divida a folha em seis ou oito partes e desenhe alguém que admira, odeia, ama, tem pena, com quem gostaria de trocar de lugar, que está sempre em sua mente etc.

f) Desenhe algo de que gosta em si mesmo.

g) Escolha fotografias de pessoas do seu sexo as quais admira e faça uma colagem.

114. Série da amizade

Desenhe:
(i) um amigo do passado;
(ii) as qualidades de um amigo;
(iii) um amigo futuro.
Discussão sobre amizades, solidão etc.

115. Percepções de si e do outro

Desenhe uma imagem abstrata de si mesmo e a de uma pessoa importante.

Variações:

a) Escolha duas formas coloridas para representar a si e ao outro.

b) Restrinja a escolha da outra pessoa a membros do grupo, ou a pessoas que não sejam do grupo.

c) Companheiro ideal e adversário imaginário.

d) Desenhe a partir de um ponto de vista específico, p. ex.: criança, louco etc.

116. Sombra do "eu"

Organize fotografias de rostos de que você não gosta (ou que gosta) colocando os que gosta menos (ou mais) no centro. Pode-se usar técnicas de Gestalt para trabalhar com o conjunto resultante (ver o Capítulo 2 da Primeira Parte, na seção 12).

Variações:

a) Desenhe uma imagem/símbolo das características que você considere mais opostas às suas. Identifique-se com elas e discuta as reações a essa ação.

b) Observe as características de pessoas de seu sexo que o afetam negativamente (p. ex.: dos pais, colegas). Recorte fotografias de revistas que representem essas características e cole-as em uma folha, dispondo as mais negativas no centro. Fique uma semana com essa colagem, depois comece a conversar com ela.

c) Sintetize características negativas em um desenho. Pode-se usar técnicas de Gestalt com o resultado.

d) Desenhe alguém que você detesta em sua manifestação mais detestável. Depois disso, tente reconhecer que isto é um auto-retrato. Essa é uma forma de descobrir porções inaceitáveis e inadequadas do *self* que são projetadas nos outros.

117. Anima/Animus

Escolha retratos de uma revista que se relacionem a sentimentos muito positivos e muito negativos em relação ao sexo oposto.

Variações:

a) Desenhe imagens de:

(i) sua anima ou seu animus;

(ii) lado bom e lado mau.

Compare e discuta, principalmente se o desenho resultar em uma delimitação rígida dos opostos.

b) Desenhe uma pessoa e, depois, uma outra do sexo oposto.

c) Desenhe o modo como imagina que se sentiria se fosse do sexo oposto.

d) Masculino/feminino — na sua opinião, que papéis característicos são atribuídos a eles?

118. Introvertido/Extrovertido

Faça uma lista ou desenho das características que imagina que uma pessoa de temperamento oposto ao seu tenha (isto é, pessoas introvertidas fazem uma lista das características que imaginam próprias de pessoas extrovertidas), e então pinte como se você possuísse uma ou mais dessas características.

119. *Espaço pessoal*

Escolha você mesmo o tamanho do seu papel e desenhe-se em algum lugar nele.

Variações:

a) Escolha a cor e o tamanho do papel e escreva seu nome nele. Enfeite o resto se desejar.

b) Depois da escolha do tamanho, forneça um papel de tamanho-padrão ao grupo e observe se alguém pede uma folha menor ou maior.

c) Desenhe-se no espaço (p. ex.: sideral etc.).

120. *Paisagem pessoal*

Desenhe uma paisagem (urbana, marítima ou campestre) e a relacione a você.

Variações:

a) Desenhe janelas de qualquer tamanho. Mostre a vista da janela e o que está na sala. Desenhe de forma realista ou abstrata. (A vista dos desenhos algumas vezes é interior, outras, exterior)

b) Tire fotografias imaginárias com uma máquina fotográfica feita com uma caixa, focalizando as coisas significativas na sala.

c) Desenhe-se em uma paisagem.

d) Desenhe seu lugar predileto ou ideal (ou um lugar do qual você não goste).

121. *Progressão pessoal*

Faça um desenho que responda à questão: "Quem é você?", e tente progressivamente criar desenhos mais significativos, sempre respondendo a essa mesma questão. Descreva cada desenho.

122. *Progressão temporal*

Desenhe as pessoas que o influenciaram, durante a primeira semana de terapia, durante um curso etc. Repita três ou quatro meses depois.

123. Máscaras do antes e do depois

As pessoas do grupo desenham uma máscara quando chegam e a colocam ao lado, voltada para baixo. No final da sessão, desenham outra máscara; e então comparam as duas e discutem a mudança na maneira como estão se sentindo e percebendo as coisas.

124. Diário de máscaras

Semelhante ao nº 123, mas as máscaras do "antes" e do "depois" são desenhadas ao longo da existência do grupo e colocadas em uma pasta. Perto do final da terapia, são espalhadas e cada um analisa sua caminhada pelas máscaras que fez. Uma boa época de compartilhar as máscaras em um grupo é entre a 5ª e a 8ª semanas.

125. Revisando trabalhos de arte

Olhe novamente os desenhos e os outros trabalhos artísticos feitos durante um certo período de tempo, e observe o padrão ou tema recorrente. Também faça qualquer nova projeção que possa parecer importante, mas que não tenha sido vista anteriormente.

126. Instituições

Há muitos temas relacionados com as reações ao se chegar ou estar em uma instituição, seja uma escola, um hospital ou uma prisão (como cliente ou como profissional). Os temas funcionarão melhor se forem planejados segundo as necessidades e as características das instituições específicas. Os exemplos abaixo podem ser usados com clientes ou funcionários:

a) Experiências do primeiro dia ou a primeira impressão do local.

b) A história de como chegou lá, ou o motivo da terapia. Esse tema pode ser realizado em muitos níveis.

c) Preocupações principais, pessoais ou da instituição.

d) Como se vê, como os outros o vêem e como gostaria de ser visto.

e) A instituição na qual está, e você próprio.

f) Dobre o papel ao meio. Desenhe sua vida anterior no verso de uma das metades, e sua vida externa no seu anverso; compare.

g) Seu "eu"/papel profissional. Ver (d).

h) Seus relacionamentos profissional/clientes (para os funcionários).
i) Uma experiência traumática e a situação atual. Essa atividade focaliza os sentimentos de impotência e de perda de controle.
j) Situações e sentimentos que levam a crises específicas, p. ex.: rodada de bebidas, violação de leis, overdose etc.
k) Seus objetivos nessa instituição específica.
l) Ao sair da instituição: sentimentos a respeito da saída e o que as experiências vividas nela significaram para você.
m) O que a instituição faz e não faz por você (ou fez e não fez).
n) Retratos (realistas ou abstratos) do coordenador, terapeuta, professor. Esse tema evoca sentimentos em relação a esse profissional e em relação à instituição.
o) Sentimentos em relação a comemorações que se aproximam (que podem reforçar sentimentos de solidão, frustração etc.).
p) História em quadrinhos sobre o que você faria se pudesse deixar a instituição por alguns dias.

Relações familiares

Muitas idéias de outras sessões podem ser adaptadas para serem utilizadas com "famílias". As dadas aqui são específicas para uso com famílias. Estão em duas subseções:
(i) Percepções da família — exercícios individuais sobre relações familiares, e
(ii) Famílias em ação — atividades grupais para famílias por meio das quais é possível verificar como se relacionam no presente.

Percepções da família

Como percebemos nossos relacionamentos com nossa família. A maioria das pessoas tem emoções fortes em relação a sua família, portanto é necessária muita sensibilidade ao se apresentar esse tema, assim como é importante dispensar muito tempo à discussão. Alguns desses temas podem ser especialmente difíceis para certos grupos de pessoas, p. ex.: pessoas de luto ou órfãos.

127. Retratos de família

Os retratos podem ser realistas ou utilizar quaisquer dispositivos da seção J, nºs 197, 198, 204 ou 205. Um dos métodos consiste em falar das outras pessoas de sua família como se as estivesse descrevendo a um estranho num trem. Depois, elas podem ser retratadas com tinta ou argila.
Variações:
a) Auto-retrato usando o mesmo método.

b) Pessoas da família retratadas como animais ou objetos (ver nº 204).
c) Simplesmente desenhe sua família.
d) Crie um diálogo entre as pessoas da família, por meio da pintura.
e) Recorte figuras que lembrem sua família.

128. Desenho da família em movimento

Desenhe sua família com todas as pessoas fazendo algo, ou a família como um todo fazendo algo ou indo a algum lugar, ou, ainda, uma cena da vida familiar.

Variações:
a) Especifique a situação detalhadamente, p. ex.: um passeio com a família etc.
b) O seu papel na família.
c) Dada uma planta da casa, coloque nela as pessoas da família e descreva suas atividades.

129. Esculturas das relações familiares

Represente as relações em sua família modelando cada pessoa numa posição característica em relação às outras. Essa atividade pode ser feita com argila, ou com as pessoas do grupo representando os papéis de cada membro familiar, tendo como base a sua própria.

Variações:
a) Um sociograma que ilustre a si mesmo em relação à família, utilizando o tamanho dos círculos e as distâncias entre eles para explicitar a importância e a distância emocional das pessoas.
b) Móbile da família: um sociograma em três dimensões com cabides de roupa, cartolina e barbante.
c) Árvore da família: a família representada como uma árvore, com uma parte (galhos) destinada a cada membro, ou membros da família dispostos nos galhos, em posições típicas. (Imagine-se indo dormir em uma árvore, e ao acordar encontra membros de sua família ou pessoas próximas a você dizendo "bom-dia". Desenhe a posição deles — perto de você, ou até mesmo caindo da árvore. Atividade boa para crianças.)

130. Herança

Dobre o papel em quatro e desenhe em cada parte:
1) o que você herdou;

2) o que gostaria de ter herdado;

3) o que mais detesta ter herdado;

4) o que gostaria que seus filhos herdassem.

Variações:

a) O passado e o presente da família, e como você gostaria que ela fosse.

b) Forças e fraquezas herdadas de cada um dos pais.

131. Comparações familiares

Escolha um tema significativo da seção F (Autopercepções) e, depois de fazê-lo consigo mesmo, repita com outras pessoas de sua família, p. ex.: mãe, pai, marido, mulher, filhos etc. Há alguma semelhança?

132. Memórias de infância

Faça uma escultura da família (ver n$^{\underline{o}}$ 129) representando uma época da sua infância. Memórias de infância freqüentemente fazem as pessoas se lembrarem de mágoas esquecidas há muito tempo e que podem causar perturbações. É importante estar a par disso e dedicar tempo para a expressão delas.

Variações:

a) Fantasie uma viagem à infância recuperando lembranças (ver também o n$^{\underline{o}}$ 98).

b) Desenhe a si mesmo como é atualmente, as coisas de que gosta, sua imagem corporal, sua profissão etc.; depois, faça o mesmo com algum momento da sua infância.

c) Faça casas de bonecas representando vários estágios de identificação, p. ex.: casa dos avós, dos pais, dos filhos etc.

133. Reatuando as relações parentais

Divida o grupo em dois — grupo dos "pais" e o dos "filhos". Faça vários *role plays* enfatizando a relação, p. ex.: caminhadas às cegas, balanços etc. Depois, os "filhos" fazem desenhos para os "pais", que, por sua vez, fornecem o material; em seguida, os "pais" brincam com os "filhos" ou fazem um desenho para eles. Discutam sobre o relacionamento pais/filhos.

Variações:

a) Desenhe sua mãe (pai) criticando-a (o) (ou fazendo alguma afirmação semelhante, dependendo da situação específica).

b) Pintura a dedo para afirmações de Análise Transacional feitas pelo coordenador (frases de "pais", "adultos" ou "crianças", p. ex.: "Vá para seu quarto", "Agradeço sua opinião", "Vamos brincar)". Para uma introdução à Análise Transacional, ver *I'm O.K. — You are O.K.*, de T. A. Harris (Pan Books, Londres, 1973).

c) Desenhe o grupo como uma família, designando papéis.

134. Temas sobre família

Numerosos temas podem ser criados para estimular lembranças, sentimentos, conversas sobre famílias, p. ex.:

a) Você e um outro membro da família.

b) Uma lembrança da sua infância.

c) Você e seus pais etc.

d) Acontecimentos da família, p. ex.: casamentos, nascimentos, mortes, reuniões etc.

135. Relações familiares por meio de jogos

Freqüentemente as crianças acham difícil articular seus sentimentos de forma direta, mas podem representar situações por outros meios (ver Capítulo 1 da Primeira Parte), p. ex.:

a) Dramatizações utilizando areia. Utilize uma caixa de areia e miniaturas de animais e pessoas para retratar situações e contar histórias que podem se originar na vida familiar.

b) Bonecos de papel. Desenhe bonecos e animais em um papel, recorte-os e conte histórias sobre famílias humanas e de animais à medida que o faz.

c) Use massa de modelagem caseira (ver nº 39 para obter as receitas) para criar figuras significativas para as crianças, e observe o que elas fazem e dizem.

d) Utilize uma família de bonecos para descrever situações e sentimentos.

Famílias em ação

Essas idéias são para famílias ou casais que queiram explorar seus relacionamentos reais, por exemplo, em sessões de terapia familiar. Alguns desses exercícios podem ajudar as pessoas tímidas a participarem tanto quanto as outras. Entretanto, eles podem revelar verdades ocultas que alguns membros da família acham difícil de aceitar. Pode ser necessário algum apoio extra para auxiliar essas famílias a lidar com o que for revelado e, se necessário, a encontrar novas formas de se relacionarem uns com os outros.

136. Retratos realistas da família

Cada pessoa faz um desenho da família, representando de forma completa (em vez de figuras-palito) todas as pessoas, inclusive a si mesmo.

137. Relações familiares ou conjugais abstratas

As pessoas desenham ao mesmo tempo, em folhas separadas de papel, e criam um desenho abstrato ou simbólico da relação familiar ou conjugal.

138. Retratos emocionais

Mãe e pai (ou marido e mulher) desenham retratos emocionais um do outro. Depois, trocam os desenhos e modificam seus retratos, conforme gostariam que fosse.

Variação: faça auto-retratos grandes e realistas, dê-os ao parceiro para que o altere como quiser.

139. Situação atual

Todos os membros da família fazem desenhos da situação atual e de como gostariam que estivesse. Olhar as diferenças pode ajudar as famílias a estabelecerem suas próprias metas de mudança.

140. Coisas importantes

As famílias desenham em casa as coisas mais importantes para elas e trazem seus desenhos na próxima sessão para serem discutidos.

141. Partilha de experiências

Cada membro da família faz um desenho de si e do que fez no fim de semana. Os desenhos são comparados e discutidos.

Variações:

a) Desenhos de outras cenas da vida familiar.
b) Ver "Desenho da família em movimento", n° 128.
c) Utilize qualquer tema da subseção "Percepção da família" e compare os desenhos.

142. Problemas e resoluções de problemas

Cada membro retrata o problema principal em sua família e como ele afetou sua vida pessoal, p. ex.: álcool, transgressões da lei, doença mental, overdoses, deficiência, desemprego etc.

Variação: caso haja um problema específico acometendo a família ou um de seus membros, cada pessoa retrata a maneira como vê o problema, suas necessidades etc. e como o sente. As maneiras diferentes de ver o problema são discutidas e, se possível, uma linha de ação é esclarecida.

143. Raiva

As pessoas da família fazem um desenho relacionado com sua raiva. Depois, pede-se que o dêem a um dos componentes da família.

144. Pais e filhos

Os filhos fazem desenhos de si mesmos quando eram mais novos. Os pais fazem desenhos de si em idades parecidas com as de seus filhos. Esse exercício pode trazer à tona papéis, problemas, projeções, identificações etc. semelhantes.

145. Senhor-Escravo

Ver n° 170, com os filhos "mandando" na mãe ou no pai.

146. Família com só um dos pais

Cada membro da família faz um desenho ou uma colagem mostrando as coisas boas e ruins de ter apenas um dos pais em casa/sendo mãe ou pai solteiro.

147. Influência dos avós

Essa é uma atividade a ser realizada em duas partes:
1) Cada membro da família faz um desenho simbólico de família (ver n° 137).
2) Divida o papel na metade. De um lado, faça um desenho simbólico da família dos avós maternos; no outro lado, desenhe a família dos avós paternos. Depois de terminado, assinale qual dos dois se parece mais com o desenho feito em (i).

Esse exercício pode ser útil para se traçar a herança inconsciente das gerações anteriores.

148. Escultura da família em ação

Ver n° 129, mas usando os membros da família.

149. Desenho em família

Os membros da família fazem um desenho ou uma pintura juntos em uma grande folha de papel. Depois discutem a dinâmica familiar.

Variações:
a) A família decide primeiro qual será o tema do desenho.
b) Projeto de construção conjunto, utilizando qualquer material.

150. Compartilhando recursos

Alguns materiais são dados à família para que faça uma escultura familiar com eles. Os materiais podem incluir várias coisas, como bases de cartolina, tesouras, cola, pastel oleoso e folhas de papel encorpado de cores variadas, mas deve haver menos folhas de papel que membros da família, para que as pessoas discutam formas de distribuir e aproveitar os recursos (p. ex.: quatro folhas de papel para uma família de cinco pessoas).

151. Equipes

Cada membro da família escolhe um lápis ou uma caneta de cor diferente. A família divide-se em duas equipes e cada uma faz um desenho, uma pessoa por vez, silenciosamente. Esse exercício pode captar "alianças familiares" e a forma como funcionam.

152. Sessões de avaliação de arte

Essa é uma série de atividades desenvolvidas por arteterapeutas que trabalham com terapia familiar e de casais. Dedique cerca de 10 minutos a cada tarefa que deve ser seguida por 10-15 minutos de discussão. Essa série se baseia no trabalho de H. Kwiatkowska.

a) Retrato realista da família (ver o nº 136).
b) Relações familiares e conjugais abstratas (ver nº 137).
c) Garatujas conjuntas (ver nº 158 [f]).
d) Auto-retrato dado ao parceiro (ver nº 138).
e) Desenhos individuais, sem tema específico.

153. Outras atividades em pares ou em grupo

Utilize qualquer atividade de grupo ou em par das seções H, I e J — a que for mais adequada. Esses exercícios podem ser reveladores, mas também fonte de atividades conjuntas e agradáveis, importante para as famílias.

Para mais detalhes de técnicas familiares e de casal, veja *Family Therapy and Evaluation Through Art*, de H. Kwiatkowska (C. C. Thomas, Springfield, Illinois, 1978); *Clinical Art Psychotherapy*, de Helen Landgarten (Brunner/Mazel, Nova York, 1981); e *Art Therapy*, de Harriet Wadeson (John Wiley, Nova York e Chichester, 1980).

Trabalhando em duplas

Essa seção contém jogos e exercícios que necessitam de trabalho em duplas. Muitos são sobre o relacionamento das duplas, e há diversas variações nas "regras básicas" que afetam a interação. É melhor trabalhar em silêncio na maioria dos exercícios, deixando que o desenho tome o lugar das palavras.

154. Desenhando e pintando em duplas

Faça um desenho, trabalhando em dupla na mesma folha de papel. Se a ausência de regras tornar a atividade monótona, experimente incluir algumas no exercício, p. ex.:

a) uma pessoa desenha curvas, a outra traça retas;
b) cada pessoa se atém a uma cor ou a um conjunto delas;
c) cada um, simultaneamente, espelha o que o outro faz.

155. Conversas

Escolha uma cor que expresse um aspecto de si e, em silêncio, faça dupla com alguém que tenha uma cor diferente. Então dialogue em tinta ou lápis no mesmo papel, cada um com uma cor e de forma alternada, expressando-se do seu jeito.

Variações:

a) Use cores e formas, ou qualquer tipo de sinal gráfico e responda a elas.
b) Estipule o tipo de diálogo, p. ex.: para expressar aborrecimento.
c) Alternadamente, uma pessoa desenha enquanto a outra observa; a que estava observando deve continuar o desenho a partir de onde a outra parou.

d) Ambos trabalham ao mesmo tempo, fazendo linhas a seu próprio modo.

e) Siga um ao outro.

f) Troquem cores entre si depois de algum tempo.

g) Desenhem no mesmo desenho.

h) Usem a mão oposta a que usa normalmente.

i) Cada um da dupla se senta em lados opostos de uma folha de papel comprida; comece a dialogar com o seu par e depois desenvolva uma conversa com os vizinhos dos lados.

156. Desenhando com um observador

Uma pessoa da dupla diz o que lhe vem à mente enquanto observa outra desenhando. O autor do desenho responde à medida que achar oportuno.

Variação: o observador espelha o ritmo e a forma de trabalho do artista. Pode haver uma terceira pessoa observando ambos. Troquem de papel.

157. Partilhando o espaço

Comecem revezando-se no mesmo papel e, depois, continuem o exercício desenhando ao mesmo tempo. Vejam a maneira como estruturaram o espaço.

Variações:

a) Escolham três cores e desenhem a experiência da relação, principalmente o modo como estão partilhando o espaço.

b) Troquem as cores entre si depois de algum tempo.

c) Utilizem métodos de colagem; cada um deve ter um papel colante de cor diferente para criar padrões em uma grande folha de papel.

158. Desenho conjunto

Faça um desenho com um parceiro, de preferência em silêncio. Respondam ao desenho do outro e mantenham a relação enquanto desenham. Bom exercício para pessoas que ainda não se conhecem e para assumir os riscos envolvidos.

Variações:

a) Apenas desenhem em duplas, em silêncio.

b) Criem um meio ambiente para ambos.

c) Comecem com cor própria e com os olhos fechados durante dois minutos, e depois trabalhem juntos no que resultar dessa atividade.

d) Combinem um tema antecipadamente.

e) Trabalhe com parceiro, desenhando algo que forme um todo coerente.

f) Cada parceiro faz seus próprios rabiscos, com os olhos fechados. Depois, ambos fazem associações com os rabiscos resultantes e decidem trabalhar apenas com um deles, desenvolvendo-o em um desenho. Quando o desenho estiver acabado, criar uma história sobre ele.

159. Garatuja de Winnicott (baseadas no trabalho de D. W. Winnicott)

Faça uma garatuja, depois troque-a com o parceiro, que tentará fazer um desenho a partir dela. Boa atividade para o "aquecimento" ou para soltar a imaginação quando um grupo estiver travado ou vacilante.

Variações:

a) Desenhe um símbolo ou uma representação de algo do momento atual, ou de uma preocupação atual. Em silêncio, troque o desenho com o parceiro e continue o desenho dele sem eliminar nada. Discutam a influência recíproca das interpretações e fantasias.

b) Desenhe algo e troque-o com o parceiro. Trabalhe no desenho dele. Os desenhos podem ter um tema único ou serem criados a partir de qualquer coisa que venha à mente.

160. Entrevistas de apresentação

Entreviste o parceiro e depois faça um desenho para mostrar ao grupo algo da vida e dos interesses dele.

161. Diálogos

Desenhe algo que expresse um sentimento ou um interesse atual. O parceiro desenha algo em resposta. Troquem os desenhos e repitam.

Variações:

a) Cada parceiro faz a sua parte do desenho simultaneamente, depois trocam para responder.

b) Desenhem o problema no lado esquerdo; troquem e o parceiro desenha a solução no lado direito.

c) Jornada perigosa: uma pessoa desenha uma trilha e os obstáculos e a outra pessoa desenha a solução.

162. Desenhos em seqüência

A primeira pessoa desenha os personagens, a segunda escreve as falas etc., de forma que criem uma história contínua.

Variação: a primeira e a segunda pessoas alternam-se para criar a história, sem nenhum diálogo escrito.

163. Retratos

Faça um auto-retrato e um retrato de seu parceiro. Isso resulta em quatro retratos, que depois são partilhados e discutidos.

Variações:

a) Retrato do parceiro por meio de cores e formas diferentes.

b) Faça um auto-retrato, e depois troque-o com o parceiro que fará outros acréscimos; façam o retrato um do outro e troquem para fazer acréscimos.

c) Desenhe seu parceiro sem olhá-lo enquanto o faz.

d) Depois de ter desenhado retratos, entreviste seu parceiro.

e) Dê atenção especial a detalhes como botões, cintos etc.

f) Obtenha efeitos variados usando colagem.

164. Primeiras impressões

Semelhante a "Retratos" (ver o nº 163). Relaxem e olhem um para o outro. Em um mesmo papel, desenhem, uma pessoa por vez, qualquer coisa que o tenha atraído no rosto do parceiro, sem levantar o lápis do papel. Discuta o resultado quando terminarem.

Variações:

a) Em um mesmo papel, alternem-se para tomar nota das primeiras impressões, pensamentos ou sentimentos que tiveram, por meios abstratos.

b) Desenhe as impressões que você teve do parceiro usando uma forma e uma cor.

c) Desenhe o retrato do rosto do parceiro, dando sua impressão do tipo de pessoa que ele é.

d) Desenhe o tipo de pessoa que você é para seu parceiro e o tipo de pessoa que ele é para você.

e) Façam retratos um do outro e, embaixo deles, escrevam frases afirmativas sobre o parceiro.

165. Máscaras

Faça uma máscara (ou use uma máscara lisa preparada anteriormente) e desenhe nela a impressão que tem do seu parceiro enquanto ele a usa.

Variações:

a) Faça e pinte uma ou diversas máscaras. Trabalhe com o parceiro, experimentando máscaras.

b) Ver também "Máscaras" (nº 86), o capítulo trata do trabalho em dupla.

c) Faça máscaras da "fachada" que a outra pessoa tem. (Algumas vezes, os outros percebem mais facilmente a nossa "fachada" do que nós mesmos.)

d) Faça colagem ou use imagens recortadas de revistas.

166. Pintura facial

Semelhante a "Máscaras", mas com a "um rosto real!" Em duplas, pinte o rosto de seu companheiro com as suas impressões do tipo de pessoa que ele é.

Variação: usando o rosto de seu companheiro como uma tela, faça uma pintura abstrata ou uma máscara expressiva; leve o tempo que precisar.

167. Silhuetas

Em uma folha de papel e um abajur, trabalhem em duplas desenhando em volta da sombra do outro. Desenhe detalhes na silhueta do parceiro.

Variações:

a) Movam-se ao redor do outro para ver as diversas sombras em posições diferentes.

b) Apenas preencha sua silhueta com preto.

c) Se a sala toda estiver escura, as crianças que estiverem esperando a vez podem trabalhar com argila ou com alguma outra coisa, divertindo-se e assimilando o clima "assustador".

168. Relacionamentos

Utilize qualquer combinação dos jogos de aquecimento, seguidos dos desenhos de ambos os parceiros sobre um tema escolhido da seção F (Autopercepções); os desenhos resultantes são compartilhados. Finalmente, desenhe o relacionamento que construiu com seu parceiro, (esta parte pode ser realizada individualmente ou em conjunto).

169. Projeto conjunto

Inicie uma atividade com o parceiro, p. ex.: desenho, pintura, colagem, escultura, a construção de algo. A conversa é incentivada.

Variação: façam objetos conjuntamente, a partir de sucatas, sem falar.

170. Senhor-Escravo

Uma pessoa diz à outra que materiais pode usar, como usá-los, o que desenhar etc. Troquem de papéis. Discutam a experiência. Isso evocará questões de autoridade e controle. Proposta especialmente útil para fornecer situações nas quais os papéis normais podem ser trocados, p. ex.: os filhos "mandam" nos pais ou no professor.

Desenhos grupais

Todos os itens dessa seção são desenhos grupais nos quais várias pessoas trabalham em conjunto em uma mesma folha de papel para chegarem a um resultado final comum. As diferenças entre os desenhos grupais estão nas "regras básicas" estabelecidas e, cada uma das idéias a seguir selecionou um grupo diferente de regras. (É claro que o tipo de grupo, o ambiente etc. também influenciam o que acontece. Ver o Capítulo 2 da Primeira Parte). Assim como mostram as percepções individuais, com freqüência os desenhos grupais revelam com muita intensidade (e algumas vezes dolorosamente) algumas das dinâmicas que estão ocorrendo no grupo.

Algumas perguntas úteis podem ser feitas sobre interação grupal.

Como a forma artística se inicia?
Quem toma a iniciativa?
São utilizadas as sugestões de quem? E as de quem são ignoradas?
As pessoas se revezam, formam equipes ou trabalham todas ao mesmo tempo?
Alguém é excluído?
Onde fica o trabalho de cada pessoa e quanto espaço ele ocupa?
As pessoas acrescentam algo ao trabalho do outro?
Quem é o líder ou o participante mais ativo?
Que influências os tipos diferentes de limites exercem?
O desenho grupal é uma experiência agradável ou uma experiência ameaçadora?

Nem todas essas questões são importantes ou úteis para todas as situações, dependendo da importância que se dá à exploração. A fotografia 18 mostra um grupo da equipe de profissionais de um hospital mental trabalhando em um desenho grupal.

171. Desenho grupal com um mínimo de instruções

Em essência, uma grande folha de papel é fornecida a um grupo (em mesas ou no chão) e pede-se às pessoas que trabalhem em um grande desenho, sem um tema específico. Muitas das questões do começo dessa seção serão importantes para a discussão posterior.

Variações que podem ser usadas para aumentar a estrutura da situação, conforme desejado:

a) Cada pessoa escolhe uma cor e trabalha com ela; mais tarde, pode trocar de cor caso queira, ou negociar cores com os outros para as misturar às que usou primeiro.

(Fotografia de John Ford)

18: Pintura grupal em processo — grupo de profissionais de um hospital psiquiátrico.

b) Todos começam a pintar ao mesmo tempo.
c) Trabalham em subgrupos.

d) Trabalham de modo cooperativo.

e) O tema pode ser escolhido pelo grupo ou ir se definindo à medida que o trabalho se realiza.

f) Todos começam no centro do papel; ou todos começam nas bordas do papel.

g) Revezem-se, com dois minutos para cada um, depois podem "avançar" todos juntos.

h) Usem os dedos e as mãos.

172. Desenho cooperativo

Um grande grupo faz um desenho sobre algo não definido, mas trabalhando uns com os outros, unindo a sua parte à do vizinho. Essa atividade desenvolve a experiência partilhada.

Variação: falem sobre o efeito do contexto e das regras (ver anteriormente); auxiliam ou atrapalham o desenvolvimento da experiência grupal?

173. Jornal-mural

Coloque uma grande folha de papel na parede, com canetas hidrocor à disposição (amarradas em barbantes). Qualquer um pode escrever ou desenhar qualquer coisa a qualquer momento. Essa atividade é boa para desabafar e para a expressão anônima de idéias (p. ex.: em uma conferência).

174. Um todo harmonioso

Cada pessoa faz um desenho durante dez minutos em uma folha individual. As folhas são pré-numeradas no verso com letras e números, p. ex.: 1A, 1B... 3C, 3D etc. Então, são viradas e afixadas em um quadriculado, com o lado desenhado para fora:

1A   1B 1C 1D

2A   ....

3A   .... etc.

O grupo tem de transformar o desenho em um todo harmonioso, sem falar.

Variação: cada pessoa faz uma garatuja em uma grande folha de papel. Depois, o grupo faz um todo harmonioso com todas elas.

175. Trocando de lugar

Todos começam ao redor de uma folha de papel enorme, desenham algum tempo e, depois, vão para o lugar seguinte.

176. Escolhendo imagens

O grupo cobre o papel com cores e formas livres. Depois, o papel é passado por todas as pessoas e cada uma escolhe imagens e as reforça desenhando nelas.

Variação: fale sobre uma das formas (da que gosta ou não) na primeira pessoa.

177. Território

Os membros do grupo delineiam seu território, demarcam-no com seus nomes e colocam nele algo de si mesmos. Depois, todos são liberados para colocar qualquer coisa no território de outra pessoa. A discussão pode abarcar quem deu o que a quem etc.

Variações:

a) Dê a outra pessoa algo que você acha que ela precisa.

b) Conceda de dez a quinze minutos para a delimitação inicial de áreas e termine voltando para sua própria área para fazer mudanças e acréscimos finais.

c) Após trabalhar com territórios iniciais individuais, una-os com os outros territórios.

178. Mandala grupal

Desenhe um grande círculo em uma folha grande, dividindo-o em setores, como as fatias de um bolo, conforme o número de pessoas que o grupo tiver. As pessoas podem decidir se desejam ficar em seus próprios territórios, desenhando qualquer coisa que queiram, ou se querem entrar no espaço de outras pessoas; estas também decidem se suas fronteiras são nitidamente demarcadas ou misturadas com as dos vizinhos de ambos os lados. A discussão pode examinar como as decisões das pessoas influenciaram a pintura toda e as interações entre elas.

Variações:

a) Divida o grande círculo em círculos concêntricos menores, um para cada pessoa.

b) Escolha um tema para todo o grupo, p. ex.: dia e noite.

179. Pontos de partida individuais

Cada pessoa pega uma cor e, com os olhos fechados, faz uma linha contínua. Após alguns momentos, todos abrem os olhos e desenvolvem sua própria área com todas as cores, fundindo seu trabalho com o dos vizinhos nas fronteiras.

Variações:

a) O estágio inicial pode incluir alguma movimentação em torno do papel.

b) Os estágios mais avançados incluem o trabalho sobre a pintura como um todo.

c) A discussão posterior pode ser com o grupo todo, ou incluir conversas entre os vizinhos.

d) Versão de infância: escolha uma idade entre os cinco e os dezoito anos antes de começar a sua linha e o seu espaço.

180. Histórias em grupo

Cada pessoa começa a desenhar uma história em algum lugar no papel, ou a partir do próprio espaço. À medida que todos ampliam suas histórias e deparam com as de outras pessoas, permita que as histórias individuais se desenvolvam e ganhem outras facetas. As pessoas devem se mover em torno do papel.

Variações:

a) Vá se movendo ao redor do papel fazendo acréscimos a cada história até completar a volta toda e chegar na sua história outra vez.

b) Desenhe uma história ou um fato comum a todos.

c) Comece desenhando o "local onde sente que está" no momento, desenhando nas margens do papel, depois troque de lugar para continuar as histórias dos outros.

181. Conto de fadas em seqüência temporal

Cada pessoa desenha seu próprio conto de fadas em seqüência temporal, em folha de papel comprida (o grupo combina onde será o topo, embaixo, o começo e o fim da folha). Qualquer um pode começar em qualquer lugar, sem conversar.

Variações:

a) Todos escrevem uma história ou um poema sobre o desenho acabado e o lêem em voz alta para o grupo.

b) Poemas, histórias ou desenhos posteriores inspirados pelo desenho grupal.

182. História com uma palavra por vez

Cada pessoa diz uma palavra na sua vez, para fazer uma história, que então é anotada. Essa história será ilustrada com desenhos individuais ou com um desenho grupal.

Variações:

a) Desenhe uma história usando as imagens das pessoas.

b) Passe um desenho de mão em mão, contando uma história à medida que as pessoas do grupo acrescentam coisas a ele.

183. Desenho grupal com uma-pessoa-por-vez

Em uma grande folha de papel, uma pessoa começa enquanto os outros observam. Depois, o próximo continua, e assim por diante.

Variações:

a) Comecem com uma história, a pessoa seguinte a continua.

b) Façam sinais reagindo ao que ocorreu anteriormente.

c) Usem apenas pontos, linhas retas ou curvas, primeiro em branco e preto, e depois usando cores.

d) Estabeleçam um número de vezes para cada um, ou entre em acordo sobre quando devem parar.

e) Passe o papel de mão em mão, se a folha for pequena.

f) Projetem em uma pintura abstrata, e desenhem as fantasias do que veêm.

g) Revezem-se desenhando algo sobre si mesmo. Finalmente, acrescentem coisas ao todo se desejarem.

h) Apresentações: seu nome e desenho de si mesmo numa folha fixada à parede.

i) Murais temáticos: depois da discussão do tema, cada pessoa vai ao mural na sua vez e desenha.

j) Use tintas e massas de cores em vez de linhas.

k) Argila: passe um pedaço de argila; cada um faz algo rapidamente e depois passa-o adiante. Discuta os sentimentos ligados às mudanças.

184. Murais grupais sobre temas

São feitos murais — em grandes folhas de papel pregadas na parede ou na lousa — sobre temas específicos escolhidos pelo líder ou pelo grupo, por discussões ou *brainstorm*. Podem ser feitos por uma pessoa de cada vez ou por todo o grupo ao mesmo tempo (desde que este não seja muito grande).

Exemplos de temas:

a) aspectos da vida em algum centro, instituição etc. específicos;

b) acontecimentos grupais, p. ex.: passeios, piqueniques, festas etc.;

c) sentimentos acerca de uma experiência comum ao grupo;

d) temas de fantasias como viagens, vida submarina, vida no espaço sideral, animais etc.;

e) desenho abstrato.

185. Solidariedade

Algumas vezes, minorias oprimidas podem achar útil celebrar seus elos comuns e suas contribuições positivas, desenhando ou pintando murais que retratem sua experiência a esse respeito. Pode haver questões políticas envolvidas, que originem debates calorosos!

Exemplos de temas:

a) festas e músicas de minorias étnicas;

b) contribuições das mulheres à humanidade;

c) símbolos de paz;

d) mural das atividades realizadas na vizinhança, no bairro etc.;

e) o que idosos, pessoas com deficiência etc. têm em comum no mundo todo.

186. Construindo mundos e ilhas

O grupo utiliza sucata, tinta, colagens, lápis etc. para construir uma ilha ou mundo para viver ali.

Variações:

a) Se diversos grupos pequenos estiverem fazendo a mesma atividade, as pessoas podem, mais tarde, visitar outras ilhas para compará-las à sua.

b) Em vez de uma ilha, construa um parque, uma escola, um centro de vivência, uma cidade, um mundo ou um meio ambiente grupal.

c) Use lápis ou tinta em vez de sucatas.

d) Especifique mais detalhes, p. ex.: uma cidade em uma ocasião específica, estar encalhado em uma ilha, vista aérea de uma aldeia com os participantes desenvolvendo suas próprias áreas e trabalhando ou vivendo em comunidade.

e) Desenhe ilhas individuais em um mural, depois escolha a ilha de alguém para visitar e planeje como chegar lá. Se for apropriado, discuta os motivos da escolha.

f) Desenhe cidades individuais nos cantos de grandes folhas de papel, depois faça uma estrada para a cidade de outra pessoa (esta opção funciona melhor com grupos de quatro pessoas).

g) Crie uma comunidade imaginária em papel-mural com canetas hidrográficas ou lápis de cera.

h) Crie sua própria casa e, depois, a vizinhança.

i) Faça um mundo de argila.

j) Crie árvores individuais de argila e faça uma floresta em uma grande prancha de madeira. Se estiverem ao ar livre, adicionem também gravetos, folhas e pedras.

k) Use colagem para fazer um "mundo circular".

l) Mundos em caixas.

m) Faça um auto-retrato de tamanho natural e coloque onde achar mais adequado. O grupo discute e, talvez, mude o retrato de lugar; em seguida deve criar um meio ambiente adequado para os auto-retratos.

n) Caso diversos grupos estejam participando, a discussão final pode comparar cidades ou mundos, ou, ainda, estabelecer critérios de avaliação para esses mundos.

o) Desenho ou escultura do grupo.

187. Colagem grupal

Muitas das idéias relacionadas até aqui podem ser adaptadas para colagem com imagens de revistas e imagens pré-preparadas em vez de tinta ou lápis, p. ex.: mural temático, um mundo em colagem etc.

Variação (boa para crianças): cada criança recebe o controle total de pelo menos um instrumento (p. ex.: tesoura), que só ela pode usar.

188. Colagem de sentimentos

Recorte figuras que expressem emoções claramente e faça uma colagem com elas. Escreva o que cada personagem pode estar dizendo. Variação: os membros do grupo podem fazer mímica ou representar os sentimentos expressos.

189. Contribuições

As idéias seguintes são todas para desenhos grupais que consistem de contribuições individuais dos membros do grupo. São especialmente adequadas para grupos que não conseguem trabalhar juntos de uma forma menos estruturada

a) Reunião de painéis individuais (feitos previamente de modo que se encaixem) sobre temas dados, usando pastel, tinta ou colagem.

b) Cada pessoa recebe um lugar fixo em um determinado projeto.

c) Quebra-cabeça: recorte formas vazias em formas menores. Cada pessoa do grupo desenha em uma forma, e depois a forma maior é reagrupada.

d) Uma folha grande é dividida em partes que se encontram em um círculo central. Formas diferentes entre si são designadas para cada um, p. ex.: triângulos, quadrados, estrelas etc. com instruções para se trabalhar em direção ao centro e entrar nele.

e) Em grupo, desenhe uma árvore — em seguida todos colocam coisas diferentes embaixo dela.

f) Desenhe uma casa e, depois, pessoas diferentes fazendo atividades diferentes nas várias salas da casa.

g) Quatro pessoas podem usar os quatro lados de uma caixa para fazerem contribuições individuais sobre qualquer tema.

h) Discutam como as contribuições individuais podem se integrar.

190. Aproximando-se

Num grupo estável, se o trabalho em projetos cooperativos for difícil, crie estágios que se aproximem progressivamente disso:

a) Trabalhem em espaços determinados em uma folha grande, fisicamente distantes um do outro.

b) Reduza o tamanho designado para fazer um todo harmonioso.

c) Verifiquem as partes individuais para fazer um todo harmonioso.

d) Todos trabalham em um pequeno projeto, sem distribuir o espaço.

191. Escultura grupal

O grupo trabalha junto em um pedaço de argila, sem um tema preestabelecido, ou com a finalidade de fazer uma escultura conjunta.
Variações:

a) Use uma superfície de argila da mesma forma que em um desenho grupal (opção que usa muita argila).

b) Use outros materiais tridimensionais, como retalhos de madeira ou sucatas.

c) Boa opção para crianças; cada criança tem o controle total de pelo menos um pouco de sucata, argila, plastilina etc., que apenas ela pode usar em uma escultura grupal cooperativa.

d) Cada um faz uma parte de uma cena específica (p. ex.: cena de parque ou de circo) e depois transformam-nas em um todo harmonioso.

e) Cada pessoa usa plastilina de cor diferente ou um outro material, de forma que as contribuições individuais possam ser vistas.

f) Cada pessoa tem um material diferente, p. ex.: papel colorido, lenços de papel, celofane etc. A primeira pessoa começa, passa o trabalho para que a próxima acrescente algo, e assim por diante.

192. Sobreposição de transparências em grupo

Essa é uma opção boa para um grupo que trabalhou junto em um outro projeto ou está junto há algum tempo. Cada um escolhe celofane de uma cor diferente e usa-o para se representar no grupo, estabelecendo uma relação com a forma, o tamanho e a posição da figura. O uso de celofane colorido significa que a maneira pela qual o grupo funciona também pode ser vista por meio da sobreposição das formas individuais.

193. Papéis grupais

Cada um faz uma auto-imagem tridimensional (em argila, plastilina, restos de madeira ou sucata), depois move-a em silêncio por um grande pedaço de papel ou prancha de madeira, que serve como o "espaço de um mundo". Quando todos tiverem encontrado seu "lugar", ele é marcado por um traço. Então o grupo discute os vários papéis possíveis no grupo, p. ex.: facilitador, estrangeiro, invasor, bode-expiatório, pacificador etc.

194. Role-playing

Desenho grupal com papéis diferentes designados a cada pessoa, de preferência papéis opostos ao comportamento normal da pessoa. Termine fazendo desenhos individuais para voltar a ser você mesmo.

195. Pintando com música

Desenhem em conjunto ao som da música, prestando atenção ao grupo e aos sentimentos.
Variações:
a) Faça aquecimento, usando movimentos ao som da música.
b) Exercícios de movimento, seguidos de desenho, com movimentos de características diferentes, p. ex.: audaciosos, amplos, controlados etc.

196. Resposta individual à pintura do grupo

Desenhos grupais podem ser experiências intensas que serão mais bem assimiladas se cada pessoa fizer um desenho individual em resposta à experiência do desenho grupal. Os desenhos podem ser partilhados com o grupo, se desejado.

Jogos grupais

Essa seção contém exercícios nos quais as regras para interação pressupõem um grupo, embora não exista um produto final grupal. Essas regras de interação são como as dos jogos, nos quais uma regra diferente cria um jogo diferente. A maior parte dos jogos envolve comparação da própria percepção com a percepção dos outros. Muitos deles ampliam idéias da seção F (Autopercepções) e H (Trabalhando em Duplas). O elemento lúdico pode torná-los muito agradáveis e, também, abordar preocupações sérias sob uma nova perspectiva.

197. Retratos

Faça retratos rápidos das outras pessoas do grupo (p. ex.: dez retratos em 30 minutos); assine-os e dê-os às pessoas desenhadas.

Variações:

a) Sugira que os retratos devam ser engraçados/em formas/usando texturas.

b) Esboços dos outros, andando ou fazendo atividades típicas (podem ser figuras de palitos).

c) Figuras de argila: modele a figura de outra pessoa do grupo em uma postura que transmita claramente os sentimentos dela.

d) Desenhe retratos de si mesmo colocando características marcantes; comente os desenhos com o grupo. O grupo dá apelidos ou adivinha quem desenhou os retratos.

198. Retratos por esforço combinado

Cada vez uma pessoa desenha um auto-retrato. Após isto, as outras tornam o retrato mais parecido com ela.

199. *Emblemas e totens*

Desenhe um emblema que o descreva e pregue-o na roupa. Depois faça emblemas semelhantes para os outros descrevendo suas características principais. Funciona melhor quando as pessoas se conhecem bem, ou, então, em um grupo de pessoas que estejam preparadas para correr riscos.

Variações:

a) Coloque os emblemas individuais num "totem" grupal.

b) Brasões para si e para os outros.

200. *Símbolos grupais*

O grupo desenvolve e pinta um símbolo que seja compartilhado por todo o grupo.

Variação: um brasão grupal.

201. *Máscaras*

Todos desenham uma máscara, depois colocam-na e participam de uma peça sobre o personagem da máscara; o exercício funciona melhor com pequenos grupos, de mais ou menos quatro pessoas. Há muitas variações e formas de se chegar às máscaras escolhidas, p. ex.:

a) Máscara de um lado inaceitável de sua personalidade. Depois, reúnam-se em grupos de quatro pessoas com máscaras opostas, formando uma "unidade familiar" para fazer uma encenação. Técnicas de visualização e imaginação podem ser usadas para se entrar em contato com o lado inaceitável de si mesmo (ver a seção K).

b) Uma pessoa fala sobre a sua máscara e outra encena o papel.

c) Cada um traz um objeto para o grupo. Cada pessoa faz uma mímica com todos os objetos e desenvolve um "personagem" que é pintado em sua máscara. As máscaras são então usadas em uma peça.

d) Utilize sacos de papel e tinta para fazer personagens, que ganhem vida e faça uma peça com eles (boa opção para crianças).

202. *Presentes*

Faça, desenhe ou pinte presentes que gostaria de dar a cada pessoa do grupo e depois os dê. Os desenhos também podem ser feitos em uma grande lousa. A discussão irá explorar os sentimentos ligados ao dar e receber, e provavelmente os sentimentos de ir embora com os presentes.

Variações:

a) Um presente de "despedida" para as pessoas levarem consigo, no fim de um grupo.

b) Pode ser direcionado às comemorações, p. ex.: Natal, Páscoa etc.

c) Estipule um tipo de presente — concreto, abstrato etc.

d) Nele pode haver um objetivo específico, p. ex.: auxiliar a atingir uma meta a curto prazo.

e) Objetos preciosos.

f) Pode ser repetido em intervalos; veja se os presentes se tornam mais significativos.

g) Faça ou desenhe qualquer objeto, depois dê-o a alguém do grupo.

203. Partilha de sentimentos

Escolha um tema que interesse as pessoas do grupo, p. ex.: um problema ou situação em comum etc. Cada um desenha coisas boas e ruins sobre a situação específica e cada desenho é feito em uma folha de papel separada. As imagens comuns são discutidas como um cenário.

204. Retratos metafóricos: individuais

Desenhe retratos metafóricos dos outros (e de si) no grupo (ver também o nº 89). Algumas vezes há tempo apenas para alguns, outras vezes todos podem fazer um retrato de todos os outros. Os retratos podem ser abstratos ou flores, animais, edifícios, árvores, casas, ilhas etc.

Há diversas maneiras de partilhar o produto final:

a) Todos se revezam para explicar os retratos que fizeram.

b) Uma pessoa segura um retrato, as outras adivinham de quem é; aí quem adivinha corretamente segura um retrato, e assim por diante.

c) Após cada retrato ter sido discutido ou "adivinhado", é entregue como um presente à pessoa retratada. Ao final, todos têm uma coleção de retratos metafóricos de si.

Variações adicionais dessa idéia:

d) Eu e alguém — abstratos. Pode ser especificado se a pessoa retratada deve ser do grupo ou não. O jogo de adivinhação pode sugerir quem é a outra pessoa.

e) Desenhe um animal imaginário, depois veja o que acontece quando dois animais se encontram.

f) Ver também o nº 89.

205. Retratos metafóricos: grupais

Encontre uma metáfora para o grupo como um todo e desenhe-a. Essa atividade pode ser feita individualmente, ou pelo grupo.

Variações:

a) Desenhe o grupo como animais em um cenário.

b) Desenhe-se como parte do grupo, usando cores, posições, formas etc. O desenho pode receber acréscimos ou modificações ao longo de um período de tempo.

c) Combine com o nº 204. Retrate as pessoas do grupo individualmente e o grupo como um todo.

206. Interpretações

A idéia básica é comparar interpretações grupais com a intenção inicial. Existem muitas maneiras de se fazer isso, p. ex.:

a) Ver os nºs 204 e 205 (c) (retratos metafóricos de pessoas e grupos). Na discussão, todos (com exceção do autor do retrato) comentam, fazem associações, interpretações; o autor fica em silêncio.

b) Todos fazem um desenho de um tema específico, p. ex.: de um rosto, de uma árvore, de um animal, de uma casa, de uma ilha, de uma máscara etc. Os desenhos são misturados e, depois, mostrados um por um ao grupo. Este descreve cada desenho como descreveria uma pessoa.

c) Cada um desenha suas idéias a respeito de emoções diferentes, p. ex.: raiva, ansiedade etc., e nomeia cada figura no verso. As figuras são misturadas e o grupo tira uma e tenta chegar a um acordo sobre uma interpretação. Depois, ela é comparada com a intenção original.

d) Uma pessoa descreve uma imagem e todos tentam desenhá-la a partir dessa descrição. Os desenhos finalizados são comparados com o original e a discussão se concentra nas interpretações diversas que as pessoas fazem com a informação que lhes é dada.

e) (Atividade para crianças) Cada criança diz uma "palavra" para outra criança, que a representa de alguma forma. A discussão se concentra em como interpretaram uma palavra específica.

207. Interpretações em ação

Em grupos de três pessoas, cada uma desenha um símbolo ou uma situação atual. Silenciosamente, trocam o desenho com a próxima pessoa e continuam, sem apagar nada. Repita com a terceira pessoa e retorne à primeira. Discutam as interpretações.

208. Caricaturas de conflitos

Grupos de duas a cinco pessoas cooperam para fazer uma caricatura que ilustre um conflito ou um tema que considerem importante. Em seguida, cada grupo passa a sua caricatura para um outro que fará considerações e interpretações de preconceitos, estereótipos, pontos de vista do desenho etc. (Essa idéia é baseada no fato de que caricaturas freqüentemente recorrem a estereótipos para transmitir sua mensagem.)

209. "Borboletas"

Cada um faz dois desenhos "borboleta" dobrando folhas de papel com manchas de tinta em uma das metades. Coloque um de lado e, então, faça uma monotipia com o desenho de outra pessoa sobre o seu segundo desenho. Repita com mais interações quantas vezes desejar no mesmo desenho. Discuta o medo de perda de identidade no grupo; o desenho "limpo" pode representar a identidade preservada.

210. Retratos em tamanho natural das pessoas e do grupo

Desenhe um contorno em volta de cada pessoa e, depois, preencha com cores contornos que não sejam o seu.

236

Variações:
a) Complete o desenho com características daquela pessoa.
b) Outras pessoas do grupo põem chapéus, roupas, sapatos etc.

211. Continue o desenho

Enumere os papéis que der ao grupo. Todos desenham por dois minutos (esse tempo precisa ser controlado, de preferência por alguém que não esteja participando), depois passam seu papel para outra pessoa, continuam no próximo por um minuto, e assim por diante, até que todos recebam seu desenho inicial e terminem em dois minutos. Não deve haver conversa durante a atividade. A discussão gira em torno do que as pessoas sentiram com as modificações em seus desenhos. Opção útil para um grupo novo, já que ninguém precisa responsabilizar-se por um desenho inteiro.

Variações:
a) Comece desenhando em períodos maiores, p. ex.: 5 minutos.
b) Termine desenhando em períodos maiores, p. ex.: 5 minutos.
c) Especifique que o ponto de partida será algo da própria situação da pessoa.
d) Especifique que nada poderá ser apagado.
e) Reflita sobre os resultados e faça um desenho individual que expresse seus sentimentos.
f) Cada um deverá acrescentar uma palavra quando o desenho estiver terminado.
g) Feche os olhos, desenhe uma linha contínua, abra os olhos para fazer algum desenho, e então passe-o a outra pessoa.
h) Especifique um tema, p. ex.: "divertindo-se".
i) (Para crianças) A criança começa a desenhar e pede à próxima que acrescente algo ao desenho de acordo com as instruções da primeira, p. ex.: "Desenhei um carro; gostaria que você colocasse rodas nele".

212. Preencha as lacunas

Faça um desenho e omita algo nele; o coordenador tem de adivinhar o que foi omitido. Ou deixe algo para outra pessoa fazer.

Variação:
a) Use esse exercício para se lembrar da última sessão, o grupo e o coordenador observam-se mutuamente para ver se esquecem qualquer coisa.

213. O coordenador desenha

As pessoas do grupo dizem ao coordenador o que desenhar. Isso dá às pessoas do grupo permissão para revelarem seus sentimentos em relação a autoridades (coordenadores, pais etc.), ou permite que membros, normalmente passivos, sejam mais ativos.

214. Belo e feio

A primeira pessoa faz algo belo e isso continua diversas rodadas; em seguida, esse algo belo é transformado em algo feio; e, depois, em belo novamente. Investigue os sentimentos associados ao processo. (Pessoas com um senso de auto-estima muito baixo têm dificuldades nessa atividade, já que podem sentir que todos os seus desenhos são feios. Algumas pessoas simplesmente não suportam a idéia de estragar algo de propósito.)

Variações:

a) Em grupos de quatro pessoas, membros alternados fazem algo belo, estragam-no, fazem-o belo novamente etc. Finalmente o autor o faz belo para terminar. Dê 5 minutos para cada parte.

b) Dois grupos fazem um desenho trocam os desenhos para estragá-los, então tornam-no belo outra vez.

c) Cada um faz um segundo desenho que inclua todos os elementos bons e maus e tenta transformá-lo em um todo harmonioso.

215. Segredos

Cada um desenha um segredo sem dizer do que se trata. Discutam o que significa ter um segredo. Troquem os desenhos com uma outra pessoa e façam um esboço que seja uma paródia do segredo dessa pessoa. Discutam.

216. Pool de desenhos

Todos começam desenhando qualquer coisa que queiram; quando se sentirem prontos, colocam o desenho no meio do círculo e continuam no desenho de outra pessoa. Essa atividade continua até terminar naturalmente.

217. Acréscimos grupais

Cada um nomeia um objeto, fato ou sentimento e desenha-o. Depois, outros membros acrescentam melhorias ao desenho. Discussão sobre os sentimentos em relação às mudanças que foram feitas.

218. Desenho grupal em seqüência

Divida uma folha de papel em quadrados numerados, com um número a mais que o de pessoas no grupo. No primeiro quadrado desenhe o começo de uma história (por três minutos). Passe a folha adiante e desenhe no segundo quadrado do próximo papel. Quando todos receberem seus desenhos de volta, o final da história é inserido. Discussão.

Variações:

a) Escreva sinopses muito rápidas de histórias.
b) Recorte partes e reagrupe-as, verificando se têm algum tema específico.
c) Especifique o ponto de partida, p. ex.: fatos importantes, memórias de infância etc.
d) Legendas: quando as folhas forem passadas, cada pessoa escreve uma legenda no desenho anterior antes de continuar com o desenho seguinte. Quadrado final: o próprio desenho mais a legenda.
e) Uma única folha de papel é passada pelo grupo e usada por todos.
f) Temas narrativos, p. ex.: "na prisão", "à deriva no mar". "ganhar na loteria" etc.

219. Animais

Cada um desenha a cabeça de um animal, dobra o papel e passa-o adiante. A pessoa seguinte desenha o corpo, a próxima, as pernas. Depois, cada pessoa pega um desenho sobre o qual não trabalhou e fala sobre ele na primeira pessoa.

Variação: um desenho mais convencional, usando pessoas. Cada pessoa desenha um chapéu, dobra o papel, passa-o adiante; os desenhos seguintes são do rosto, do corpo, das pernas, dos pés etc.

220. Diálogo com tinta (baseado no $n^{\underline{o}} 155\,(i)$)

Comecem aos pares, opondo-se um ao outro diante de uma folha de papel. Cada um usa uma cor e começa um diálogo com a pessoa em frente (que tem uma cor diferente); ampliem a conversa com os vizinhos de cada lado etc.

221. Diagramas da situação

Todos desenham um esboço ou diagrama representando o que pensam que está (ou estava) acontecendo em uma situação específica na qual o grupo estava envolvido. Discuta o diagrama de todos, talvez classificando-os. Esse exercício é explicado mais detalhadamente em *Iluminative Incident Analysis,* de D. Cortazzi e S. Roote (MacGraw-Hill, Nova York, 1975).

Variação: para planejar uma ação, desenhe um diagrama da situação e reflita em silêncio (2 minutos) sobre as ações possíveis, depois discuta-as.

222. Sociogramas

O grupo desenha diagramas a fim de ilustrar graficamente as relações da comunidade ou os relacionamentos entre as pessoas.

Variações:

a) Utilize materiais tridimensionais como bolas de poliestireno, arames, barbantes e tinta.

b) Pode ser usado para apresentar graficamente informações sobre o grupo, p. ex.: resposta à questão "Quem no grupo você conhece melhor?"

c) Pode ser usado para fazer um gráfico do número de comunicações verbais entre as pessoas, um "retrato de interação".

223. Diagrama do fluxograma de um Brainstorming

O grupo começa com uma palavra-chave escrita no centro da folha, p. ex.: TRABALHO, RAIVA etc. Todos colocam qualquer outra palavra que lhes ocorra em um fluxo livre de pensamentos. Depois, qualquer palavra que tenha aflorado pode ser escolhida como base para um desenho individual.

224. Murmúrios visuais

Uma pessoa mostra um desenho a outra, depois pede-lhe que o esboce de memória. A segunda pessoa mostra o esboço a uma terceira que, por sua vez, o esboça de memória. Compare o último esboço com o primeiro desenho. Discuta os tipos de distorções que ocorrem.

225. Jogos com jornais

Trata-se de jogos cooperativos para grupos pequenos (de quatro a sete) que podem comparar os resultados com os de outros grupos.

a) Formas de animais. Cada pequeno grupo tem de rasgar a forma de um animal de um jornal, uma pessoa de cada vez, sem falar.

b) Desfile de modas. Cada grupo faz um traje de jornal para um modelo.

c) Construção de uma torre. Cada grupo constrói uma torre que pare em pé e que será julgada pela altura, estabilidade e originalidade (o júri será formado por membros de cada grupo). Atividade de uma hora.

d) Como (c), mas o tempo limite é de meia hora, e precisa ser repetido três vezes:

(i) a comunicação verbal é permitida;

(ii) sem comunicação verbal;

(iii) apenas com uma palavra por vez.

226. Uso de fotos de revistas

Cada um escolhe uma figura de revista da qual gosta e essa é pendurada. O grupo escreve as características da figura escolhida e, em seguida, as associações com cada figura são partilhadas no grupo. Variações:

a) Escolha as figuras das quais não gosta.

b) Distribua algumas fotografias de revistas; os pequenos grupos imaginam artigos que combinem com elas. Um "repórter" conta a história ao grupo grande.

c) Os pares escolhem uma fotografia de revista que mostre duas pessoas se comunicando e encenam a conversa que elas podem estar tendo. O grupo adivinha de que fotografias se trata.

227. Habilidades de negociação

O grupo é dividido em duas metades e os dois subgrupos recebem folhas de papel. Um grupo recebe materiais, p. ex.: para colagem, tinta etc. O outro recebe instrumentos — tesoura, cola, pincéis etc. Os dois grupos precisam "negociar" para fazerem uma colagem, um desenho etc. As pessoas podem trabalhar individualmente, em grupos pequenos ou como um só grupo. O tema pode ser escolhido para refletir os conflitos em algum nível (interpessoal, comunitário, nacional, internacional) ou pode ser livre. Existem muitas possibilidades na troca, p. ex.: troca justa, pechincha etc. A discussão centrar-se-á no que tiver ocorrido, nas fontes específicas de conflito, e também nas soluções encontradas.

228. Jogos artísticos em equipe

Trata-se de jogos cooperativos em equipes, desenvolvidos por Don Pavey e seus colegas, descritos em detalhes em *Art-Based Games*, de Don Pavey (Methuem, Londres, 1979). O objetivo é criar um mural com as contribuições de dois grupos (com dois a quatro membros cada um). A seguir, há um resumo dos estágios do trabalho, segundo uma versão adaptada de Suzanne Charlton (ver "Art Therapy with Long-Stay Residents of Psychiatric Hospitals" em *Art as Therapy*, editado por Tessa Dalley (Tavistock, Londres/Methuem, Nova York, 1984)):

a) Fixe uma grande folha de papel na parede para o mural.

b) Divida as pessoas em dois grupos iguais.

c) Escolha um tema (p. ex.: um padrão, o sol e a tempestade, pássaros, explorações espaciais, Carnaval) no qual duas idéias contrastantes tenham de ser combinadas.

d) Cada grupo escolhe cores e formas para representá-lo.

e) Os membros de cada grupo desenham e pintam suas próprias imagens em folhas de papel separadas e recortam-nas.

f) Os dois grupos, trabalhando em mesas separadas, organizam *lay-outs* para expor seus desenhos.

g) O mural. Duas pessoas (uma de cada grupo) se revezam colocando as formas recortadas no mural, até que todas tenham sido usadas.

h) Todos fazem sugestões e mudam as formas de lugar no mural para que o resultado final seja o melhor possível.

i) Discussão do resultado e do processo. Algumas perguntas importantes podem ser:

O resultado é um desenho unificado ou não?

O jogo foi divertido ou tenso?

As pessoas cooperaram ou houve problemas?

Imaginação, sonhos e meditações dirigidas

Essa seção contém técnicas cujo objetivo é entrar em contato com as partes da nossa consciência com as quais normalmente não estamos em contato. Algumas das imagens evocadas por essas técnicas podem ser bastante intensas, e é importante assegurar que as pessoas possam voltar "à vida normal" ao final de suas experiências. A seção é dividida em três partes:
Imaginação dirigida
Sonhos, mitos e contos de fadas
O desenho como meditação

IMAGINAÇÃO DIRIGIDA

Preparação para visualizações

Antes de relacionar alguns dos temas, vamos examinar o método em si e os preparativos necessários para utilizá-lo. Esses temas também são, freqüentemente, chamados de fantasias dirigidas, mas geralmente contêm uma mescla de fantasia e realidade, e assim os conceitos de "viagens imaginárias" e "visualizações" parecem mais precisos.

O método básico é descrito a seguir, na sua forma mais simples. O coordenador do grupo começa com algum exercício de relaxamento, depois conta uma história, ou descreve uma cena, concentrando-se no tipo de detalhes que evoquem lembranças ou sentimentos. Depois de voltar da "viagem", todos desenham uma imagem dela (ou, se preferirem, todos partilham a experiência verbalmente). Existem vários pontos importantes a ter em mente quando se pensa em utilizar viagens imaginárias ou visualizações com um grupo, e os relacionei, juntamente com alguns exemplos do que pode dar errado:

a) *Adequabilidade.* Não são adequados para pessoas muito perturbadas e funcionam melhor com grupos que conseguem se concentrar o suficiente para ouvir bem. Uma única pessoa com um distúrbio muito grave, ou que não possa se concentrar, poderá ser suficiente para estragar a experiência dos outros. As pessoas também precisam ser capazes de relaxar para poder "entrar" em viagens imaginárias, assim, se isso for um dos problemas principais, esse método não será adequado para o grupo em questão.

O ponto principal de muitas dessas viagens e visualizações é contatar partes desconhecidas da pessoa, de forma que esta possa tornar-se consciente delas, como forças ou necessidades ocultas. A extensão em que isso será possível depende do *insight* da pessoa em questão. A viagem permanecerá literal para pessoas com poucos *insights,* mas, mesmo assim, vale a pena utilizá-la.

b) *Níveis diferentes de experiência.* Podem ser usadas em vários níveis; por exemplo, como uma historiazinha para estimular a imaginação de crianças ou de pessoas com deficiência mental; ou, no caso de adultos, como uma introdução a qualquer tema, auxiliando-os a nele mergulhar. Em um nível mais profundo, pode trazer à tona imagens fortes, que podem permanecer com a pessoa, e, algumas vezes, ser muito perturbadoras. De forma que é necessário cuidado para manter o nível da experiência dentro de um limite com o qual as pessoas possam lidar; se isso for feito pode-se ter experiências agradáveis e valiosas.

Exemplo 1: Pediu-se a um grupo de crianças que se imaginassem saindo para um passeio à luz do sol, por uma trilha que levava a um campo verde. O que havia no campo? Essa experiência possibilitou uma sessão agradável com muitos desenhos criativos.

Exemplo 2: Pediu-se a um grupo de profissionais que fizesse uma viagem imaginária a um lugar que conhecesse e do qual tivesse lembranças especiais; depois deveriam fazer um desenho. Pretendia-se que esta fosse uma experiência positiva, mas as "lembranças especiais" de uma pessoa incluíram uma dor profunda representada no desenho. Isso provocou uma catarse completa que era inadequada naquele contexto específico, inesperada para o terapeuta, e destrutiva, porque não foi resolvida.

c) *Níveis de relaxamento.* Algumas formas de relaxamento são necessárias no começo, e o nível de relaxamento escolhido pode influenciar a profundidade da experiência subseqüente. No nível mais leve, as pessoas do grupo apenas fecham os olhos de forma que possam ver as imagens da história conforme é contada pelo coordenador. Um relaxamento útil, de nível intermediário, pode ser conseguido pedindo-se às pessoas que se sentem em poltronas, ou no chão, costas contra costas e que façam alguns exercícios simples de relaxamento (feche os olhos, sinta o peso, abra as mãos, sinta a cadeira/o chão, pés no chão, confortável...). Um relaxamento mais profundo é alcançado com o grupo deitado no chão de olhos fechados, pois as pessoas ficam mais sugestionáveis; isso pode ser excessivo para alguns grupos e nadequado em alguns contextos (p. ex.: grupos de curta duração no qual pouco se sabe sobre os participantes).

d) *A viagem ou a visualização.* Quando as pessoas estiverem relaxadas, o coordenador conta uma história que consiste principalmente de imagens, concentrando-se no tipo de detalhes que permite às pessoas resgatarem lembranças, ou visualizarem sua própia versão do que estiver sendo descrito. É importante contar a história ou descrevê-la lentamente de forma que dê tempo para que as pessoas encontrem as lembranças certas ou vejam seus próprios detalhes, p. ex.: de uma árvore. Esse processo é importante e não pode ser apressado. É preciso prática para descobrir o andamento correto.

Exemplo 3: Em um grupo, o coordenador passou muito rápido pelas instruções, e o grupo preparou-se para desenhar sem o entusiasmo costumeiro. Ficou evidente que se sentiram conduzidos pela viagem de forma tão rápida que não ficaram tempo suficiente em nenhuma das imagens para serem capazes de desenhá-la. Assim, o coordenador precisou recomeçar e passar pela viagem mais lentamente. Dessa vez, todos tiveram uma imagem pessoal para desenhar e acharam a sessão interessante e gratificante.

e) *Retorno.* Freqüentemente, em viagens imaginárias, há um ponto de transição para "um outro mundo", p. ex.: uma porta no muro de um jardim. É muito importante trazer as pessoas de volta por essa porta, e ao tempo atual.

Exemplo 4: Um grupo de pacientes psiquiátricos foi conduzido em uma viagem imaginária para o espaço sideral, em que aterrissaram em um planeta e o desenharam, dançaram ou dramatizaram. Entretanto, nunca foram trazidos de volta e o grupo permaneceu perturbado — não apenas no restante desse dia, mas por várias semanas.

f) *Desenho.* No final da viagem, é pedido a todos que a desenhem em uma imagem e, geralmente, esse é um período silencioso, de concentração, no qual as pessoas ainda estão "digerindo" sua experiência. A partilha verbal será mais útil se for deixada para depois dessa etapa, a não ser que haja uma necessidade óbvia dela.

g) *Apoio.* É importante deixar tempo para as pessoas falarem no final, e ter apoio adequado disponível, caso seja necessário. Mesmo sessões muito bem planejadas podem ser imprevisíveis.

h) *Leitura adicional.* Há um capítulo inteiro sobre Viagens de fantasia em *Awareness*, de John Stevens (Bantam Books, Nova York, 1973), com instruções adicionais para coordenadores, enfatizando como a experiência de cada pessoa deve ser respeitada. Ver, também, *Mind Games*, de R. Master e J. Houston (Turnstone Books, Londres, 1973) e mais recentemente *Guided Affective Imagery*, de Hanscarl Leuner (Thieme-Stratton, Nova York, 1984); para um histórico, *Seeing with the Mind's Eyes: The History, Techniques and Uses of Visualization*, de Mike e Nancy Samuels (Random House, Nova York, 1975). Ver também o *Guide to Stress Reduction*, de L. John Mason (Peace Press, Culver City, Califórnia, 1980).

Para concluir, apresento aqui um relato na primeira pessoa de uma visualização que resultou numa experiência positiva:

Depois de uma sessão de exercícios de movimento e de uma meditação curta, todos deitamos no chão e relaxamos. Sarah leu a visualização do "Sábio" a partir de um livro, muito lentamente e fazendo longas pausas intencionalmente [ver o n° 230]. Estava em uma floresta na primavera, cercada por faias cheias de folhas novas. Quando me aproximei da fogueira, a pessoa que encontrei foi a minha tia adotiva predileta, que morrera há vários anos.

Perguntei a ela se eu estava tomando a decisão certa (eu estava pensando em sair do meu emprego para fazer um curso). Ela sorriu radiante para mim e disse: "Você sempre toma decisões maravilhosas!" Ela apanhou uma folha nova de um galhinho no chão e deu-a para mim. A princípio, eu fiquei desapontada com meu presente e pensei: "Só isso?", mas mais tarde percebi que o frescor da folha representava desfrutar o momento presente, que era alguma coisa que podia fazer a qualquer hora e que era mais valioso que qualquer objeto mais durável. Mais tarde, fiz um desenho de mim mesma, de minha tia adotiva, da fogueira e da folha, emolduradas por uma grande faia. Fazer esse desenho me ajudou a absorver a experiência, que foi muito animadora.

Viagens de fantasia

Seguem-se alguns exemplos de viagens imaginárias. Nos casos descritos, você continua sendo você mesmo durante a viagem. Apenas o "esqueleto" da experiência é fornecido, e os detalhes precisam ser preenchidos para torná-la mais "real"; isso pode ser feito pensando-se antecipadamente na viagem.

229. Viagem no tapete mágico

Ao ar livre em um belo dia de primavera... o sol está brilhando... imagine-se em um tapete mágico livre para ir a qualquer lugar sem esforço... sinta-se flutuando... voe o mais alto que desejar... olhe para baixo... fique calmo e relaxado... vá para onde quiser... fique nesse lugar alguns minutos... volte... desfrute de qualquer momento especial.

230. O guia sábio

Ao ar livre em um dia calmo e ensolarado... encontre-se em uma clareira na floresta... perceba os cheiros e os sons... sinta muita segurança... há uma trilha na mata... você chega a uma clareira... há uma fogueira no centro dela... do outro lado da fogueira está o seu guia sábio, esperando calmamente... coloque uma acha no fogo... sente-se com a pessoa sábia... como ela é?... quando estiver pronto, faça uma pergunta... ouça a resposta... descanse um pouco e agradeça seu guia... Ele o abraça quando você sai e lhe dá um presente de recordação do encontro que vocês tiveram... Você volta à trilha calmamente... para a clareira inicial.

231. Presentes

Você está num belo lugar perto de uma lagoa de águas mornas... mergulha, encontra algumas rochas subaquáticas... há uma caverna... você nada dentro dela... encontra uma saída... então encontra alguém que lhe dá um presente... você o recebe e volta pela caverna. Depois disso, desenhe a pessoa que você encontrou e o presente que recebeu.

232. Jardim e casa secretos

Você está andando por uma mata... encontra uma trilha... segue-a... chega a um portão em um muro... atravessa-o... para além dele há um jardim particular/secreto... explore-o... veja uma casa... decida se entra ou não nela... Como ela é?... talvez você encontre alguém... o que acontece?... e volte pelo portão e pela trilha.

233. Caverna secreta

Vá dar um passeio... chegue a uma campina... o sol brilha... há árvores... flores... olhe para elas, sinta seu perfume... há um riacho... um barco... que entra em um túnel... até uma caverna secreta... o que você encontra?... saia da caverna... e volte para casa.

234. Portal

Vá dar um passeio... encontre um portal... como ele é? Você o reconhece?... decida-se a abri-lo... é fácil ou difícil?... abra-o e atravesse-o... o que você encontra?

235. Vista da montanha

Em uma cena campestre... há montanhas... escale-as... descreva a viagem... atinja o topo de uma montanha... olhe a vista... encontre uma pessoa especial... que tipo de conversa têm?... faça uma pergunta a ela ... que pergunta fez?... qual foi a resposta?... desça da montanha.

236. A loja mágica

Em uma viagem... visite uma vila antiga e pacata... encontre uma loja... uma loja mágica... o que encontra nela?... o que leva com você? (Ou um ferro velho mágico em um beco de uma grande cidade...)

237. Viagem de barco

Comece em um barco... de onde parte?... para onde vai?... como é a viagem?... como termina? Crie sua própria história e, depois, a desenhe ou pinte.

238. Náufrago em uma ilha

Naufragou perto de uma ilha... você vai até ela... como ela é?... qual a primeira coisa que faz?... caso faça parte de um grupo, o que decidem fazer juntos?... como é resgatado?... o que sente quando volta?

239. Os cinco sentidos

Use imagens que despertem os cinco sentidos, já que muitas pessoas têm uma sensibilidade maior para alguns sentidos do que para outros, p. ex.: içando velas, veja a ondulação das águas, sinta o cheiro e o gosto do sal, sinta o vento, ouça as ondas batendo contra o casco etc.; então desça em uma ilha e veja como ela é.

Identificações

Trata-se de visualizações nas quais você se transforma em algo ou em alguém e identifica-se com os sentimentos que imagina que eles tenham.

240. A roseira

Imagine que é uma roseira... onde está plantado?... qual o seu tamanho?... dá que tipo de rosa?... sinta suas raízes... e seus galhos... como é a sua vida?... que mudanças tem com as estações?... o que sente a respeito disso? Depois desenhe sua roseira e fale sobre ela na primeira pessoa, como na visualização.

241. Objetos naturais

Visualizações do "eu" como árvores, flor, casa etc. Para começar uma flor é algo bom, já que para a maioria das pessoas essa imagem não tem significados negativos.

242. Diálogos

Diálogos entre algumas dessas coisas, p. ex.: visualizações do "eu" como um toco de árvore, depois como uma cabana, então como um riacho, seguidas por diálogos entre eles.

243. Objetos móveis

Visualizações do "eu" como um objeto móvel, como um animal ou uma motocicleta.

244. Um rio

A imagem de um rio — imagine-se como a nascente de um riacho (fonte)... que cai (infância)... em um rio de leito escarpado e de águas poderosas (juventude)... torna-se um grande rio poluído e transformado em rota de carga (responsabilidade)... então um estuário... e, finalmente, o mar (perda do ego).

245. Personagem mítico

Imagine-se como um personagem mítico... partindo em uma viagem... para onde?... passando por aventuras... que tipo de aventuras?... finalmente chegue à casa outra vez. Depois da viagem faça um desenho sobre ela ou sobre um aspecto dela.

Outras formas de estimular a imaginação

246. Fantasia grupal

Formem um círculo, uma pessoa começa a contar o que está imaginando, em seguida, uma outra assume, de forma que se crie uma fantasia grupal.

247. Ouvindo música

Utilize uma música para criar um clima, p. ex:
Ravel: *Daphne e Cloé*
Brahms: *Sinfonia Nº 1 em Dó Maior (3º Movimento)*
Respighi: *Os Pinheiros De Roma*
Debussy: *Gire with the Flaxen Hair*
Outras músicas que evoquem sentimentos agradáveis.

248. Respirando na luz (pode ser uma boa forma de terminar uma sessão)

Respire profundamente... esteja consciente do círculo formado pelo grupo... imagine um globo de luz envolvendo cada pessoa... gradualmente observe as luzes unindo-se e formando um grande círculo... perceba até onde a luz se espalha... siga-a gentilmente... imagine que está respirando nesta luz... descendo pelo peito... espalhando-se pelo corpo (nomeie cada parte do corpo)... e saindo pelos dedos das mãos e dos pés... sinta a luz e o calor... retorne ao "seu eu familiar" e abra os olhos.

SONHOS, MITOS E CONTOS DE FADAS

249. Trabalhando com sonhos

Desenhe um sonho ou um pesadelo que você teve, principalmente um que seja importante ou recorrente, ou o mais recente.

Variações:

a) Se não se lembra de sonhos, desenhe uma divagação ou uma fantasia.

b) Use técnicas de Gestalt (ver o Capítulo 2, seção 12, na Primeira Parte) sobre as imagens no desenho de sonhos, para explorá-los no presente.

c) Crie (visual ou verbalmente) um final mais satisfatório para um sonho triste.

d) Mantenha um diário de sonhos e de pensamentos, usando palavras ou imagens.

e) Escreva um poema sobre o sonho ou sobre o desenho dele (as formas curtas de poesia se prestam à expressão de imagens oníricas).

250. Divagações e fantasias

Crie uma história de fantasia em seis quadros pequenos. Ou especifique o tipo de história: aventura, um dia do qual gostaria etc.

Variações:

a) Feche os olhos e entre em você — desenhe o que vê.

b) Desenhe qualquer fantasia ou divagação que você tenha.

c) Lide com pessoas que você conhece em uma série de desenhos de fantasias.

d) Pinte suas resoluções de Ano Novo.

e) Escolha fotografias de várias paisagens e crie uma fantasia sobre o seu lugar.

251. Monstros de argila

Crie um monstro tridimensional a partir de uma fantasia ou de um sonho.

252. Histórias e tiras de quadrinhos

Divida uma página em quadrinhos e crie uma história de qualquer tipo (modo útil de começar com pessoas tímidas).
Variações:
a) Mude totalmente uma figura em três movimentos.
b) Tiras de quadrinhos.

253. Mitos

Escreva ou desenhe a história da sua vida como se fosse um mito.
Variações:
a) Imagine-se entrando em um mundo paralelo, no Mito Essencial de si mesmo, no qual seu "eu" cotidiano é apenas uma pequena parte. Pinte seu mito.
b) Desenhe suas identificações com heróis e vilões pessoais e represente-os em uma peça de teatro.

254. Contos de fadas

Parta de um conto de fadas tradicional e leia-o em voz alta. Depois, todos devem fazer um desenho com um final aberto ou sobre um aspecto específico. Reúnam-se para discuti-lo.
Variações:
a) Peça às pessoas que mudem o final, ou que parem antes do fim e peça-lhes que façam seu próprio final, ou que imaginem a cena seguinte.
b) Utilize qualquer tipo de história da mesma forma.

O DESENHO COMO MEDITAÇÃO

255. Desenho e pintura meditativos

Feche os olhos, relaxe e concentre-se nas sensações corporais. Fique consciente do corpo até que surjam imagens claras, depois faça um desenho abstrato para transmitir sua experiência.
Variações:
a) Concentre-se em um som, em uma palavra ou em uma sílaba.
b) Medite ou concentre sua atenção em um objeto específico: uma maçã, uma pedra etc., e faça sinais com o pincel para expressar os sentimentos evocados.

c) (Técnica Zen) Imagine que você está se transformando na essência do objeto escolhido. Desenhe durante ou depois do exercício.

d) Use argila como um material de reflexão depois de uma experiência intensa.

e) Faça um vaso estreito de argila, e permaneça centrado, de modo que o vaso fique equilibrado.

256. Mandalas

Uma mandala é um desenho equilibrado, centralizado, no qual os opostos se integram. Mandalas são encontradas em ilustrações da mitologia oriental, e Jung dedicou-lhes muita atenção. Freqüentemente, é uma boa idéia começar uma sessão de mandalas com algum tipo de relaxamento ou meditação, para se tornar consciente de um centro para a mandala e dos opostos a serem trabalhados. Algumas idéias de mandalas possíveis:

a) Seu dia e noite e as transições de um para o outro.

b) O ano atual, ou seu período de vida.

c) Seu corpo, alto e baixo, direita e esquerda, frente e costas.

d) Experiências interiores e externas; pensar e sentir, masculino e feminino.

e) Faça uma mandala com outra pessoa, explorando as diferenças e os relacionamentos.

f) Mandala de cores equilibradas.

g) Mandalas com histórias de jardins, p. ex.: Jardim do Éden, a história de Buda etc. (ver C. Jung, *O homem e seus símbolos*)

257. Treinamento autógeno

Essa é uma técnica progressiva de relaxamento que pode ser feita com métodos de arteterapia e também com os métodos verbais mais convencionais. É útil para se lidar com problemas crônicos, físicos e mentais.

a) Exercício de relaxamento. Depois do relaxamento corporal, brinque com um pincel de aquarela, fazendo largas faixas horizontais de vários tons de verde, azul e púrpura, percebendo a cor se espalhando pela página. Continue até chegar a um estado relaxado.

b) Visualização. Com os olhos fechados, visualize uma experiência agradável e verbalize-a. Depois, desenhe sua visualização.

c) Faça um outro desenho, ou uma peça de argila expressando como se sentiu durante a viagem.

d) Faça uma pintura ou uma escultura de seu problema e compare-a com qualquer trabalho sobre esse tema antes do relaxamento.

Para detalhes adicionais, ver o Capítulo 22 de *Clinical Art Therapy*, de Helen Landgarten (Brunner/Mazel, Nova York, 1981) e *Guide to Stress Reduction*, de L. John Mason (Please Press, Culver City, Califórnia, 1980).

258. Meditação com cores

São feitas em papel molhado com aquarela e pincéis macios. Molhe inteiramente o papel (de rolo ou aquarela) e alise-o em uma tábua chata (de madeira compensada), retirando as bolhas de ar do centro com uma esponja. Então, aplique uma cor específica no papel e veja o que acontece.

O processo de fazer camadas de tinta pode ser visto como um relaxamento ou como uma meditação. As diferentes combinações de cores podem evocar sentimentos diferentes e fazer surgir formas que "emanam" do desenho. Esse é um método desenvolvido por membros do Movimento Antroposófico baseado no trabalho de Rudolf Steiner. Para mais detalhes, consulte alguma das obras seguintes:

The Mystery of Colour — Its Creative And Healing Powers, de Gladys Mayer;

Colours: A New Approach to Painting, de Gladys Mayer;

The Individuality of Colour, de Elizabeth Koch e Gerald Wagner;

The Creative Power of Colour, de Hilde Boos-Hamburger;

todos da Rudolf Steiner Press, 38 Museum Street, Londres WC1A 1LP.

Vínculos com outras artes expressivas

As artes plásticas freqüentemente são usadas com movimento, teatro, poesia e música. As idéias dessa seção combinam especificamente as artes plásticas com outras formas de expressão. Há um número infinito de maneiras de combinar as diversas artes expressivas e as sugeridas a seguir são apenas algumas possibilidades. Aqueles que desejarem desenvolver essas idéias devem consultar a relação de obras no final desse livro para obter idéias em outras artes expressivas tais como teatro e música. Esta seção enfoca as artes plásticas combinadas com as seguintes formas de arte:
Movimento
Teatro
Poesia
Som e música
Multimídia

Movimento

259. Passeios de confiança

Em pares, guiem um ao outro em uma caminhada em que uma das pessoas é guiada como se fosse cega, apresentando o parceiro à maior diversidade possível de texturas. Retornem e desenhem a experiência.
Variações:
a) Desenhe a experiência de conduzir ou de ser conduzido.
b) Desenhe em grupo em uma grande folha de papel.

c) Faça exercícios respiratórios, depois desenhe como se sente após tê-los feito.

d) Toque as mãos e o rosto dos outros (olhos fechados), lembre-se de qualquer imagem que passe em sua mente; escreva ou desenhe depois.

260. Emoções

Use movimentos para explorar e expressar as emoções e depois desenhe a experiência, p. ex.:

a) Encontrando amigos e inimigos.

b) O mar: o grupo em círculo expressa os estados de espírito das ondas, calmas, agitadas na tempestade etc.

c) Movimente-se ao som da música.

261. Desenhos gestuais

Faça marcas em um papel com um gesto expressando um sentimento interno. Elas podem ser desenvolvidas em um desenho maior.
Variações:

a) Faça marcas em folhas separadas e jogue um jogo de adivinhação com os outros sobre qual era o quê.

b) Escolha pares de opostos, p. ex.: agitada e calma, alegria e tristeza etc.

c) Experimente desenhar com as mãos esquerda e direita.

d) Imagine que a sua mão é um pássaro arremetendo-se sobre a presa, uma formiga caminhando, uma escavadora etc. mudando de cor a cada vez. Passe para uma nova folha de papel quando a primeira estiver cheia. Escolha as formas de que gosta menos, as de que mais gosta e veja as diferenças.

e) Ver também o nº 195(b) — movimentos de qualidades diferentes.

f) Faça movimentos vigorosos para descrever a posição e o ritmo de um objeto, repetindo-os até sentir o objeto. Registre esses sentimentos em uma grande folha de papel.

g) Feche os olhos, desenhe um padrão no ar com a mão, desenvolvendo os movimentos para um ritmo. Depois, transfira-os para o papel e dê-lhes um título.

h) Como em (g), mas comece imaginando um sentimento agradável.

262. Encenando sensações

Imagine que você está se movendo em pasta de amendoim ou xarope etc. Encene essas coisas e depois pinte a sensação.

263. Dança

Após dançarem em grupo, desenhe os sentimentos em uma grande folha de papel.

Teatro

264. Esculpindo situações

Cada um desenha um diagrama de como se sente a respeito do grupo, de preferência um desenho abstrato. O diagrama de cada um é usado a seguir para criar uma escultura humana do grupo. A pessoa que fez o desenho modifica a escultura se não estiver correta.
Variações:
a) Deixe que as esculturas "ganhem vida" e veja o que acontece.
b) Faça peças de argila ou de plastilina, depois, encene a situação usando as peças. Essa opção pode ser feita em muitos níveis.
c) Ver também Esculturas de família — nºs 129 e 148.
d) Ver também o nº 193 — Papéis grupais, e o nº 194 — *Role-playing*

265. Diálogos

A partir de contrastes ou conflitos surgidos em um desenho, desenvolva um diálogo, p. ex.: entre um aspecto rígido e um suave do "eu". Crie vozes para cada parte. Após um diálogo, tente ver se há um meio-termo que combine ambas as partes.

266. Temas de ação e conflito

Combine desenho e teatro com quaisquer temas adequados, p. ex.:
a) Nº. 78 — *Temas de ação e conflito.*
b) Nº. 221 — *Diagramas da situação.*
c) Nº. 227 — *Habilidades de negociação.*
d) Temas de outras seções.

267. Acidentes

Encene histórias de acidentes e ferimentos que envolvam o uso de gesso, gaze para esculturas, talas de plástico etc. Boa opção para crianças.

Variações:

a) Utilize modelos de plástico para treinar situações difíceis de impedimento, operações, internações etc.

b) Faça uma encenação de qualquer situação que recentemente lhe causou sofrimento.

c) Reverta os papéis, de forma que as crianças tenham controle da situação, p. ex.: dar injeções etc.

268. Desenhos que ganham vida

Todos fazem um desenho sobre um tema ligado à sua situação atual. Depois, dão vida aos desenhos e encenam a situação.

Variações:

a) Faça uma peça que inclua qualquer mudança que as pessoas queiram fazer em si mesmas ou em sua situação.

b) Faça desenhos do futuro e encene-os.

269. Máscaras

a) Faça máscaras e use-as em improvisações e peças teatrais. Ver também os nºs 86, 165 e 201.

b) Máscaras de monstros: faça máscara de "monstros assustadores" e use-as para encenar peças e situações. (Esse exercício pode ser um meio útil de abordar situações que envolvam raiva, principalmente para grupos mais jovens.) Algumas vezes, uma compensação boa para isso é fazer máscaras de "monstros felizes".

270. Chapéus

Cada pessoa faz um chapéu diferente e usa-o. A seguir, o grupo cria um texto dramático que inclua as personalidades diferentes representadas pelas pessoas.

271. Jogos dramáticos

Quase todo jogo dramático ou "aquecimento", pode ser seguido de um desenho. Isso possibilita a reflexão sobre a experiência, embora

nem sempre seja possível traduzir diretamente a experiência de um modo de expressão para outro.
Ver a bibliografia no fim desse livro para jogos dramáticos.

272. Teatro de bonecos

Faça bonecos e use-os em improvisações e peças. Existem muitos tipos de bonecos, p. ex.: bonecos de luva e de dedo, marionetes, bonecos de sombra, bonecos em tamanho natural; muitos materiais também podem ser usados, p. ex.: tecido, *papier-mâché* (ver o nº 38), sucata, sacos de papel etc.

273. Figurino de teatro

Desenhe a si mesmo usando um figurino de teatro (em roupas do dia-a-dia e em uma fantasia). Desenvolva o papel e use-o em uma improvisação grupal.

274. Encenar peças e contar histórias

Diversas outras atividades podem ser usadas para estimular o contar histórias e a encenação de peças.

a) Jogo dramático com areia (ver o nº 36).

b) Figuras de papel (ver os nºs 26(e) ou 135(b)).

c) Sistema de tráfego imaginário (ver nº 52).

d) Acrescente imagens a um desenho grupal, contando uma história à medida que isso acontece (ver o nº 182).

e) Máscaras (ver os nºs 86, 165, 201 e 269).

f) Bonecos (ver nº 272).

g) Alguns outros temas de seções anteriores que se prestam a diálogos e peças:

D: nº 46

F: nºs 84, 99, 104 e 109

G: nºs 127, 129, 133, 145 e 148

H: nº 170

I: nºs 185 e 188

J: nºs 226 e 227

K: nºs 249 e 253

275. Gravador

Use um gravador para descrever os desenhos depois de tê-los feito, ou para fazer associações com imagens específicas (algumas pessoas ficam muito inibidas com um gravador, outras, acham-no muito liberador).

Variações: em pares, entrevistem um ao outro sobre o trabalho que fizeram.

Poesia

276. A poesia como um estímulo

Use poesia lida em voz alta como um estímulo para o desenho. A poesia evocativa aberta a muitas interpretações é melhor, p. ex.: "Ode ao Outono" (Keats), "O Profeta" (Kalil Gibran), poemas absurdos como *Jabberwocky* (Lewis Carrol) etc.

Variações:

a) Leitura de poesias como uma atividade em si.

b) Respostas a poemas com mais poemas.

277. A poesia como resposta

As pessoas podem responder a uma experiência grupal com poesia ou em forma de palavras em vez de desenhar. Essa opção é particularmente útil quando o grupo fez um desenho contando uma história grupal (ver o nº 181).

278. Poesia concreta

Dá forma visual às palavras e combina palavras em uma imagem, p. ex.: uma poesia sobre um peixe na forma de um peixe; as palavras são dispostas de forma que expresse seu sentido.

Som e música

279. Sons em desenho

Sentem-se em círculo e façam juntos um mesmo som durante 30 segundos. Depois, andem pela sala rapidamente, fazendo sons estranhos. Em seguida, fiquem de costas para o centro e façam um som tolo. Finalmente, voltem ao seu lugar no canto da sala, ponham as mãos nos ouvidos e ouçam seus próprios sons internos. Comece a fazê-los e continue enquanto tira as mãos dos ouvidos e toma consciência dos outros. O tempo total dessa atividade é de aproximadamente 2 minutos. Então, faça um desenho de qualquer coisa que lhe ocorrer.

Variação: com os olhos fechados, faça um som e o desenho durante 10 minutos; abra os olhos e elabore melhor o desenho.

280. Sons de nomes

Fale seu próprio nome de forma dramática, com movimentos corporais que combinem com a fala. Identifique outros membros pelo som e pelos gestos e desenhe-os.

281. Modelando sons

Use argila para modelar formas adequadas para sons específicos, de preferência com os olhos fechados.

282. Pintando com música

Desenhe ao som de uma música, expressando a maneira como ela o toca. Essa atividade pode ser feita por uma pessoa ou por um grupo. As músicas que têm uma variedade de atmosferas e não são muito conhecidas são as mais adequadas. Algumas sugestões:

Erudita:

Bach; as sinfonias de Beethoven; Berlioz; *Sinfonia Fantástica*; Dvorak; *Concerto para Piano*; sinfonias de Mahler; Vivaldi: *Concerto Para Dois Violões*.

Moderna:

The Beatles; *jazz*; Mike Oldfield; *Ommadawn;* Ravi Shankar; Tibetan bells.

Variações:

a) Primeiro ouça a música, depois toque-a novamente e desenhe ao som dela.

b) Ouça a música várias vezes e desenhe as imagens evocadas depois de tê-la ouvido.

c) Desenhe ao som da música rapidamente, usando várias folhas de papel.

d) Compare as reações à música, preferências, sentimentos evocados, imagens etc.

e) Algumas músicas boas para crianças são: *Pedro e o Lobo, O Lago dos Cisnes etc.*
f) Ver também o nº 195.

Multimídia

283. Letras (para crianças)

Faça as letras do alfabeto usando dança, música e desenho.

284. Adjetivos evocativos

Escolha um adjetivo evocativo e expresse-o de vários modos, p. ex.: por meio de percussão, palavras, movimento e tinta.

285. Estímulos para pintar

Use qualquer meio — música, poesia, contos, movimento, dança etc. — para estimular sentimentos que possam ser desenhados.

286. Resposta à pintura

Responda à pintura por meio de poesia, canção, movimento etc.

287. Consciência sensória

Esse exercício pretende aumentar a consciência do ambiente e levar a atenção para as experiências sensoriais. (Essa é a "Técnica de Denner", baseada na teoria de que as tensões emocionais bloqueiam a percepção.) São fornecidos objetos para serem olhados, cheirados, ouvidos e tocados. Os ritmos, as curvas e as outras impressões são transferidas para enormes folhas de papel fixadas na parede ou no chão e um desenho livre e fluente é desenvolvido a partir delas.

Variações:
a) Deite-se, com os olhos fechados, explore o mundo em torno sentindo os cheiros, tocando-o e ouvindo-o. Depois, ande pela sala, entrando em contato com objetos e pessoas. Abra os olhos e faça um desenho do mundo que experienciou.
b) Use todos os sentidos para examinar objetos, cores, formas, sons, e veja que sentimentos são evocados. Encontre uma forma adequada de expressão para eles.

288. Música e Movimento

Mova-se ao som da música da forma que ela sugere, ou de acordo com um tema específico (ver *Awareness*, de John Stevens Bantam Books, Nova York, 1973)). Depois, desenhe essa experiência. Alguns temas e músicas adequados:

a) Compressão e expressão: músicas de piano de Erick Satie.
b) Casulo: *Devaneio*, de Debussy.
c) Gravidade: *Dança da Fada de Confeito*, de Tchaikovsky.
d) Exploração de várias possibilidades: tambores africanos.
e) Dança: *As Estepes da Ásia Central*, de Borodin.
f) Crescimento: música de piano de Erik Satie ou de Chopin.
g) Evolução: música de piano de Gabr Szabo.
h) Separação e conexão: *Concerto para Clarineta*, de Aaron Copland.

289. Série de sessões

Planeje ou desenvolva uma série de sessões que usem diversos meios, como lhe parecer adequado, p. ex.: movimento ao som de música, pintura mural, teatro, dança, poesia, relaxamento etc. A série pode ser estruturada em torno de um tema comum ou ser desenvolvida de semana em semana.

290. Acontecimentos multimídia

Planeje eventos e sessões em torno de um tema (p. ex.: Solidariedade — nº 185), usando pintura, música, poesia, teatro etc.

Índice remissivo dos materiais

Esta parte simplesmente indica por números os temas, jogos e exercícios que mencionam um material específico. É claro que muitos outros temas podem ser adaptados para uso do material desejado.

1. *Lápis*
2. *Pastel* } quase todas as sugestões desse livro
3. *Tinta*
4. *Material para colagem*:
   C. Exploração de materiais: nºs 9, 10, 27, 28, 32 e 34
   D. Concentração, Destreza e Memória: nºs 43, 45, 53, 54, 55, 56, 58, 61, 62 e 65
   F. Autopercepções: nºs 80, 82, 83, 84, 91, 93, 94, 95, 99, 106, 113, 116 e 117
   G. Relações Familiares: nºs 127 e 146
   H. Trabalhando em Duplas: nºs 157, 163, 165 e 169
   I. Desenhos Grupais: nºs 186, 187, 188, 189 e 192
   J. Jogos Grupais: nºs 226 e 228
   K. Imaginação dirigida, Sonhos e Meditações: nºs 250
5. *Argila*:
   C. Exploração de materiais: nºs 35, 37 e 39
   F. Autopercepções: nºs 81, 82, 85, 104, 106 e 113
   G. Relações Familiares: nºs 127, 129, 135 e 148
   H. Trabalhando em Duplas: nºs 167 e 169
   I. Desenhos Grupais: nºs 183, 186, 191 e 193
   J. Jogos Grupais: nº 197
   K. Imaginação dirigida, Sonhos e Meditações: nºs 251, 255 e 257
   L. Vínculos com outras Artes Expressivas: nºs 264 e 281

6. *Outros materiais tridimensionais e sucata*:
  C. Exploração de materiais: nºs 10, 21, 26, 27, 31, 32, 33, 34, 36, 37, 38, 40 e 41
  D. Concentração, Destreza e Memória: nºs 46, 52, 66 e 69
  F. Autopercepções: nºs 81, 82, 83, 85, 103 e 106
  G. Relações Familiares: nºs 129, 132, 135, 148, 149 e 150
  H. Trabalhando em Duplas: nº 169
  I. Desenhos Grupais: nºs 186, 189, 191 e 193
  J. Jogos Grupais: nºs 202, 222, 225 e 227
  L. Vínculos com outras Artes Expressivas: nºs 264, 266, 267, 270, 272 e 274
7. *Máscaras*:
  C. Exploração de materiais: nº 38
  F. Autopercepções: nºs 82, 86, 101, 102, 103, 106, 123 e 124
  H. Trabalhando em Duplas: nºs 165 e 166
  J. Jogos Grupais: nºs 201 e 206
  L. Vínculos com outras Artes Expressivas: nºs 269 e 274

Observações sobre os materiais

Essa pequena seção contém observações sucintas sobre os diversos materiais que estão facilmente disponíveis e suas vantagens específicas. Apenas os materiais mais comumente usados estão relacionados aqui.

1. Material Seco

Lápis, pastéis, marcadores, canetas hidrográficas etc. São mais fáceis de controlar do que material úmido ou fluido. Isso pode ser importante para pessoas com deficiências que tornem a ação mecânica de usar os materiais fluidos muito difícil. Também podem ser úteis para iniciantes, se esses estiverem temerosos de usar tinta e precisarem ter controle sobre o material para se sentirem seguros. Num nível prático, muitas situações só permitem o uso de material seco, p. ex.: visitas domiciliares com materiais, salas que precisem ficar limpas ou que não tenham acesso à água, sessões muito curtas em que não haja tempo suficiente para expor os materiais no início ou para limpá-los no final, e assim por diante.

Lápis

É o material mais fácil de controlar, mas é difícil conseguir um efeito intenso ou massas de cores com ele. Lápis de boa qualidade podem ser caros.

Canetas hidrográficas e marcadores

São fáceis de usar. Têm cores nítidas e fortes. Tornam possíveis os efeitos intensos, mas a expansão das cores é difícil. Material de boa qualidade pode ser caro. Há a possibilidade de se obter canetas grandes, fáceis de segurar.

Lápis de cera

Relativamente fácil de controlar, não gasta rapidamente, é barato, e podem ser encontrados em tamanhos grandes. Às vezes é difícil obter profundidade de cor com eles. É um bom material para crianças. Alguns adultos têm dificuldade em lidar com ele porque o associam à infância.

Pastel oleoso

É relativamente fácil de se controlar, possui cores fortes, e possibilita várias texturas e massas de cores. São relativamente baratos.

Giz e pastel seco

Relativamente fácil de usar, mas os efeitos podem borrar com facilidade e precisam ser fixados.

O giz é barato, mas dificilmente pode ser obtido em grande variedade de cores. Os pastéis artísticos contêm pigmentos tóxicos.

Carvão

Bem difícil de usar, borra facilmente, mas é muito bom para se conseguir efeitos intensos e para desenhos grandes.

Bastões de grafite

Têm o mesmo uso que o carvão, mas não são tão fáceis de quebrar e borram menos que ele.

2. Tintas

As tintas são muito mais fluidas e, portanto, mais difíceis de controlar do que o material seco, mas também são muito mais gratificantes pelos efeitos que permitem e muitas pessoas gostam de usá-las. As tintas citadas a seguir são todas solúveis em água.

Aquarela

É a tinta mais fluida e mais difícil de ser manipulada, os erros não podem ser corrigidos. Isso pode ser ameaçador, mas também pode auxiliar as pessoas a aceitar seus erros e viver com eles. É cara.

Tinta em pó

Barata, mas é difícil de se obter a consistência desejada, pode fazer sujeira se não for pré-misturada. Não é muito fácil de usar com consistência grossa nem de corrigir os erros.

Tinta em pó instantânea

Grossa, fácil de usar, relativamente barata. Disponível em recipientes de plástico. Pode-se obter efeitos intensos com ela. Muda de tom quando seca.

Tinta acrílica

Fácil de usar, permite uma variedade de texturas. Seca com muita rapidez e erros são facilmente corrigíveis. Pode-se obter efeitos intensos com ela. É cara. Quando seca, não é solúvel em água, e, portanto, é preciso tomar cuidado com os pincéis.

Tinta para pintura a dedo

Grossa, tem uma boa qualidade tátil, é boa para trabalhos de regressão e para crianças. É cara.

Obs.: Muitas tintas de alta qualidade artística são tóxicas, portanto use material escolar.

3. Pincéis

É importante ter pincéis de vários tamanhos e, principalmente, os maiores.

Pincéis de pêlo de porco, de cerdas e de náilon: podem ser encontrados em todos os tamanhos e nos formatos redondos ou quadrados; são de uso geral.

Pincel de pêlo de marta, de búfalo e de esquilo: tenha alguns pincéis finos para trabalhar os detalhes.

Pincéis de decoração: para trabalhos de grandes dimensões.
Esponjas presas em bastões: alternativa interessante.
Adaptações (se necessárias): use pegadores, bandagens ou bolas de plástico para facilitar a empunhadura.

4. Papel

Esse pode ser um item caro, mas vale a pena tentar assegurar a disponibilidade de tamanhos variados, inclusive de folhas grandes. A variedade de cores também é útil, mas se o dinheiro for limitado, os papéis branco, cinza e amarelo-claro servem para a maioria dos casos. O papel deve ser suficientemente grosso para que o uso seja agradável.

Papel absorvente

Relativamente barato, bom para a maioria das tintas, carvão e pastéis.

Papéis para aquarela

Bom para aquarelas e desenhos. Bem caro. Disponível em gramaturas diferentes.

Papel jornal

Fino e barato. Algumas vezes é possível conseguir finais de rolos em gráficas de jornais ou em papelarias. Disponível em folhas grandes.

Papel-arroz

Barato. Vem em rolos de fornecedores de material de decoração, portanto precisa ser cortado no tamanho desejado. Um tanto quanto estreito. Rasga-se facilmente.

5. Materiais tridimensionais

Materiais tridimensionais maleáveis são bons para temas que envolvam sentimentos fortes, principalmente raiva, porque as pessoas podem utilizar parte da energia associada ao sentimento para trabalhar o material.

Plastilina e massa de modelar industrializada

Fáceis de usar, e são baratos, leves, não fazem sujeira. São bons para crianças. Alguns adultos têm dificuldade por considerá-las "coisa de criança". Não é prático para trabalhos em grandes proporções.

Massa de modelar (ver a receita no nº 39)

Bom material para crianças. Barato, fácil de fazer e de usar.

Argila

Faz sujeira, não é facilmente transportável, precisa ser queimada em um forno para dar durabilidade ao trabalho. Apesar dessas dificuldades, o trabalho com argila oferece muito mais possibilidades do que com a plastilina e propicia uma experiência completamente diferente quanto a sensações e texturas. Também é boa para projetos de grandes proporções e para liberar tensões. Relativamente barata.

Argila com reforço de náilon

Não precisa ser queimada, pode ser pintada ou envernizada depois de seca, mas não tem uma textura tão boa quanto a da argila comum. É mais cara que a comum. É útil em locais onde não haja forno disponível.

Sucata

Possibilitam uma variedade de texturas e métodos para fixá-las, assim como diversificados projetos de grandes dimensões. É um bom material para o uso de energia se forem utilizadas ferramentas como serras, martelos e pregos.

Materiais de máscaras

Máscaras de fita vinílica, de saco de papel, ou máscaras brancas pré-fabricadas (baratas e fáceis de encontrar no Theatre Zoo, Drury Lane, Londres WC2). As máscaras também podem ser feitas de papelão, cartolina ou *papier-mâché* sobre argila ou balões de ar cheios (estourados depois).

Outros materiais

Gesso, fita vinílica, fibras e outros materiais (ver a seção C — Exploração de Materiais).

6. Material para colagem

Escolher imagens e organizá-las pode ser um primeiro passo, menos assustador do que fazer imagens, já que reduz a ansiedade de se "atuar como um artista". A colagem também tem um efeito de "distanciamento" no qual as imagens escolhidas podem ter ou não uma relação direta com a pessoa que as escolheu. Por exemplo, pode ser mais fácil escolher "figuras furiosas" de revistas do que fazer um desenho da própria raiva. Algumas vezes, tópicos difíceis podem ser abordados de forma indireta dessa maneira.

Outros materiais para colagem como tecidos, papel de seda, objetos da natureza, sucata etc. podem ser usados com outros materiais, ou na pesquisa das texturas e dos efeitos dos vários materiais.

7. Material adesivo

Copydex

Emulsão de borracha, boa para tecidos.

Cow gum

Emulsão de borracha, boa para papel. Facilmente removível, portanto é útil para alterar posições.

PVA

Emulsão à base de água. Não é solúvel em água depois de seca. É boa para papel, tecido, madeira. É útil para colagens e uso geral. Pode ser também misturada com tinta em pó para fazer tinta plástica.

Cola branca tipo cascorez

Bom para papel, *papier-mâché* etc. Não use a variedade para serviços pesados que contém fungicida.

Cola de benzina

Boa para colar madeira e outros materiais rapidamente.

Relação de colaboradores

A. Arteterapeutas que tomaram parte na pesquisa de 1979

Cherry Ash
David Bostock
Caroline Case
Penny Campbell
Suzanne Charlton
Peter Cole
Paul Curtis
Michael Donnelly
Karen Dricker
Michael Edwards
Douglas Gil
Andy Gilroy
Helen Greenwood
Julia Gudjonsson

Diana Halliday
Julie Hart
Roger Hart
Diana Hector
Robin Holtom
Pat Hurley
Tom Hutter
Sarah Kemp
Marion Kerswell
Adéle Lambert
Marian Liebmann
Maggie McKiernan
Gerry McNeilly
Jan Mallet

Patsy Nowell-Hall
Sue Parsons
Michael Pope
Meg Randall
Brian Richardson
Rira Simon
Claire Skailes
Roger Stanbridge
Jo Sutherland
Roy Thornton
Toril Valland Lowe
Roger Vickerman
Felicity Weir
Chris Wood

B. Contribuições adicionais em 1985

Sheena Anderson
Heather Buddery
Paul Curtis
Michael Donnelly
Karen Drucker

Jim Dymond
Tish Feilden
Helen Felton
John Ford
Sue Jennings

Linnea Lowes
Vicky Morrison
Tessa Roger-Jones
Beryl Tyzack

Bibliografia e leitura adicional

Essa lista não compreende a totalidade das obras, mas inclui as mencionadas por várias pessoas. Infelizmente, um título na lista não garante que a obra não esteja esgotada. Os livros e artigos de referência, usados como base para essa coletânea de temas, jogos e exercícios estão assinalados com um asterisco (*). Os livros estão relacionados sob os seguintes tópicos para facilitar a referência:

1. Arte e arteterapia
2. Imaginação dirigida e visualização
3. Teatro, jogos teatrais e teatroterapia
4. Psicodrama
5. Dançaterapia
6. Musicoterapia
7. Artes expressivas combinadas
8. Jogos e exercícios para grupos
9. Trabalho em grupo
10. Teoria de brinquedos e jogos
11. Periódicos
12. Organizações

1. Arte e arteterapia

(a) Livros

ADAMSON, E. *Art as Healing* (Conventure, Londres e distribuído nos EUA por Samuel Weisen Inc., York Beach, Maine, 1984).

ALSCHULER, R. H. e HATTWICK, L. W. *Painting and Personality,* rev. edn. (University of Chicago Press, Chicago, 1969, publicado originalmente em 1947).

ATACK, S. *Art Activities for the Handicapped* (Souvenir Press, Londres e distribuído nos EUA por State Mutual Books & Periodical Co., Nova York, 1980).

BETENSKY, M. *Self-Discovery Through Self-Expression* (C. C. Thomas, Springfield, Illinois, 1973).

BURNS. R. C. e KAUFMAN, S. H. *Actions, Styles and Symbols in Kinetic Family Drawings: An Interpretative Manual* (Brunner/Mazel, Nova York, 1970 e Constable, Londres, 1972).

* CORTAZZI, D. e ROOTE, S. *Illuminative Incident Analysis* (MacGraw-Hill, Nova York, 1975).

* DALLEY, T. (ed) *Art as Therapy: An Introduction to the Use Of Art as a Therapeutic Technique* (Tavistock, London/Methuen, Nova York, 1984).

* DENNER, A. *L'Expression Plastique, Pathologie, et Réeducation des Schizophrènes* (Les Editions Sociales Françaises, Paris, 1967).

DI LEO, J. H. *Young Children and Their Drawings* (Brunner/Mazel, Nova York, 1970 e Constable, Londres, 1971).

_____. *Children's Drawings as Diagnostic Aids* (Brunner/Mazel, Nova York, 1980).

* DONNELLY, M. "The Origins of Pictorial Narrative and its Potential in Adult Psychiatry" (tese não publicada, Department of Art Therapy, Gloucester House, Southmead Hospital, Bristol, 1983).

EDWARDS, B. *Drawing on the Right Side of the Brain* (Fontana/Collins, Londres, 1982 e J. P. Tarcher Inc., Los Angeles, 1979).

EHRENZWEIG, A. *The Hidden Order of Art* (Prentice-Hall, Englewood Cliffs, Nova Jersey, 1970).

FELDMAN, E. B. *Becoming Human Through Art* (Prentice-Hall, Englewood Cliffs, Nova Jersey, 1970).

FRANCK, F. *The Zen of Seeing* (Wildwood House, Londres, 1974 e Harvard University Press, Cambridge, Mass).

Goldsmith College Students, *As We See It: Approaches to Art as Therapy* (obra disponível na British Association of Art Therapists, c/o 13C Northwood Rd., Londres N6).

GOODNOW, J. *Children's Drawing* (Fontana/Open Books, Londres, 1977).

HAMMER, E. F. *The Clinical Application of Projective Drawings* (C. C. Thomas, Springfield, Illinois, 1958).

HANES, K. M. (ed.) *Art Therapy and Group Work: An Annotated Bibliography* (Greenwood Press, Westport, Connecticut, 1982).

* HARRIS, J. e JOSEPH, C. *Murals of the Mind* (International Universities Press, Nova York, 1973).

JAMESON, K. *Pre-School and Infant Art* (Studio Vista, Londres, 1968).

* Jung, C. G. *Man and His Symbols* (Adus/Jupiter, Londres, 1964 e Dell Publishing Co. Inc., Nova York, NY, 1968).

_____. *Mandala Symbolism* (Bollingdon Series XX, Princeton University, Nova Jersey, 1973).

Kellog, R. *Analysing Children's Art* (National Press, Palo Alto, Califórnia, 1970).

* Keyes, M. F. *The Inward Journey* (Celestial Art, Millbrae, Califórnia, 1974).

Kramer, E. *Art as Therapy With Children* (Schocken, Nova York, 1978).

_____. *Childhood and Art Therapy* (Schocken, Nova York, 1981).

* Kwiatkowska, H., *Family Art Therapy* (C. C. Thomas, Springfield, Illinois, 1978).

* Landgarten, H. B. *Clinical Art Therapy* (Brunner/Mazel, Nova York, 1981).

Leoick, M. *They Could Not Talk and So They Drew: Children's Styles of Coping and Thinking* (C. C. Thomas, Springfield, Illinois, 1983).

* Liebmann, M. F. "A Study of Structured Art Therapy Groups" (tese de mestrado não publicada, Birmingham Polytechnic, 1979).

Lindsay, Z. *Art and the Handicapped Child* (Studio Vista, Londres, 1972).

Lindzey, G. *Projective Techniques and Cross Cultural Research* (Appleton Century Crofts, Nova York, 1961).

* Luthe, W. *Creativity Mobilisation Technique* (Grune e Stratton, Nova York, 1976).

Lyddiatt, E. M. *Spontaneous Painting and Modelling* (Constable, Londres, 1971).

Melzi, K. *Art in the Primary School* (Blackwell, Oxford, 1967).

Milner, M. *On Not Being Able to Paint* (Heinemann, Londres, 1971, e International University Press, Nova York, NY, 1967).

Naumburg, M. *Dynamically Oriented Art Therapy* (Grune and Stratton, Nova York, 1966).

_____. *An Introduction to Art Therapy* (Teacher College Press, Columbia University, Nova York, 1973).

* Oaklander, V. *Windows to Our Children* (Real People Press, Moab, Utah, 1978).

* Pavey, D., *Art-Based Games* (Methuen, Londres, 1979).

Pickford, R. W. *Studies in Psychiatric Art* (C.C. Thomas, Springfield, Illinois, 1967).

Plaskow, D. *Art With Children* (Studio Vista, Londres, 1968).

Prinzhorn, H. *Artistry of the Mentally Ill* (Spinger-Verlag, Nova York, 1972). Traduzido de *Bildnerei der Geisteskranken* (Springer, Berlim, 1922).

READ, H. *Education Through Art* (Faber, Londres, 1969).

* RHYNE, J. *The Gestalt Art Experience* (Magnolia Street Publishers, EUA; contato na Inglaterra com Changes Bookshop, 242 Belsize Road, Londres NW6).

* ROBBINS, A. e SIBLEY, L. B. *Creative Art Therapy* (Brunner/Mazel, Nova York, 1976).

* RUBIN, J. A. *Child Art Therapy* (Van Nostrand Reinhold, Nova York, 1978).

_____. *The Art of Art Therapy* (Brunner/Mazel, Nova York, 1984).

SELFE, L. *Nadia: A Case of Extraordinary Drawing Ability in an Autistic Child* (Academic Press, Londres, 1977, e Academic Press Inc., San Diego, Califórnia, 1978).

* Técnicas de pintura de Steiner:

BOOS-HAMBURGUER, H. *The Creative Power of Colour* (Michael Press e Krisha Press, Nova York, NY, 1973).

KOCH, E. e WAGNER, G. *The Individuality of Colour* (Rudolf Steiner Press e Steinerbooks, Blauvelt, NY, 1980).

MAYER, G. *The Mystery Wisdom of Colour — Its Creative and Healing Powers* (Mercury Arts Publication).

_____. *Colour: A New Approach to Painting* (Mercury Arts Publications).

(todos podem ser obtidos em Rudolf Steiner Press, 38 Museum St., Londres wc1).

STRAUSS, R. *Understanding Children's Drawings* (Rudolf Steiner Press, Londres, 1978).

TILLEY, P. *Art in the Education of Subnormal Children* (Pitman, Londres. 1975).

* ULMAN, E. e DACHINGER, P. (eds.) *Art Therapy in Theory and Practice* (Schocken, Nova York, 1976).

* _____. e LEVY, C. A. (eds.) *Art Therapy Viewpoint* (Schocken, Nova York, 1980).

* WADESON, H. *Art Psychotherapy* (John Wiley, Nova York e Chichester, 1980).

WARREN, B. (ed.) *Using the Creative Arts in Therapy* (Croom Helm, Londres e Brookline Books, Cambridge, Mass. 1984).

WEISMANN, D. L. *The Visual Arts as Human Experience* (Prentice-Hall, Englewood Cliffs, Nova Jersey, 1970).

WILLIAMS, G. W. e WOOD, M. M. *Developmental Art Therapy* (University Park Press, Baltimore, 1977).

Títulos adicionais podem ser encontrados em:

Art Therapy Bibliography, 1981 (disponível na British Association of Art Therapists, c/o 13C Northwood Rd. Londres N6.)

(b) Artigos

* CHARLTON, S. "Art Therapy with Long-Stay Residents of Psychiatric Hospitals". In: T. Dalley (ed.) *Art as Therapy* (Tavistock, Londres/ Methuen, Nova York, 1984).

CROMPTON, M. Capítulo sobre Arteterapia In: *Respecting Children*, Trabalho social com jovens (E. Arnold, Londres, 1980).

* DALLEY, T. e WILBY, D. "A Self-Expression Do-It-Yourself Kit", *Therapy*, maio de 1979.

* DENNY, J. "Techniques for Individual and Group Art Therapy". In: E. Ulman e P. Dachinger (eds.) *Art Therapy in Theory and Practice* (Schocken, Nova York, 1975).

* GONICK-BARRIS, S. E. "Art and Nonverbal Experiences with College Students". In: A. Robbins e L. B. Sibley, *Creative Art Therapy* (Brunner/Mazel, Nova York, 1976).

* HOLTOM, R. "Imagination Games", *Inscape,* nº 15, maio de 1977.

* LAING, J. "Art Therapy in Prisons". In: T. Dalley (ed.) *Art as Therapy* (Tavistock, Londres, 1984).

* LIEBMANN, M. F. "The Many Purposes of Art Therapy", *Inscape,* vol. 5, nº1 (1981).

_____. "Art Games and Group Structures". In: T. Dalley (ed.) *Art as Therapy* (Tavistock, Londres, e Methuen, Nova York, 1984).

* MILLER, B. "Art Therapy with the Elderly and the Terminally Ill". In: T. Dalley (ed.) *Art as Therapy* (Tavistock, e Methuen, Nova York, Londres, 1984).

* MURPHY, J. "The Use of Art Therapy in the Treatment of Anorexia Nervosa". In: T. Dalley (ed.) *Art as Therapy* (Tavistock, Londres, e Methuen, Nova York, 1984).

* STOTT, J. e MALES, B. "Art as Therapy for People who are Mentally Handicapped". In: T. DALLEY (ed.) *Art as Therapy* (Tavistock, Londres, e Methuen, Nova York, 1984).

(c) Videoteipe

Art Therapy, produzido por T. DALLEY e D. WALLER, dirigido por J. BEACHAM (Tavistock Videotapes, Londres, 1984).

2. Imaginação dirigida e visualização

DE MILLE, R. *Put Your Mother on the Ceiling,* Children's Imagination Games (Walker and Co. Nova York, 1967).

LEUNER, H. *Guided Affective Imagery* (Thieme-Stratton, Nova York, 1984).

* MASON, L. J. *Guide to Stress Reduction* (Peace Press, Culver City, Califórnia, 1980).

* MASTERS, R. E. L. e HOUSTON, J. *Mind Games* (Turnstone Books, Londres, e Dell Publishing Co., Nova York, 1973).

* SAMUELS, M. D. e SAMUELS, N. *Seeing with the Mind's Eye: The History, Techniques and Uses of Visualisation* (Random House, Nova York, 1975).

* STEVENS, J. O. *Awareness* (Bantam Books, Nova York, 1973).

3. Teatro, jogos teatrais e teatroterapia

BARKER, C. *Theatre Games:* A New Approach to Drama Training (Eyre Methuen, Londres, 1977, e Drama Book Publishers, Nova York, 1978).

ASTOLL-BURT, C. A. *Puppetry for Mentally Handicapped People* (Souvenir Press, Londres, e Brookline Books, Cambridge, Mass., 1981).

COURTNEY, R. *Play, Drama and Thought: Intellectual Background to Drama and Education,* 3ª ed. (Cassell, Londres, 1974).

COURTNEY, R. e SCHATTNER, G. *Drama in Therapy* (Drama Book Publishers, Nova York, 1981), vol. 1: Crianças, vol. 2: Adultos.

HODGSON, J. *Uses of Drama: Acting as Social and Educational Force* (Eyre Methuen, Londres, 1977).

HODGSON, J. e RICHARDS, E. *Improvisation* (Eyre Methuen, Londres, 1968, e Grove Press, Nova York, 1979).

JENNINGS, S. *Remedial Drama,* 2 ed. (A & C Black, Londres, e Theatre Arts, Nova York, 1978).

_____. *Creative Drama in Group Work* (Winslow Press, Winslow, Buckingham, 1986).

_____. (ed.) *Dramatherapy: Theory and Practice for Teachers and Clinicians* (Croom Helm, Londres, 1986).

JOHNSTON, K. *Impro: Improvisation and the Theatre* (Eyre Methuen, Londres, 1981, e Theatre Arts, Nova York, 1979).

LEVETE, G. *No Handicap to Dance* (Souvenir Press, Londres, e Brookline Books, Cambridge, Mass. 1982).

McCLINTOCK, A. *Drama for Mentally Handicapped Children* (Souvenir Press, Londres, 1984).

SCHER, A. e VERRALL, C. *Hundred Plus Ideas for Drama* (Heinemann, Londres, e Heinemann Educational Books Inc., Portsmouth, New Hampshire, 1975).

SPOLIN, V. *Improvisations, for the Theatre* (Pitman, Londres, e Northwestern University Press, Evanston, Illinois, 1973).

TOMLINSON, R. *Disability, Theatre and Education* (Souvenir Press, Londres, 1982, e Indiana University Press, Bloomington, Indiana, 1984).

UPTON, G. *Physical and Creative Activities for the Mentally Handicapped* (Cambridge University Press, Cambridge e Nova York, 1979).

* WARREN, B. *Drama Games for Mentally Handicapped People* (MENCAP, 123 Golden Lane, Londres EC1Y ORT, 1981).

WAY, B. *Development Through Drama* (Longman, Londres e Humanities Press International Inc. Atlantic Highlands, Nova Jersey, 1967).

WETHERED, A. *Drama and Movement in Therapy* (Macdonald and Evans, Londres, 1973).

Uma relação adicional pode ser obtida com The British Association for Dramatherapists, P.O. Box 98, Kirby Moorside, York Y06 6EX.

4. Psicodrama

BLATNER, H. A. *Acting In: Practical Applications of Psychodynamic Methods* (Springer Publishing Co. Inc. Nova York, 1973).

MORENO. J. *Who Shall Survive?* (Beacon House, Beacon, Nova York, 1953).

_____. *Psychodrama* (Beacon House, Beacon, Nova York, 1975).

SCHUTZ, W. *Joy* (Penguin, Harmondsworth and Grove Press, Nova York, 1967).

STARR, A. *Psychodrama: Rehearsal for Living* (Nelson-Hall, Chicago, 1979).

5. Dançaterapia

BATE, R.; WEIR, M. e PARKER, C. *Movement and Growth Programmes for the Elderly and Those who Care for Them.* (Association for Dance Movement Therapy Publications, Londres, 1983).

BERNSTEIN, P. *Eight Theoretical Approaches in Dance Movement Therapy* (Kendall/Hunt, Dubuque, Iowa, 1979).

CAPLOW-LINDNER, E. *Therapeutic Dance/ Movement, Expressive Activities for Older Adults* (Human Sciences Press, Londres e Nova York, 1979).

CHACE, M. *Her Papers*, C. HARRIS (ed.) (American Dance Therapy Association, Columba, Maryland, 1975).

ESPENAK, L. *Dance Therapy: Theory and Applications* (C. C. Thomas, Springfield, Illinois, 1981).

HARRIS, J. G. *A Practicum for Dance Therapy* (ADMT Publications, Londres, 1984).

HARTLEY, L. *Body-Mind Centering: A Therapeutic Approach to the Body and Movement* (ADMT Publications, Londres, 1984).

LABAN, R. *Modern Educational Dance* (Macdonald and Evans, Londres, 1975).

LAMB, W. e WATSON, E. *Body Code: The Meaning in Movement* (Routledge and Kegan Paul, Londres, 1979).

LEVENTHAL, M. (ed.) *Movement and Growth: Dance Therapy for The Special Child* (New York University Press, Nova York, 1980).

LEVETE, G. *No Handicap to Dance* (Souvenir Press, Londres, 1982).

NORTH, M. *Personality Assessment Through Movement* (Macdonald and Evans, Londres, 1972).

PAYNE WEST, H. *An Introduction to Dance Movement Therapy* (ADMT Publications, Londres, 1983).

_____. *Stepping In: Dance Movement Therapy for the Disordered and Disturbed Child* (ADMT Publications, Londres, 1984).

SCHOOP, T. e MITCHELL, P. *Wont You Join The Dance? A Dancer's Essay into the Treatment of Psychosis* (National Press Books, Palo Alto, Califórnia, 1974).

SPENCER, P. (ed.) *Society and the Dance* (Cambridge University Press, Cambridge, 1985).

Uma relação adicional pode ser obtida com a Association for Dance Movement Therapy (ADMT), 99 South Hill Park, Londres NW3 2SP.

6. Musicoterapia

ALVIN, J. *Music for the Handicapped Child* (Oxford University Press, Oxford, 1975, e Nova York, 1976).

_____. *Music Therapy* (Hutchinson, Londres, 1978 e distribuído nos EUA por State Mutual Book and Periodical Service, Nova York, 1984).

_____. *Music Therapy for the Autistic Child* (Oxford University Press, Oxford, 1978, e Nova York, 1979).

Disabled Living Foundation, *Music and The Physically Handicapped* (DLF, 380-384 Harrow Rd. Londres W9 2HU, 1970).

GASTON, E. *Music in Therapy* (Macmillan, Londres e Nova York, 1968).

McLAUGHLIN, T. *Music and Communication* (Faber, Londres, 1970).

MOOG, H. *The Musical Experience of the Pre-School Child* (Schott, Londres e European American Music, Valley Forge, Pensilvânia, 1976).

NORDOFF, P. e ROBBINS, C. *Therapy in Music for Handicapped Children* (Gollancz, Londres, 1970).

_____. *Music Therapy in Special Education* (Macdonald and Evans, Londres, 1975 e MMB Music Inc. St. Luis, Missouri, 1983).

_____. *Creative Music Therapy: Individualised Treatment for the Handicapped Child* (John Day, Nova York, 1977).

PRIESTLEY, M. *Music Therapy in Action* (Constable, Londres, 1975, e MMB Music Inc. St. Louis, Missouri, 1984).

RUDD, E. *Music Therapy and its Relationship to Current Treatment Theories* (Magnamusic-Baton, St. Louis, Missouri, 1980).

STREETER, E. *Making Music with the Young Handicapped Child* (Music Therapy Publications, 32 Durand Gardens, Londres SW9, 1980).

Uma relação adicional pode ser obtida com a Association of Professional Music Therapists (Secretary: Steve Dunachie), St. Lawrence Hospital, Caterham, Surrey.

7. Artes expressivas combinadas

ADKINS, G. *The Arts and Adult Education* (Advisory Council for Adult and Continuing Education (ACACE), 19b de Montfort St. Leicester LE1 7GE, 1980).

The Arts in Schools (Calouste Gulbenkian Foundation, 98 Portland Place, Londres W1N 4ET, 1982).

Attemborough Report, *Arts and Disabled People* (Bedford Square Press, Londres, 1985).

FEDER, E. e FEDER, B. *The Expressive Arts Therapies: Art, Music and Dance as Psychotherapy* (Prentice-Hall, Englewood Cliffs, Nova Jersey, 1981).

JENNINGS, S. (ed.) *Creative Therapies* 2 ed., (Kemble Press, Banbury, 1983).

LORD, G. (ed.) *The Arts and Disabilities* (Macdonald, Londres, e distribuído nos EUA por State Mutual Book & Periodical Service, Nova York, 1985).

MAY, R. *The Courage to Create* (Collins, Londres, e Bantam Books Inc. Nova York, 1976).

ROSS, M. *The Creative Arts* (Heinemann, Londres e Heinemann Educational Books Inc. Portsmouth, New Hampshire, 1978).

STORR, A. *The Dynamics of Creation* (Pelican, Harmondsworth, 1977 e Atheneum, Nova York, 1985).

WARIN, P. *Through a Looking Glass: Access to the Arts for People with Disabilities and Special Needs* (South West Arts, 23 Southernhay East, Exeter EX1 1QG).

WARREN, B. *Using the Creative Arts in Therapy* (Croom Helm, Londres/Brookline Books, Cambridge, Mass. 1984).

WITKIN, R. *The Intelligence of Feeling* (Heinemann, Londres e Heinemann Educational Books Inc. Portsmouth, New Hampshire, 1973).

8. Jogos e exercícios para grupos

BRANDES, D. *Gamester's Handbook 2* (Hutchinson, Londres, 1984).

* BRANDES, D. e PHILLIPS, H. *Gamester's Handbook* (Hutchinson, Londres, 1979).

BROSNAN, B. *Yoga for Handicapped People* (Souvenir Press, Londres e Brookline Books, Cambridge, Mass. 1982).

* BUTLER, L. e ALLISON, L. *Games, Games*, reunidos para Playspace (Short Course Unit, Polytechnic of Central London, 35 Marylebone Rd. NW1 5LF).

CARKHUFF, R. *The Art of Helping V*, Trainer's Guide (Human Resources Development Project, Amherst, Massachusetts, 1983).

FLUEGELMAN, A. (ed.) *The New Games Book*. New Games Foundation (Sidgwick and Jackson, Londres, e Doubleday Co. Inc., Nova York, 1978).

_____. (ed.) *More New Games and Playful Ideas., New Games Foundation (Doubleday, Nova York, 1981).*

HARMIN, M. *How to Get Rid of Emotions that Give You a Pain in the Neck* (Argus, Hemel Hempstead, 1976).

* HÖPER, C.; KUTZLEB, U.; STOBBE, A. e WEBER, B. *Awareness Games* (St. Martin's Press, Nova York, 1976).

* JELFS, M. *Manual for Action* (Action Resources Group, c/o 13 Mornington Grove, Londres E3 4NS, 1982).

JONES, R. *Shared Victory: A Collection of Unusual World Records* (Ron Jones, 1201 Stanyan St. São Francisco, Califórnia 94117, 1980).

JUDSON, S. (ed.) *A Manual on Nonviolence and Children* (Philadelphia Yearly Meeting, 1977: fornecido por Nonviolence and Children Program, Friends Peace Committee, 1515 Cherry St. Philadelphia, Pa. 19102).

KANFER, F. H. e GOLDSTEIN, A. P. *Helping People Change: A Textbook of Methods* (Pergamon Press, Oxford, e Elmsford, Nova York, 1980).

* LEWIS, H. e STREITFELD, H. *Growth Games* (Souvenir Press, Londres, e Bantam, Nova York, 1971).

ORLICK, T. *The Cooperative Sports and Games Book Challenge Without Competition* (Writers and Readers Publishing Cooperative, Londres, 1982, e Pantheon Books, Nova York, 1978).

* PAX CHRISTI, *Winners All: Cooperative Games for All Ages* (PC, Blackfriars Hall, Southampton Rd. Londres NW5, 1980).

PFEIFFER, J. W. e JONES, J. E. *Handbook of Structured Experiences for Human Relations Training* (5 Vols. University Associates Publishers and Consultants, La Jolla, Califórnia, 1975). Disponível em University Associates International Ltd. Challenge House, 45/47 Victoria St. Mansfield, Nottinghamshire, NG18 5SU.

* Priestley, P.; McGuire, J.; Flegg, D.; Hemsley, V. e Welham, D. *Social Skills and Personal Problem Solving* (Tavistock Publications, Londres, 1978, e Methuen, Nova York, 1979).

Prutzman, P.; Burger, M. L.; Bodenhamer, G. e Stern, L. *The Friendly Classroom for a Small Planet* (Avery Publishing Group Inc. Wayne, Nova Jersey, 1978).

* Remocker, J. e Storch, E. *Action Speaks Louder: Handbook of Non-verbal Group Techniques* (Churchill Livingstone, Edinburgh, 1979, e Nova York, 1982).

World Studies Project London, *Debate and Decision* (c/o One World Trust, 24 Palace Chambers, Bridge St. Londres SW1A 2JJ).

9. Trabalho em grupo

Bannister, D. e Fransella, F. *Inquiring Man* 3 ed. (Croom Helm, Londres, 1986 e Krieger Publishing Co. Melbourne, Flórida, 1982).

* Brown, A. *Groupwork* (Heinemann, Londres, 1979 e Gower Publishing Co. Greenfield, Vermont, 1980).

Brow, D. e Pedder, J. *Introduction to Psychotherapy: An Outline to Psychodynamic Principles and Practice* (Tavistock, Londres, 1980, e Methuen, Nova York, 1979).

Cox, M. *Coding the Therapeutic Process Emblems of Encounter* (Pergamon Press, Oxford, e Elmsford, Nova York, 1978).

* Culbert, S. A. "The Interpersonal Process of Self-Disclosure: It Takes Two to See One", *Explorations in Applied Behavioral Science*, nº 3 (Renaissance Editions, Nova York, 1967).

* Douglas, T. *Groupwork Practice* (Tavistock, Londres, e International Universities Press, Nova York, 1976).

* _____. *Basic Groupwork* (Tavistock, Londres, 1978).

Ernst, J. e Goodman, L. *In Our Own Hands: A Book of Self-Help Therapy* (The Women's Press, Londres, 1982, e J. P. Tarcher, Los Angeles, Califórnia, 1981).

* Family Service Unit, *Groups* (FSU, 1976; de FSU, 207 Old Marylebone Rd. London NW1).

Garvin, C. D. *Contemporary Groupwork* (Prentice-Hall, Englewood Cliffs, Nova Jersey, 1981).

Harris, T. A. *I'm O.K. — You're O.K.* (PanBooks, Londres, 1973).

Heap, K. *Process and Action in Work with Groups: The Preconditions for Treatment and Growth* (Pergamon Press, Oxford e Elmsford, Nova York, 1979).

_____, *The Practice of Social Work with Groups* (George Allen and Unwin, Londres e Winchester, Mass. 1985).

* HOUSTON, G. *The Red Book of Groups: A Systematic Approach* (The Rochester Foundation, 8 Rochester Terrace, Londres NW1, 1984).

JOHNSON, D. W. e J. F. P. *Joining Together: Group Theory and Group Skills* (Prentice-Hall, Englewood Cliffs, Nova Jersey, 1982).

LINDENFIELD, G. e ADAMS, R. *Problem-Solving Through Self-Help Groups* (Self Help Associates, 10 Tivoli Place, Ilkley LS29 8SO, 1984).

ROGERS, C. R. *Encounter Groups* (Pelican, Harmondsworth, 1973).

SHAFFER, J. B. P. e GALINSKY, M. D. *Models of Group Therapy and Sensitivity Training* (Prentice-Hall, Englewood Cliffs, Nova Jersey, 1974).

SHULMAN, L. *The Skills of Helping: Individuals and Groups* (F. E. Peacock, Itasca, Illinois, 1984).

* YALOM, I. D. *The Theory and Practice of Group Psychotherapy* (Basic Books, Nova York, 1975).

10. Teoria de brinquedos e jogos

AXLINE, V. *Dibs in Search of Self* (Penguin, Harmondsworth, 1973, e Ballantine Books, Nova York, 1976).

* BRUNER, J. S.; JOLLY, A. e SYLVA, K. (eds.) *Play: Its Role in Development and Evolution* (Penguin, Harmondsworth, 1976).

* CAILLOIS, R. *Man, Play and Games* (Thames and Hudson, Londres, 1962). Traduzido de *Les Jeux et les Hommes* (Gallimard, Paris, 1958).

CASS, J. E. *The Significance of Children's Play* (Batsford, Londres, 1971, e David & Charles, North Pomfret, Vermont, 1977).

CULFF, R. *The World of Toys* (Hamlyn, Londres, 1969).

De KOVEN, B. *The Well-Played Game* (Anchor Books, Nova York, 1978).

ERIKSON, E. *Play and Development* (W. W. Norton, Nova York, 1972).

* _____. *Toys and Reasons* (Marion Boyars, Londres, 1978).

* GARVEY, C. *Play* (Fontana/Open Books, Londres, e Harvard University Press, Cambridge, Mass. 1977).

HARTLEY, R. E.; FRANK, L. K. e GOLDENSON, R. M. *Understanding Children's Play* (Columbia University Press, Nova York, 1952).

* HUIZINGA, J. *Homo Ludens: A Study of the Play Element in Culture* (Temple-Smith, Londres, 1970 — 1 ed. inglesa, Routledge and Kegan Paul, 1949, e Beacon Press Inc. Boston, Mass., 1955).

LOWENFELD, M. *Play in Childhood* (John Wiley, Nova York, 1967).

MILLAR, S. *The Psychology of Play* (Penguin, Harmondsworth, 1968).

* NICHOLSON, S. *Interactive Art and Play* (Open University Press, Milton Keynes, 1976).
OPIE, I. e P. *Children's Games in Street and Playground* (Claredon Press, Oxford and Oxford University Press, Nova York, 1969).
* PIAGET, J. *Play, Dreams and Imitation in Childhood* (Routledge and Kegan Paul, Londres, 1951, e W.W. Norton, Nova York, 1962).
* WINNICOTT, D. W. *Playing and Reality* (Pelican, Harmondsworth, 1974 e Methuen, Nova York, 1982).

11. Periódicos

Arteterapia

The American Journal of Art Therapy (publicado em associação com a American Art Therapy Association), 6010 Broad Branch Rd. N. W. Washington DC 20015.
The Arts in Psychotherapy, um periódico internacional, ANKHO International Inc. P.O. Box 426, Fayetteville, NY 13066.
Inscape, o periódico da British Associacion of Art Therapists, distribuído por BAAT, c/o 13C Northwood Rd. Londres N6.
Spectrum, a revista de arte para o portador de deficiência física, distribuído por Conquest, c/o 3 Beverley Close, East Ewell, Epsom, Surrey.

Teatroterapia

Journal of Dramatherapy, distribuído pela Britsh Association for Dramatherapists, PO Box 98, Kirby Moorside, York YO6 6EX.
Dramatherapy Bulletin, distribuído por Dramatherapy Consultants, 6 Nelson Ave. St Albans, Hertfordshire AL1 5RY.

Dançaterapia

Dance Theatre Journal, distribuído pelo Laban Centre for Movement and Dance, 14 Laurie Grove, Londres SE14 6NW.
New Dance, distribuído por Chisenhale, Dance Space, ArtPlace Trust, 64-84, Chisenhale Road, Londres E3.

Musicoterapia

Britsh Journal for Music Therapy, distribuído pela British Society for Music Therapy (administradora: Denize Christophers), 69 Avondale Ave. East Barnet, Hertfordshire EN4 8NB. A BSMT também publica conferências.

Journal of Music Therapy, publicado pela National Association of Music Therapists, 1133 Fifteenth St. N. W. Suit 1000, Washington DC 2005.

Artes para portadores de deficiências e dependentes físicos Positif, distribuído por Interlink, 142 The Strand, Londres WC2R 1HH.

12. Organizações

Arteterapia

British Association of Art Therapists, c/o 13C Northwood Rd. Londres N6

Conquest, sociedade pela arte para o deficiente físico, c/o 3 Beverley Close, East Ewell, Epson, Surrey.

Teatroterapia

British Association for Dramatherapists, PO Box 98, Kirby Moorside, York YO6 6EX.

Dramatherapy Consultants, 6 Nelson Ave. St Albans, Hertfordshire AL1 5RY.

Dançaterapia

The Association for Dance Movement Therapy, 99 South Hill Park, Londres NW3 2SP.

Laban Center for Movement and Dance, 14 Laurie Grove, Londres SE14 6NW.

Sesame, Movement and Drama in Therapy, Christchurch, 27, Blackfriars Road, London SE1 8NY.

Musicoterapia

Association of Professional Music Therapists (secretário: Steve Dunachie), St. Lawrence's Hospital, Caterham, Surrey.

British Society for Music Therapy (administradora: Denize Christophers), 69 Avondale Ave. East Barnet, Hertfordshire EN4 8NB.

Artes para portadores de deficiências

Interlink (integração por meio das artes: uma rede internacional de oportunidades de artes para deficientes de todas as nacionalidades e culturas), 142 The Strand, London WC2R 1HH.

Shape (trabalhando para facilitar o acesso às artes para deficientes ou para pessoas com severas desvantagens sociais), 1 Thorpe Close, Londres W10 5XL. Entre em contato com esse endereço para obter detalhes de serviços similares no Reino Unido.

www.gruposummus.com.br

IMPRESSO NA GRÁFICA sumago
sumago gráfica editorial ltda
rua itauna, 789 vila maria
02111-031 são paulo sp
tel e fax 11 **2955 5636**
sumago@sumago.com.br